"十三五"国家重点出版物出版规划项目
城市治理实践与创新系列丛书

城市综合管理

翟宝辉　张有坤　著

U0366236

中国建筑工业出版社
中国城市出版社

图书在版编目（CIP）数据

城市综合管理 / 翟宝辉，张有坤著. —北京：中国城市出版社，2020.5

（城市治理实践与创新系列丛书）

ISBN 978-7-5074-3278-7

Ⅰ.①城… Ⅱ.①翟… ②张… Ⅲ.①城市管理 Ⅳ.① F293

中国版本图书馆 CIP 数据核字（2020）第 055522 号

责任编辑：宋　凯　张智芊
责任校对：赵　菲

城市治理实践与创新系列丛书

城市综合管理

翟宝辉　张有坤　著

＊

中国建筑工业出版社、中国城市出版社出版、发行（北京海淀三里河路9号）
各地新华书店、建筑书店经销
北京建筑工业印刷厂制版
北京圣夫亚美印刷有限公司印刷

＊

开本：787毫米×960毫米　1/16　印张：$20\frac{1}{2}$　字数：311千字
2020年12月第一版　　2020年12月第一次印刷
定价：**52.00**元
ISBN 978 - 7 - 5074 - 3278 - 7
（904172）

出版说明

十九大报告明确指出：全面深化改革总目标是完善和发展中国特色社会主义制度、推进国家治理体系和治理能力现代化。报告提出，要打造共建共治共享的社会治理格局。

为了践行十九大精神，我社于2017年12月出版了汪碧刚博士的专著《城市的温度与厚度——青岛市市北区城市治理现代化的实践与创新》，并在青岛举办了首发式。该书甫一问世，引发社会各界高度关注，"城市的温度与厚度"一词成为热搜，互联网上共有1510万个相关结果，这足以证明社会各界对城市治理的关切热度。

城市治理是政府治理、市场治理和社会治理的交叉点，在国家治理体系中有着特殊的重要性，从一定意义上说，推进城市治理的创新就是推进国家治理的现代化。基于此，我社成立了城市治理专家委员会，并汇集专家智慧策划了"城市治理实践与创新系列丛书"，旨在总结探索国内外相关经验和做法，提高城市治理社会化、法治化、智能化、专业化水平，从而为行业管理、领导决策、政策研究提供参考。本套丛书也获得中宣部的高度重视，2018年被列入"十三五"国家重点出版物出版规划项目。

三年来，我社组织了数十位专家学者、党政干部和实务界人士，召开了多次研讨会，聚焦当前城市治理中的重点、难点、焦点问题，进行深入的研究和探讨，力求使丛书既有理论高度，又贴近实际应用。丛书关注城市和社区治理，就如何实现城市治理现代化、精细化、法治化、科技化，提升服务群众的能力等问题提出了很多建设性的观点和建议。丛书作者也一直致力于城市治理的研究，他们有的拥有多年政府部门相关管理经验，有的从事政策研究或教学科研工作，有的活跃在城市治理的一线化解矛盾纠纷，既有理论水平又有实践指导能力。

除首本《城市的温度与厚度——青岛市市北区城市治理现代化的实践与创新》外，丛书还包括如下7个分册：《城市综合管理》（翟宝辉、张有坤著）、《城市精细化管理理论与实践》（杨雪锋著）、《城市社区治理理论与实践》（原珂著）、《大数据与城市治理——以青岛市市北区为例》（汪碧刚、于德湖著）、《智慧社区与城市治理》（汪碧刚著）、《城镇老旧小区改造——扩大内需新动能》（王健、孙光波著）、《城市治理纠纷的预防与处理》（王才亮著）。

丛书开篇于十九大召开之际，付梓于"十三五"收官之年，我们热忱期待社会各界持续给予关注与支持。十九届四中全会指出，要完善党委领导、政府负责、民主协商、社会协同、公众参与、法治保障、科技支撑的社会治理体系，建设人人有责、人人尽责、人人享有的社会治理共同体。刚刚结束的十九届五中全会明确提出实施城市更新行动，提高城市治理水平。丛书一直紧密围绕这一主题，学思践悟，符合国家和行业发展的需求。我们有理由相信，随着共建共治共享的城市治理格局的形成，城市治理体系和治理能力现代化一定能够早日实现。

"城市治理实践与创新系列丛书"的顺利出版得益于专家学者的共同努力。在此特别感谢在丛书研讨、论证、审稿过程中给予大力支持和提出宝贵意见的各级领导、专家和学者们！我们也以丛书出版为契机，希望更多城市管理者、研究者以及有识之士积极参与城市治理，汇集资源，凝聚力量，共同打造"政、产、学、研、金、服、用"全链条全生命周期的城市治理发展格局！

中国建筑工业出版社

中国城市出版社

2020年11月25日

前言

　　自主持原建设部科技计划项目《中国城市管理体制及其运行机制研究》以来，对城市管理的研究逐步深入。研究越深，越觉得我们对城市管理的认识越肤浅，很多问题必须回到城市的基本概念和基本属性才可能认识清楚，而且必须区分行政管理和城市管理，才可能把城市管理的范围、体制、机制说明白。举个例子，很多城市管理文献都引用新加坡的经验，但却忽略了新加坡与我国大部分城市的不同：新加坡是城市国家，城市即国家，城市管理与行政管理的区域是重合的；而我国大部分城市是设市城市，如北京由民政部命名为北京市，城市范围与市域范围不重合，可以说城市的建成区仅是市域范围的一小部分，城市管理与行政管理范围不一致。那么城市管理的体制机制就应该与行政管理有所区别。

　　正是基于这样的认识，我们的研究才引起了业内人士的关注，城市综合管理概念才被广泛应用。目前，很多城市已经建立了以城市基础功能正常发挥和公共空间有序使用为主要内容的城市综合管理体系，由城市管理部门纵向完成"三定"方案或法律授权的管理服务职能，由城市管理委员会横向协调城市综合管理相关部门履行职责，共同保障城市健康运行，构建城市生活美好家园。

　　城市综合管理概念的提出，改变了人们在认识城市上的表面性、片面性，引导人们不仅仅在城市形态上关注城市的发展变化，而且从城市流，包括人流、物流、信息流角度认识城市的运行规律和发展方向。

　　在第四次中央城市工作会议之后，《中共中央国务院关于进一步加强城市规划建设管理工作的若干意见》发布，明确提出认识、尊重、顺应城市发展规律，着力创新城市管理服务。

很多朋友以各种形式希望我们出版该类研究成果。但除了学术文章，写一本城市管理的书，我们还是诚惶诚恐的。因为无论是对城市本质的研究，还是对城市管理的基础研究，我们的认识都还处在初始阶段。另外，一些新的思考还没有充分整合起来，这些只好嗣再版时补充。书中若有不正确观点或任何差错，敬请大家批评指正。

感谢出版社的鼓励。书中参考文献或注释若有遗漏，在此一并致谢和致歉。

翟宝辉

2019 年 8 月 1 日

目录 CONTENTS

第一章

绪论

在城镇化战略作为国家战略的中国，如何正确认识城市社会经济发展趋势，把握城市运行规律，提高城市管理水平，让市民切身体会到：城市让生活更美好，是决定城镇化战略成败的关键。

国际上都把城镇化率在30%～60%看作快速城镇化阶段。中国城镇化进程已经进入快速发展阶段，国家统计局数据显示，到2011年底，中国城镇人口数量占全国总人口的51.27%，部分地区的城镇化率甚至接近西方发达国家水平。也就是说，全国已经有超过一半的人口工作、生活在城市。规划、建设、管理好城市已经成为我们绕不开、躲不掉的课题。

随着城市空间规模的不断扩张，城市基础设施的大规模建设，人口和资源的快速流动，生产生活环境的剧烈改变，社会结构和利益群体的多元化，城市形态和职能结构高度复杂化和多样化，城市管理面临新的机遇和挑战。

一、我国城市管理面临的新形势

当前我国城市管理面临诸多新形势。城市工作正在走向国民经济社会发展的前台，且已经列入党中央国务院的重要议事日程。城市管理逐步占据城市工作的核心位置，正在成为满足人民日益增长的美好生活需要的重要领域。城市运行安全成为经济社会发展的基本需求。城市基础设施和公共服务设施的安全运行、公共空间的有序使用以及个性化服务产品的提供是满足城市人民日益增长的美好生活需要的必要先决条件。然而，传统的城市管理方式，特别是突击性、运动式的管理方式难以适应当前城市经济社会发展需要。城市管理水平的高低也影响到一座城市的城镇化核心引力。高质量的工作环境和宜居的生活环境直接影响了城市吸纳外来人口和其他要素的活性及持续能力。同时，国家各项政策为提升城市管理水平创造了难得机遇。包括第四次中央城市工作会议、《中共中央 国务院关于深入推进城市执法体制改革改进城市管理工作的指导意见》（中发〔2015〕37号，以下简称"中发〔2015〕37号文"）、《中共中央 国务院关于进一步加强城市规划建设管理工作的若干意见》（中发〔2016〕6号，以下简称"中发〔2016〕6号文"）等。

（一）中国城市发展步入城市管理时代

长期以来，中国是一个城市短缺的国家。因此，改革开放以后中国的城市发展主要表现为快速城市建设，城市政府把规划和建设放在突出和重要位置，建设经济成为城市经济增长的引擎。中央政府对地方城市政府的考核也向这个方向倾斜，以综合开发为手段的城市建设模式在全国范围被广泛复制，城市政府高度表现为"重建设轻管理""以建设代管理"。

综合开发模式产生于城市政府贫困时代。由于没有持续足够的收入投资基础设施建设，便以综合开发的形式将责任转嫁到开发商身上，若想开发房地产就必须配套建设基础设施和公共服务设施。因故意或监管不到位的原因，部分综合开发没有或没及时建设配套服务设施，造成城市运行出现很多问题。如今城市政府的财力得到大大改善，这从各地每年固定资产投入和重大基础设施项目投入数量就可以看出，城市综合开发的模式应该改变。

第四次中央城市工作会议提出，我国城市发展已经进入新的时期。抓城市工作一定要抓住城市管理和服务这个重点，不断完善城市管理和服务，彻底改变粗放型管理方式，让人民群众在城市生活得更方便、更舒心、更美好。这标志着我国以管理为中心的城市管理时代已经到来。"三分建设、七分管理"的城市发展理念已经逐步具备落实的条件。特别是在沿海特大城市中，城市管理已经成为城市政府的首要工作。经济社会发展要求城市管理部门具备与城市发展阶段相匹配的管理能力。

（二）城市管理面临日益提高的新要求

城市的基础功能虽不直接参与各项政治、经济、社会、文化体育活动，但其稳定运行直接关系到人们能否便捷地工作生活，各项活动能否正常有序地进行。由于经济社会长期稳定快速发展，城市人民的生活水平有了大幅度提高，人民群众的需求已经远远不是温饱水平，舒适的生活方式已经是人民群众的追求和向往，新的需求频频出现并日益增长。

首先，人民群众对城市基础设施的配套要求逐步提高，如大城市的地铁建设、公共交通的零距离转换、雨污水排除时间、垃圾清运频率、公园绿地服务半径、公共厕所位置等都有了新要求；其次，人民群众对城市优质公共空间的需求日益增长，对城市管理服务水平提出了更高要求，除了公园绿地，市民对具有一定功能的活动场所需求迫切，除了自来水普及率，人们对自来水水质更加关注，除了公共厕所密度，人们对公共厕所的卫生程度要求更高。

然而，我国大部分城市的城市基础设施和公共空间远远不能满足人民群众的新需求，传统的、粗放的、落后的城市管理模式难以适应当前城市发展需要，管理任务与队伍能力不匹配，突击性、运动性的管理方式往往引发冲突，社会矛盾凸显。

（三）城市运行安全成为城市管理的核心内容

城市基础设施运行安全和公共空间有序使用是城市生活更美好的必要先决条件。随着我国经济和社会的全面发展，城市基础设施建设的力度日渐加强。因城市基础设施网络化而形成的基础功能表现为城市的正常运行，支撑起城市其他功能的发挥，如政治活动、体育活动、文化活动、经济活动等衍生功能（翟宝辉，2009）。城市的运行管理水平高低将直接反映城市建设的成果能否转化为提供给城市居民的优质服务，进而反映政府的服务能力、执政水平，也将直接影响广大居民工作、学习、生活的切身利益。

中发〔2016〕6号文明确提出了"实现城市有序建设、适度开发、高效运行，努力打造和谐宜居、富有活力、各具特色的现代化城市，让人民生活更美好"总目标，"通过智慧城市建设和其他一系列城市规划建设管理措施，不断提高城市运行效率"的具体要求。

因此，如何保障城市的运行安全，实现城市的衍生功能，确保市民工作有效、生活便利、环境优美、心情舒畅是城市管理工作的核心内容。

（四）城市管理水平决定新型城镇化的引力大小

对城镇化可以从狭义上来理解，是指农村人口聚集到城市的程度，衡量的指标是城镇化率；也可以从广义上理解，是指城市生活方式的普及程度，衡量的指标相对复杂，如就业率、入学率、病床数、体育设施、公共交通等，反映基础设施和公共服务设施的配套完善程度。

所以，城镇化的引力大小是由城市的运行水平来决定的。新型城镇化加入了对城市环境、生态、人本、文化等的更高要求，通过城市的规划建设管理，满足人们的新期待，实现市民工作有效、生活便利、环境优美、心情舒畅，让人们真正体会到：城市，让生活更美好（翟宝辉，2014）。

城镇化质量离不开城市发展质量，城市发展质量又是由城市管理的质量和效率决定的。城市管理水平决定了城市吸引外来人口和要素的活跃性，也影响了城市的整体生活质量。各类城市设施的运行越安全稳定，城市生产生活活动越有秩序，城市空间的宜居性愈加提升，作为城镇化磁力中心的城市，其吸引和辐射能力就越强；反之，则越弱。

（五）城市管理水平反映城市规划建设水平

中发〔2016〕6号文指出，"把城市规划好、建设好、管理好，对促进以人为核心的新型城镇化发展，建设美丽中国，实现'两个一百年'奋斗目标和中华民族伟大复兴的中国梦具有重要现实意义和深远历史意义。"

在这个过程中，规划起龙头作用，设施建设完成后交由管理部门运行维护，发挥基础设施、公共服务设施和城市空间的应有效用，为经济社会发展和人民生活服务。基础设施、公共服务设施配套程度、完善与否不仅直接影响城市管理水平和服务质量，也间接反映城市规划是否具有前瞻性和科学性，一个科学性强、前瞻性足够的城市规划可以满足一张蓝图干到底的要求。城市管理中遇到的一些问题也可能是建设过程中的缺陷或隐患导致的，有时不得不用再建设的手段加以改进。所以说，城市管理水平是城市规划建设水平的反映。

如何衡量城市管理水平、如何提高城市管理水平必然牵涉到城市管理是什么？城市管理管什么？城市管理谁来管？城市管理怎么管？城市管理管到什么程度？而这些问题长期困扰着城市实际工作者。

剖析当前城市管理工作出现的新情况、新问题，认真分析总结城市管理的前沿性探讨，借鉴最新相关研究成果，领会学习最新政策方针，是当前做好城市管理工作的重要前提。但城市管理无论是在理论上还是实践中，都有诸多热点难点问题亟待解决。科学的城市管理还在孕育中。

二、主要架构

本书针对以上几个方面进行了较为系统的研究：

首先，从回归城市的基本属性入手，给出了城市的定义，认为城市是一定数量的人口在基础设施平台上进行政治、经济、社会和文化体育活动形成的聚合体，分析了城市的功能属性和空间属性，将城市管理定位为对城市基础功能和公共空间秩序的维护，并界定了城市管理的范围至少包括：道路交通运输系统、供水排水和污水处理系统、电力燃气等能源供应系统、垃圾收运处置系统、信息通信系统和园林绿化系统等六大功能和城市公共空间有序管理；分析了城市管理的基本特征。

其次，明确了城市管理的体制创新思路，提出了城市综合管理的概念，将城市管理核心职能的行政许可、管理服务、社会教育、行政处罚等职权归并到城市综合管理部门。利用高位协调机制建立城市综合管理统一指挥、统筹协调、监督检查、考核赏罚体系，利用公务协助解决城市管理工作中责权不一致、相互推诿扯皮的问题，利用志愿者组织团结社会力量形成"人民城市人民管"机制。

再次，在城市综合管理运行机制上，提出了以数字技术为支撑的、以城市综合管理指挥中心为平台的指挥调度系统，在公务协助制度的约束下协调运行。

最后，针对城市管理综合性特点，分析了城市管理的法律法规的复杂性特点，明确了城市综合管理法是一般法，相关专业管理法规是特别法，并与地方法规一起构成城市综合管理法典的特征。

三、内容精要

城市管理工作非常重要。规划、建设、管理好城市是城市人民政府的主要职责。建设形成硬环境，管理增强软实力，共同指向完善城市功能。进一步推进城市管理执法体制改革，改进城市管理工作。这些论断都强调了城市管理工作的重要性和必要性。完善城市管理体制机制既是加强城市管理工作的切入点，又是城市发展阶段的必然要求。

城市管理必须既分工又协作。城市管理的系统性整体性特征、城市健康运行的刚性要求都对城市管理体制机制提出了更高要求；需要在党的领导下，遵循城市运转规律，敢于涉深水区，敢于革除部门利益；落实中共中央关于城市管理执法体制改革的具体要求，做实城市管理部门，做活部门协调机制，形成既分工明确又相互配合的部门协同机制；落实城市管理执法编制，强化部门执法协助，形成城市管理综合执法、司法刑法无缝衔接的执法机制。

开展城市管理必须站在党中央的高度。中发〔2015〕37号文反映的是中央"深改委"的决心，城市管理的主管部门必须站在党中央的高度，深刻认识城市管理工作的系统性、复杂性和整体性本质。跳出行业管理定位，剔除部门管理意识，建立城市是国民经济社会发展核心主战场思想。全国一盘棋，善于协调各方，上下齐努力，充分发挥相关部门和各级政府的积极主动性，开创城市管理工作新局面。

城市管理的落点必须在已经连线成网的城市建成区。城市建设的主体是各类基础设施、公共服务设施和各类建构筑物，城市管理的重点也必须放在基础设施和公共服务设施，及其提供的公共服务和产品上，这是城市区别于乡村的主要特点。城市管理的主要目标应该是保障城市的正常运行，表现为交通畅通、通信畅通、供排水畅通、供电正常、供气正常、垃圾收运正常等，各类基础设施和公共服务设施被正常使用是城市管理的基础。因此，城市运行的核心是功能属性与空间属性正常发挥。

城市管理以基础功能为基础。广义的城市管理是城市政府对城市行政辖区内一切人、事、物的管理活动的总称。狭义的城市管理是指，城市政府或城市政府依法成立的城市综合管理部门依照法律授权或行政授权，依法维护城市基础功能，管理城市公共空间，保障城市健康运行的行政行为。内容包括：道路交通运输、给水排水污水处理、垃圾收运处置、能源热力供应、邮电通信、园林绿化等城市基础支撑系统和城市公共空间管理。

城市管理必须明确与行政管理的区别。目前的城市管理职能主要基于行政管理分工的逻辑设定，特点是部门分工明确、边界清晰、互不干涉。但是，城市管理涉及传统意义上多个系统的管理事权，需要众多部门紧密合作，共同确保城市的正常运行。这就是城市运行的系统性、整体性特征。城市管理的主要行政手段包括行政许可、监督检查、行政处罚等。行政许可和服务是面向大众的，而处罚权是面向小众的。

城市管理体制具有阶段性特点。我国城市管理体制在中发〔2015〕37号文发布之前，可以归纳为三种城市管理形式：行政管理代城市管理、城市建设代城市管理、行政处罚代城市管理。同时又分为四个发展阶段：计划经济时期的城市管理体制（1949—1978年）——改革开放初期的城市管理体系（1979—1996年）——相对集中行政处罚权改革时期（1997—2007年）——城市政府自主探索的新时期（2008年至今）。

城市管理事权下放受地方欢迎。目前，我国城市管理体制特点为：地方城市人民政府通过相对集中行政处罚权配置城市管理机构；城市管理机构类型、性质和职责多样化；各类创新引领城市管理实践，包括服务优先理念创新、高位协调体制创新、科技创新、标准化管理体系创新等。

地方落实中发〔2015〕37号文情况参差不齐。部分省市已出台或即将出台贯彻落实中发〔2015〕37号文的相关实施意见、工作方案、试点方案等。主要内容和做法有：匡定管理与综合执法职责、省级层面组建城市管理局和厅际联席会议制度、市级层面构建城市管理高位协调机构（城市管理委员会）、城市管理与综合执法机构综合设置并纳入政府机构序列、建立城市管理与综合执法的部门协作机制、运用标准体系来指导城市管理、借助数字城管建立考评制度、推行市或区一级执法并向街道延伸、建立城管执法与公安司法及社会诚信联动机制、城市管理深入社区。

城市管理体制问题丛生。我国城市管理体制存在的主要问题是：普遍"重建轻管"、对城市管理重视不足，其根源在发展理念；职责界定不清、缺位与越位并存，其根源在缺乏城市运行意识；部门间不协调、管理与执法割裂，其根源在体制与城市运行要求不匹配；执法依据碎片化、缺乏上位法支撑，其根源在于立法部门化；保障机制不健全、与承担任务不匹配，其根源在于机构改革与城市运行两张皮；规范标准不统一、忽视实际客观规律，其根源在于短期利益和短期行为。当前城市管理的主要矛盾是权责错位。

我国城市管理体制创新需要突破三个难点。一是城市管理理念，整体性、系统性的城市管理理念必须形成，但不可能一蹴而就。二是部门协作机制，构建部门协作机制不易，维持其持续发挥作用更难，但却是绕不开的坎儿。三是各级事权配置，城市管理的各级事权配置非常重要，但却面临发展阶段不同、发展不平衡的挑战。各地发展阶段不同带来对城市管理认识的巨大差异。事权配置需要因地制宜、因时而异，不断优化调节管理手段和力量，不断调整各类工作规范和标准。

城市管理体制创新必须基于现有基础。完善我国城市管理体制必须将城市管理机构纳入现有行政体制框架，定职定编定责，明确公务员身份；构建高位协调机制，明确城市管理机构为协调机制的执行机构，赋予其城市运行综合协调职责、对相关单位考核评价的职能。城市管理职能应界定为管理服务、协调监督与综合执法。管理服务职能主要包括：运行维护、持续作业、市容环境管理等，包括亲力亲为和协调服务。协调监督职能主要包括：高位协调、公务协助、监督考核。综合执法职能主要包括：履责执法、联合执法、受托执法等。

城市管理及执法范围在建成区。城市管理及执法的空间范围随着建成区范围扩展而扩展。城市管理核心职责至少应包括市容环卫、市政公用、园林绿化、应急管理和城市规划实施管理等。根据各地实际和具体问题留足职责拓展空间。建立城市管理重难点问题责任清单制。按照中发〔2015〕37号文明确综合执法权限边界。

城市管理体制应为三级框架。三级城市管理体制的框架设计为：建立中央、省、市区县三级管理的城市综合管理机构框架。国务院层面建立部际协调会议制度，办公室设在住房和城乡建设部。省级层面设立厅际城市管理工作联席会议制度。城市层面成立城市管理委员会，由市长担任主任。城市管理委员会依托相对独立的数字化城市管理监督指挥中心，负责组织协调、监督检查和考核奖惩，督促各相关部门履行城市管理职责。

城市管理机构设置分三层次。县级以上城市政府的城市管理机构设置：成立城市管理工作领导小组或城市管理委员会；城市管理局明确作为政府组成单位，与城市管理委员会办公室合署办公；管理与执法机构综合设置，可挂城市管理行政执法局牌子，或综合执法监察支队和数字城市管理指挥中心。结合实际需要实施职能划转。

城市管理要有两大协调机制。构建省市城管委牵头、住建系统为核心、协调相关部门及社会力量的城市治理协调机制。建立城管委领导下的公务协助机制，制定《城市管理公务协助手册》，理顺管理部门间、管理与执法间、政府与市场间的三个关系，科学划分城市管理部门与相关职能部门的权责界限；建立规划—建设—管理的问题前置导向机制，城市管理提前介入到规划建设过程中，加强市政公用设施运行养护、公共空间管理与规划、建设的有效衔接，建立健全城市管理参与城市规划、城市建设实施情况的评估反馈机制。

城市管理的三大支撑体系。城市管理需要完善三大体系——法律体系、标准体系、评价体系。一是完善城市管理法律体系。以宪法为指导，设立一般法《城市安全运行保障法》及《城市管理综合执法条例》，从中央层面明确城市管理的内涵，包括服务、执法与监督，界定管理与执法的空间范围和事项权限范围，确定城市管理与执法机构设置的层级与名称、人员编制要求等。二是建立城市管理标准体系。建立与城市发展水平相适应的城市管理运行规范、执法标准和评价体系，包括人员配备标准化、工具以及机械配备标准化、服装配备标准化、人员素质标准化和管理制度标准化、设备设施管护的标准化、反馈处理的标准化等。三是构建城管委领导下的考核评价体系。将城市管理、队伍建设、执法保障、执法效果等城市管理与综合执法工作纳入经济社会发展综合评价体系。将考核结果作为城市党政领导班子和领导干部综合考核评价的重要参考。加快建立城市管理行政问责制度，形成公开、公平、公正的城市管理和综合执法工作考核奖惩制度体系。

城市管理需要建设一个平台——智慧城管平台。构建城管监督指挥平台——数字城管指挥中心，建立发现、分析、服务、指挥、监督"五位一体"的运行机制；完善和整合城市管理信息搜集工具；建立城市基础设施电子档案，形成综合性城市管理数据库；推进网格管理，将信息化公共服务向街道、社区延伸，与流动人口、社会治安等互联互通互动；强化行政许可、行政处罚、社会诚信等城市管理全要素数据的采集与整合；加强城市基础设施智慧化管理与监控服务。

城市管理必然走向社会化。城市管理要形成服务为先、管理优化、执法规范的多元化社会共治体系，构建政府、企业、社区、社会组织、媒体、被管理者、公众平等参与良性互动的共同治理模式。一是推进管理服务市场化。积极推进政府购买服务，大力引进社会力量，重点推进城市市政基础设施、市政公用事业、公共交通、便民服务设施等的市场化运营。二是鼓励公众多渠道参与自治自管。落实市容环卫责任区制，建立社区城市管理工作站，组建城市管理志愿者队伍。三是构建社会监督与诚信体系。建立城市管理执法信息与社会信用信息基础数据库联动机制，将严重违反城市管理法律法规的行为计入个人诚信档案，健全信用监管和失信联合惩戒制度。

城市管理需要多项保障措施。各部门应加快各类保障措施的规范、推进与落实。一是保证公共财政投入。将人员经费与工作经费纳入财政预算，严禁将罚没收入作为城市管理部门的经费来源。二是人员编制保障。细化管理与执法机构与人员编制数量配备、人员晋升晋级、工资待遇保障、装备配置标准等内容。三是注重人才培养。建立科学的培训、考核、奖惩、薪酬等制度，建立符合职业特点的职务晋升和交流制度。

第二章

城市及其运行规律

当前，城市管理研究文献很多，2019年在中国知网用"城市管理"关键词进行全文搜索，从期刊文章到硕博士论文能查到二十余万篇。但提升我国城市管理水平的最大障碍是缺乏对城市发展规律、运行规律的基本认识，缺乏对城市管理相关概念科学合理的界定。所以，当务之急是要重新审视城市政府所涉及的城市管理工作，认真解读城市的基本属性，厘清城市各系统的运行脉络和城市运行中存在的客观问题，把握和认识城市管理与城镇化、城市管理与规划建设等多个关系，进一步从体制机制上挖掘深层次原因。

一、什么是城市

城市的定义很多，许多从不同角度给出的界定，导致一些混乱。曾有报刊报道，全国最大的城市是重庆，面积大，人口多，有3000多万人口，比上海、北京还大。全球最大的城市是格尔木，因为它的市域面积接近12万平方公里。如果按同样的地域范围划定办法计算城市人口，南阳比武汉还大。为什么会出现这种情况？这就是因为对城市的概念内涵不清楚。

中国城市规划学会顾问、北京大学周一星教授指出："推进我国的新型城镇化，推进我国的城市工作、城市改革，首先要把情况摸清，搞清楚中国城市的现状是什么，要深入调查研究，搞好中国城市的基础数据，要善于解剖麻雀，把我国城市的实际情况，摸准摸透，胸中有数，有的放矢。"

（一）关于城市的定义

关于城市的概念，表述很多。《辞源》中，城市被解释为人口密集、工商业发达的地方。因为城市是一个庞大的系统，是包含着人类各种活动的复杂有机体，其要素、结构、层次、功能的复杂性和形式多样性，决定了城市定义和内涵的多元性。《韦氏大字典》（第三版）中提到，城市是一个团体的人构成一个在政治上有组织的共同体，一个比较有永久性和高度有组织的中心，包括有各种技能的一个人口集团，在粮食生产上缺少自足，通常主要依赖制造业和商业以满足其居民的需要。中外学者从经济、社会、历史、地理、生态、建筑等不同角度，对城市概念作过种种定义：

城市经济学者认为，城市是一个有限地域内集聚的经济实体、社会实体、物质实体的有机系统；城市是区域政治、经济、文化的中心，是区域经济增长极。现代城市，是经济、政治、科学技术、文化教育的中心，是现代文明的载体，在现代化建设中起着主导作用。

社会学者认为，城市是人们为生存和发展，经过创造性劳动加以利用和改造的物质环境，是社会劳动分工以来产生的一种比乡村更具人性化的社会载体，是人类集聚的最佳形式。

建筑学者认为，城市是空间结构与社会结构的结合，是一个复杂的建设工程综合体，是各种工程建筑物和各种管线系统的汇集地。

地理学者认为，城市是发生于地球上的一种宏观现象，有一定的空间性、区域性和综合性。城市是第二、三产业人群集中区域，是国民经济空间与劳动人口的投入点和结合点。

城市规划学者认为，城市是以非农业产业和非农业人口集聚为主要特征的居民点。

系统学者认为，城市是一个以人为主，以空间利用为特点，以聚集经济为目的的一个集约人口、集约经济、集约文化、集约信息的地域系统，是一个与周边地区进行人、物、信息交流的动态开放系统。

英国经济学家K·J·巴顿认为，城市是一个坐落在有限空间内的各种经济、市场、住房、劳动力、土地、运动等相互交织在一起的网状系统。

城市学家麻库斯·维巴在他的《城市类型学》一书中说：所谓城市，如同巨大一体的定居村落，家家紧连着定居。然而，居民间的相识关系很差，这与城市以外的邻居之间的关系大不一样。居民的绝大部分，不是靠农业，而是靠工业或商业的毛利收入维持生活。

法国著名城市地理学家菲利普·潘什梅尔认为，"城市既是一个景观，一片经济空间，一种人口密度，也是一个生活中心和劳动中心，更具体点说，也可能是一种气氛，一种特征或者一个灵魂。"

美国著名城市理论家刘易斯·芒福德认为，"城市不只是建筑物的群体，它更是各种密切相关经济相互影响的各种功能的集合体，它不单是权力的集中，更是文化的归极。"在他看来，城市的定义，不在于它的物质形式，更重要的是它的传播和延续文化的功能。

对城市的具体解释，因不同历史发展阶段、不同场合和其着眼点不同而有很大的差异。从一般意义上讲，城市是一个极抽象的概念，泛指与乡村相对的一种具有一定规模的非农业人口的聚集地，是人们生产、生活和进行社会活动的场所。这种聚集地，是以人为主体的经济空间、自然环境、人工环境、生活景观、社会组织制度和结构等紧密联系的有机体。

随着经济的不断发展，城市逐步具有了更为丰富的内涵。除了具有"城"和"市"的基本含义外，还增加了政治、社会、文化等方面的内涵。

经济上的非农业性，是城市的功能特性。城市作为一个经济载体或经济地域，是工业、商业、运输业、服务业等非农业的聚集地，它与乡村的农业经济在专业与地域方面有明显的分工。城市经济的这种非农业性质在空间上又表现为非农业的土地利用，在很多情况下，城市的范围是以非农业的土地利用来界定和衡量的。

（二）我国城市发展国情的认识差异

1. "城市"数据不代表"城市"

全国有90%以上的人口在市长管辖下，市长管的人是不是"市民"？重庆是不是世界上人口最多的"最大"的"城市"（3000万）？格尔木市是不是世界上面积最大的城市？等等。周一星强调，中国现在的"市"已经远远偏离了"城市"，中国"市"的概念全是以城镇为核心，以乡村空间为主体的城乡混合地域。

2. 城市概念和城市统计口径无法与世界接轨

把一个国家的人口分为"城镇人口"和"乡村人口"，把一个国家的国土空间分为"城镇空间"和"乡村空间"，在相当长的时段里仍然是需要的，它没有、也不应该随着我们强调的所谓"城乡一体化"而变得过时。我国政府非常重视"三农"问题。然而，如果不弄清楚"市民""市镇"和"城市产业"，也就弄不清楚"农民""农村"和"农业"问题。这是一个问题的两个方面。城市概念和统计口径的混乱是由于国家职能部门不能协调统一的结果。由于人所共知的原因，我国行政区划上的"市"的概念和地域划分，主导了我国的城市概念、城市统计和城市研究。而恰恰是由于在行政上广泛推行"县改市""乡改镇""地改市""县和县级市改区"等一系列的行政措施，混淆或误导了"城"与"乡"的种种概念。国家统计局为了适应这种变化，不得不被动地变换统计口径。

3. 中国只有城市的行政地域而无实体地域和功能地域

行政上设有建制的"市"，是不是"城市"？不是。周一星强调，城市地域有行政地域、实体地域和功能地域之分。在国外，以美国为例，一般城市行政地域小于实体地域，功能地域大于实体地域，更大于行政地域，即城市行政地域是最小的。好坏且不说，关键是它们都分别有明确的界定和标准[①]。

中国的特殊情况在于，我们只有明确的城市建制的行政地域。而且，行政地域远远大于城市实体地域；行政地域与功能地域的关系复杂，有等于、大于、小于三种情况。但中国没有城市实体地域的标准和空间表达；完全没有城市功能地域的概念，代之而起的是各种五花八门的以"城市群"为代表的城市概念。

4. "城市"的统计口径普遍偏大

周一星认为，现在所有以280多个地级以上"市"为单位的所谓"城市"统计，对于真正的"城市"而言，毫无例外，统统都是偏大统计，在国内缺乏可比性，与国外也缺乏可比性。对国家的危害在于，用了"大号的城市"概念，就有了"大号的城市人口""大号的城市用地""大号的城市基础设施""大号的城市投资"等。

---

① 2002年4月，周一星教授关于中国城市概念和统计口径的混乱问题的发言。

举个例子，以前城市市区非农业人口超过100万的城市就称为"特大城市"，2014年我国修改了城市规模分等的标准，市区常住人口500万～1000万人的城市叫特大城市，1000万以上叫超大城市。以前已经是特大城市，现在反而退位大城市，以前是大城市的，现在可能成了中等城市。其中原因之一就是城市行政地域的尺寸号码变大了，城市"区"的数量大大增加了，而城市数量反而变少了。2000年，县级市还有400个[1]，2015年只有361个[2]。同期，县个数由1674个减少至1568个，减少了106个。

2014年中国城市规模划分标准

2014年10月29日国务院印发的《国务院关于调整城市规模划分标准的通知》（国发〔2014〕51号）中规定，以城区常住人口为统计口径，将城市划分为五类七档。城区是指在市辖区和不设区的市，区、市政府驻地的实际建设连接到的居民委员会所辖区域和其他区域。

城区常住人口50万以下的城市为小城市，其中20万以上50万以下的城市为Ⅰ型小城市，20万以下的城市为Ⅱ型小城市；城区常住人口50万以上100万以下的城市为中等城市；城区常住人口100万以上500万以下的城市为大城市，其中300万以上500万以下的城市为Ⅰ型大城市，100万以上300万以下的城市为Ⅱ型大城市；城区常住人口500万以上1000万以下的城市为特大城市；城区常住人口1000万以上的城市为超大城市。

5. 明确城市实体地域和功能地域是城市管理工作开展的前提

只有明确了"城市"的地域，才有城市人口、城市土地、城市基础设施、城市经济、城市环境、城市生态、城市规划、城市管理等一系列有关派生概念应用的地域范围。只有这样，才能认识、尊重、顺应城市发展的规律，周一星

---

① 孙学玉，伍开昌. 当代中国行政结构扁平化的战略构想——以市管县体制为例[J]. 中国行政管理，2004（3）：79-87.
② 2018年中国城市建设统计年鉴。

教授曾经提出过"城市研究的第一科学问题是概念的正确性",就是这个道理。

（三）我们对城市概念的界定

我们给出的城市概念是描述性的，城市是一定数量的人口，在一个设施平台上进行政治、经济、社会、文化体育活动所构成的聚合体。

它必须依托一个设施平台，必须有足够数量的人口，必须能为政治、经济、社会、文化体育活动提供便捷服务。

二、城市的基本属性

城市是迄今为止人类生存的最佳聚落形式（翟宝辉，2012），是大量人口在大规模基础设施平台上进行政治、经济、社会和文化活动所构成的聚合体。它区别于农村的最大特点是方便、有效和有序。这是靠完善的城市基础设施和空间有序使用来保证的。城市规划建设和管理就是为城市搭建基础设施平台，维护基础设施的正常运行，对城市空间进行有序管理，为基础平台上的政治、经济、社会和文化活动提供保障。

城市具有功能属性和空间属性（表2-1）。功能属性与空间属性是城市管理的基础（翟宝辉，2009）。

城市的属性分类 表2-1

城市属性		分　类
功能属性	基础功能	道路交通、给水排水、电力通信、供气供热、垃圾收运、污水和垃圾处理、园林绿化等
	衍生功能	政治、经济、社会、文化等活动

续表

城市属性		分　类
空间属性	专属空间	城市居民的住宅空间、单位的办公空间、社区单位内部的室外空间、其他特定空间（如候车室、商场、博物馆、体育馆等）
	公共空间	街道、广场、公园绿地、体育场、居住区户外场地、建筑景观立面和屋顶等

（一）城市的功能属性

城市的功能属性包括基础功能和衍生功能。人类在城市的一切活动，都是基于城市基础设施平台上进行的。城市基础设施平台的正常运转称为城市基础功能；而在基础设施平台上开展的各类政治、经济、社会和文化等活动称为城市衍生功能。城市的基础功能和衍生功能的总和构成丰富多彩的城市整体（翟宝辉，2009）。

1. 城市基础功能

城市基础功能是由一套完备的基础支撑系统组成并正常运行来保证的。城市所处的发展阶段不同，其基础支撑系统组成也有差异。这一套基础支撑系统起初仅包括水电路，称为"三通一平"。随着城市现代化进程的加速，城市的基础支撑系统越来越复杂，且各系统间的相互依赖和影响越来越大。现代城市的基础支撑系统包括道路交通、给水排水、电力通信、供气供热、垃圾收运、污水和垃圾处理、园林绿化等，维护这些系统的正常运转是现代城市生存和发展所必需的，一旦得不到保障，城市局部或整体将立刻陷入瘫痪，直接影响居民生活并影响政治、经济、社会和文化活动的正常开展（翟宝辉，2009）。

由此看来，满足城市基础功能至少包括六个系统（图2-1）：

① 城市道路交通运输系统。主要由城市道路、客运、货运三方面组成。首先满足城市生产的原料、半成品、成品的转运和劳动力的运送等，直接为生产服务。其次，满足生产以外的客货运需求，包括商业贸易、日常生活、交流交往、休闲游憩等产生的出行和运输服务。

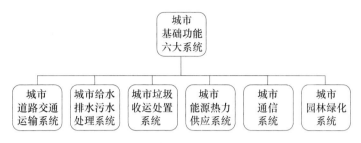

图2-1　满足城市基础功能至少包括六大系统

② 城市供水排水和污水处理系统。主要由供水、排水和污水处理三部分组成。城市生产生活和游憩都离不开相应的水供应，而这些环节产生的废水和自然产生的雨水都通过排水系统进行收集处理，经过污水处理厂处理后，部分再生利用，部分排入自然河流与湖泊。这三部分的正常运行都依赖管道网络，涉及大量的投入和日常维护工作。

③ 城市垃圾收运处置系统。主要由垃圾收集、转运和处置三个环节组成。人类生产生活和游憩会产生大量的废弃物，城市政府通过对废弃物的收集、分类、转运和处置，为城市提供整洁良好的城市环境。

④ 能源热力供应系统。主要由电力、燃气、供热三部分组成。电力既是生产资料，也是生活资料。无论生产产品还是服务都离不开电力供应，无论是日常生活或休闲活动都离不开电力的保障。燃气正成为取代部分燃煤的洁净能源之一。供热虽然不是每个城市的必备系统，但对北方城市而言是城市各项生产、生活必不可少的支撑系统，是生活、工作的基本条件。

⑤ 城市邮电通信系统。主要包括邮政、电信两部分。通信是必须依赖城市市政管网建立的居民生产、生活不可或缺的沟通渠道。邮政通过传统的信件联系方式提供沟通服务，但却是城市生产生活所必需，没有因为越来越多人通过电话网络进行联络而消失。电信是随着信息技术的进步而出现的快捷沟通方式，涵盖电话、移动通信、网络服务等。

⑥ 城市园林绿化系统。主要包括公园、植物园、湿地、水面、行道树、专有绿地、生态农业用地等。该系统为密集居住的人们提供了新鲜的空气、游憩的开敞空间和宜人的绿色景观。

以上六个方面对保障城市健康运行虽然未必全面，但都是必需的，须臾不可弃（翟宝辉等，2011）。城市基础功能包括的六大系统都明晰表现出公益性和建设运营的自然垄断性。城市唯有满足基本的生产、生活条件，城市居民才有可能积极地创造更多物质财富和精神财富，从而带动城市政治、经济、社会、文化的全面发展。

2. 城市衍生功能

城市衍生功能是指自然人和法人在基础支撑系统之上进行的各类活动，包括政治、经济、社会、文化等活动。同样，城市的衍生功能与城市发展所处的阶段紧密相连。城市产生之初衍生功能相对简单，但随着技术进步，城市的衍生功能逐步丰富和复杂起来。现代城市的衍生功能已经表现出立体化、国际化、信息化的特点（翟宝辉，2009）。

3. 两者相互关系

城市基础功能和衍生功能是从基础支撑系统平台角度划分的，并不意味着衍生功能从属于基础功能。而从城市发展整体来看，衍生功能是主体，基础功能是支撑。应该说，没有衍生功能城市就没有存在的必要，城市就会失去活力甚至衰败，最后导致城市基础功能的丧失或无效。反过来，城市的基础功能虽然不一定直接参与城市各项政治、经济、文化、社会活动，但其稳定运行直接关系到人类能否健康地生存及城市各项活动能否正常地进行，是各项活动的基础服务提供者。城市基础功能若不能正常运转，承载的各种政治、经济、社会和文化活动等城市衍生功能就不能正常进行。"筑巢引凤"恰到好处地描述了城市基础功能对城市其他各项活动的重要性。城市各项活动只有在良好的基础功能服务下，才能产生更高的经济效益和社会效益；城市衍生功能逐步丰富和复杂，反过来又要求不断提升城市基础功能设施水平。

从上述城市的定义和城市的基本属性分析可以看出，城市的基础功能关系到城市生产生活的正常运行和居民生命财产安全，属于公共利益，其功能维护是城市政府的职责；衍生功能既可以由政府完成，也可以由市场承担，按照社会主义市场经济的要求，衍生功能应该主要由市场完成，发挥市场配置资源的基础性作用。城市公共空间的有序管理、专属空间的特殊要求涉及城市公共利益，按照公共产品理论，其管理也必须由政府承担。

（二）城市的空间属性

城市是立体的，表现为各类活动都必须在一定的空间内进行，包括地表、地上和地下空间。城市空间可以从使用自由度的角度划分为专属空间和公共空间。专属空间是自然人和法人经行政许可取得部分使用权的空间，其他城市空间属于公共空间。城市居民的住宅空间、单位组织的办公空间即为专属空间，国家法律保护其空间使用权不受侵犯，道路广场、公园绿地等即为公共空间。

专属空间的使用权归属自然人、法人或特定群体，公共空间的使用权归属公众。专属空间的使用权通过行政许可取得，公共空间的使用权自然形成或由公权力确定。无论是专属空间还是公共空间，都必须按城市政府行政部门许可的功能合理使用。在城市空间一切建设活动都必须经过行政许可。公共空间的使用必须符合有序、不损害设定功能、不损害他人利益的要求。

1. 城市专属空间

城市专属空间是法人和自然人通过向政府有关部门申请、经行政许可而得到的附带条件的独立使用和管理的空间，享有相对独立的使用权，受到国家法律的保护，不易受到他人违法行为的侵犯（翟宝辉，2009）。它往往表现为城市中建筑物或构筑物实体内部或围合的封闭或相对封闭的空间，有实体边界范围。包括：城市居民的住宅空间、单位的办公空间、社区单位内部的室外空间、其他特定空间（如候车室、商场、博物馆、体育馆等），主要承载人们居住、办公、生产、商业等活动需要。

城市专属空间包括个人专属空间和集体专属空间两大类。城市居民的住宅空间属于由居民独自享有的个人专属空间，国家法律保护居民住宅私有空间独立的使用权不受侵犯；单位的办公空间属于城市集体专属空间，该空间受到国家的法律保护，不受他人违法行为的侵犯。将小区个人住宅围合起来、单位办公空间围合起来的室外空间属于"特定群体集体专属空间"，但其使用会附加很多条件。现状之外的任何建设活动都必须专门申请行政许可，没有行政许可不得动土建设或通过建设改变空间形态。

有些专属空间，市民可以共享，但有特定单位专属管理，比如候车室、商场、博物馆、体育馆等，我们称之为"可共享集体专属空间"。市民享用"可共享专属空间"，要遵循特定管理单位的特别规定。

部分城市空间专属化后，拥有相对独立的使用权，受到法律的保护，不容易受到侵犯。专属空间应该由专属空间的使用者管理维护，不能受到其他个人和组织的干涉。但是由于集体专属空间属于集体的公共空间，覆盖面积大，同时也容易受到集体内的个人侵占，进而影响到城市空间的有序性。因此，城市综合管理部门虽然不能对集体专属空间进行直接管理，但应当对特定群体集体专属空间的管理者给予监督与建议，保证其范围内空间的有序性。

2. 城市公共空间

城市公共空间是公众可以共享的地表和低空空间，是为城市的生产、生活和休憩提供非排他服务、供城市居民日常生活和社会生活公共使用的室外共享空间（翟宝辉，2009）。它具体表现为城市中建筑或构筑物实体围合的开敞空间。包括街道、广场、公园绿地、体育场、居住区户外场地、建筑景观立面和屋顶等。根据居民的生活需要和设定功能、使用办法，城市公共空间可以承载交通、商业贸易、表演、展览、体育竞赛、运动健身、休闲、观光游览、节日集会、发布广告以及人际交往等各类活动。公共空间的使用在理论上看是非排他的，但实际使用中必须尊重其设定的功能，维护公共利益，任何人对公共空间的使用都不应该造成他人的利益受损。

城市公共空间长期没有主管部门或组织进行管理维护，这是我国城市容貌脏、乱、差的根本原因。但城市公共空间涉及城市公众利益，事关重大，应当由一个政府部门统筹管理、合理使用，方可保障城市良好的秩序。公共空间的使用从理论上看是非排他的，人人可以共享，但实际使用中往往更多被社会强势阶层使用，社会弱势阶层很少甚至无法享用，应当在城市空间布局安排时予以考虑。城市的属性与运行问题见图2-2。

3. 城市空间需求演变

相对于乡村，城市是在狭小的空间内聚集了大量的人口和活动。从建筑艺术的角度看，城市公共空间是指属于公共的场所，是市民可以无拘无束的光顾、自由自在地活动的地方，也是享受城市生活、体验城市风情、彰显城市个性、领略城市魅力之所在。从经济学角度看，城市空间内集聚的人口越多就越有效率，交易成本降低，规模效应显现，财富越来越密集。正因为如此，越来越多的人选择了进入城市，追求财富梦想。当财富积累到一定程度，人们不再满足简单的基本生存，继续留在城市便是为了更好地享受生活，其表现之一就是对城市空间的占有。

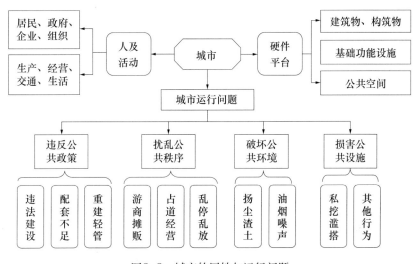

图2-2 城市的属性与运行问题

当周边更多的人口继续涌入城市，重复着人们从为了基本的生存到更好地享受生活的循环，城市大量的空间被占用而成为专属空间，提供部分人口居住、工作的专有场所。而城市公共空间的相应数量配比却被忽视，并以惊人的速度减少。不仅如此，在珍贵的城市空间和经济利益面前，私自占用公共空间的行为也不断发生，如私搭乱建、无照游商、私划停车位、私设广告牌等。

从复合生态系统理论的角度看，城市政府必须采取措施，统筹兼顾城市经济效益、社会效益和生态效益。城市政府既要考虑最先进入城市的人们有了一定的经济基础后提出的享受要求，又要兼顾刚刚从周边地区大量涌入的人们的基本生存的需求；既要考虑积累财富的需求，还要考虑代际生存环境可持续的需求。事实上，这在更大的区域尺度上，必然造成城市空间的快速扩张，必然受资源承载能力和城市社会经济发展边际的约束制约。

三、我国城市运行存在的主要问题

当前，我国城镇化过程中伴随着城市人口快速膨胀而出现的城市交通拥堵、环境污染、就业困难和各类城市基础设施供应不足等一系列矛盾。随着城市化的快速推进，以交通拥堵和住宅、市政基础设施供应不足等为特征的城市问题越来越突出。这些问题严重影响着人们的生活质量和工作秩序，也对城镇化进程造成了极大制约，如果处理不好很容易引发各种社会矛盾。

（一）人口无序集聚

恩格斯对近代城市的发展进行过较为深入的论述，他认为城市化主要是近代资本主义工业化所带来的人口脱离农村向城市集中的过程，城市越大，吸引力越大。城市人口的快速增加，必然引发大规模的城市建设、房地产开发和基础设施建设的高潮。随着我国城镇化进程持续推进，城市人口的增加将给城市的交通、住房、公共服务、社会保障、环境等带来较大的压力。

1. 人口向大中城市快速集聚

中国是世界上城市人口增长最快的国家之一。中华人民共和国成立70年来，经历了世界历史上规模最大、速度最快的城镇化进程。1949年建国初期，城市人口仅为5765万人，占全国人口的比重为10.64%，1978年为17.92%。随着改革开放和市场经济的推进，城镇人口快速增长。1982～1990年城镇人口每年以4.35%的速度递增，高于1949～1981年的3.99%递增速度。2000年，我国城镇人口比例提高到36.22%；2019年，我国城镇常住人口增至8.48亿人，占总人口比重达到60.60%。

城镇人口的迅速增加，呈现出农村向城市、中小城市向大城市集聚的特征。特别是北京、上海和广州等大城市，人口聚集的速度越来越快。以北京市为例，第六次全国人口普查结果显示，截至2010年11月1日零时，北京市共登记常住人口为1961.2万人；与2000年第五次全国人口普查相比，增加604.3万人，平均每年增长3.8%，相当于新添了一个特大型城市的人口。

2. 部分城市核心区密度过高

外来人口的大量聚集使城市核心区人口密度大为增加。近几年首都北京对外来人口的吸引力越来越大，外来人口总量从2006年的403.4万人，激增至2015年的822.6万人，外来人口占常住人口比重由25%增至37.9%。北京工业大学人文社会科学学院和社会科学文献出版社联合发布的《2011年北京社会建设分析报告》指出，北京"城六区"的人口密度为每平方公里7837人，超过了世界上以人口密集著称的伦敦和东京。人口的无序集聚和快速膨胀，对城市承载力提出了严峻挑战。

3. 城市就业岗位供给不足

我国是人口大国，就业形势一直十分严峻。大量人口的无序聚集，必然导致城市就业困难。就业结构不平衡，如劳动需求与劳动人口不相匹配时，会给城市发展带来压力，尤其是在经济快速发展时期。随着产业结构不断调整，国有企业改革或关停以及新技术的大规模推广、经济增长的就业弹性不断下降。当前我国又面临着新成长劳动力就业、经济转轨失业人员再就业和农村富余劳动力转移就业"三峰叠加"的就业压力。全国城镇每年需要安置就业、再就业人口与新增城镇就业岗位之间缺口巨大，就业岗位严重不足，形势更为严峻。

"十二五"时期，城镇平均每年需要就业的劳动力大约为2500万人，但是，每年能够创造出的就业机会仅为900多万个。虽然新增就业岗位在2011年创造了较高纪录，达到1200万，2012年中国政府工作报告也提出要创造超过900万个就业岗位，但与需求相比，就业岗位缺口将不断拉大。

失业和不充分就业是产生城市贫困人口的主要原因。根据中国人力资源社会保障部统计，2010~2013年，每年全国城镇登记失业率约为4.1%。因为大量城镇失业人员并不会去登记，加上农民工中的实际失业人员和未就业的刚毕业大学生，"城镇失业率"实际上要高于4.1%。2018年末，全国城镇登记失业率为3.8%，但调查失业率为4.9%。农村富余劳动力转移城市就业困难，造成城市里摊贩现象十分严重，成为城市管理工作中矛盾最突出的问题（图2-3）。

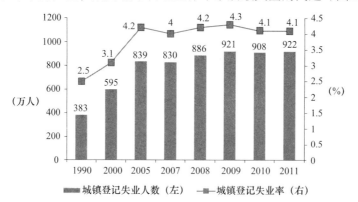

图2-3　1990—2011年城镇登记失业人数及登记失业率
数据来源：2011年度人力资源和社会保障事业发展统计公报。

（二）运转效率降低

城市盲目扩展导致运转效率降低。随着中国许多城市的规模不断扩大，城市运行效率与城市发展之间呈现出反向关系。随着城市人口的迅速增加和车辆的快速增长，中国城市都面临着交通拥堵的压力。尤其是上下班高峰期，全国各大城市主干道往往车多为患，寸步难行。人们上班时花在路上的时间变成了一两个小时，堵车时甚至要三四个小时。许多城市开始出现了严重的交通拥挤，这种情况下一些城市采用单双号限行、摇号限制购车等手段来解决"城市病"。

1. 机动车保有量急剧增长

交通拥堵与近年来城市汽车数量快速膨胀有直接关系。随着中国城市用地粗放增长和城市规模迅速扩展，居民出行距离加长，形成了对小汽车这种快速、便捷交通方式的基本需求。在居民收入逐步提高、汽车产业迅速发展、城市公共交通建设相对滞后，以及中国加入WTO后汽车降价等多种因素的引导下，这种需求急剧释放，导致了爆炸性的机动化。

随着我国经济社会持续快速发展，群众购车刚性需求旺盛，汽车保有量继续呈快速增长趋势。据公安部统计，截至2018年，全国机动车保有量为3.27亿辆，其中汽车2.4亿辆；全国机动车驾驶人4.09亿人，其中汽车驾驶人超过3.69亿人；2018年新注册登记的汽车达3172万辆，保有量净增2285万辆，均为历史最高水平。私家车总量超过1.89亿辆，每百户家庭拥有40辆；北京、成都、深圳等大城市每百户家庭拥有私家车超过60辆。机动车驾驶人数量也呈现大幅增长趋势，近五年年均增量达3000万人。群众机动化出行方式经历了从摩托车到汽车的转变，交通出行结构发生了根本性变化。

以北京为例，机动车不仅保有量惊人，近几年增长速度也异常迅猛。据北京市车管所统计，城市机动车总量每增加100万辆所需的时间从40年到6年到3年，呈显著递减趋势：1950年左右，北京市机动车仅2300辆；到1997年2月，北京市机动车总量达到第一个100万辆，期间用了40多年；2003年8月突破200万辆，仅用了6年多；2007年5月突破300万辆，用了3年多；2009年12月突破400万辆，用了2年多。据北京市公安局公安交通管理局统计，截至2018年7月，全市机动车保有量600万辆，驾驶人1115万人。机动车总量的急剧增长，已经引起了广泛的关注，对日益严峻城市交通拥挤的忧虑也随之增加。

2. 道路资源供求矛盾凸显

机动车数量迅速增长使得原本就"先天不足"的道路资源供求矛盾更加凸显。机动车保有量的激增，使得停车位缺口也越发明显，停车越来越难。停车难加剧了乱停乱放，乱停乱放直接导致"稀缺"的道路资源被进一步占用，交通堵塞也越来越严重。交通拥堵现象不仅出现在北京和上海、深圳等特大城市，而且也出现在郑州、西安、杭州等大城市。在节假日，主要街道拥堵也已成为一些地级城市甚至县城的常态，交通拥堵给市民工作、生活和出行等带来了严重不便。

3. 车辆平均时速不断下降

特大城市市区机动车平均时速已由过去的20公里左右下降到现在的12公里左右，一些大城市中心地区，机动车平均时速已下降到8～10公里。以北京为例，1996年一般城市干道的车速约15～20公里/小时，市中心区车速约10～15公里/小时，至2003年秋，北京市区部分主要干道高峰期的车速已降至每小时不到7公里，到2006年，北京市十道平均车速比十年前降低约50%（陈海燕，贾倍思，2006）（图2-4）。其他城市也在20世纪90年代开始陆续出现较为严重的交通拥挤。比如1995年上海市中心区平均车速仅15.5公里/小时，平均延误80秒/公里；1996年天津市内机动车行驶速度为26.96公里/小时，比1989年下降了35%（李兰冰，2005）。国内也有一些对中国城市交通拥堵损失估计的研究。对北京的估算表明，交通拥堵造成了每年上百亿元人民币的损失，全国一年因交通拥堵造成的损失达上千亿元（陆化普，1997）。

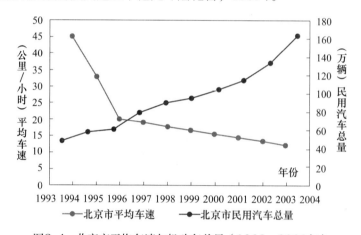

图2-4   北京市平均车速与机动车总量（1993—2003年）

资料来源：国家统计局，《新中国成立五十年统计资料汇编》；北京大学BELL示范课程可持续交通研究小组（邓冰等），快速公交系统（BRT）调研报告

4. 公共秩序和市容环境混乱

占道经营、沿街摆摊等问题没有得到规范化管理，城市的秩序度有待提高。随着经济社会快速发展，城镇化进程不断加快，户籍管理政策进一步放宽，流动人口大量涌入城市寻找生计，形成众多的经营群体。其中，流动商贩问题尤为突出。它带来了堵塞城市交通、侵占公共空间、影响市容卫生、污染城市环境等诸多弊端，给城市环境造成较大影响，是困扰城市管理的重点和难点问题。

以广州为例，虽然按照"主干道和重点地区严禁、次干道严控、内街小巷和城中村规范"的管理思路，采取巡查和守点相结合、教育与处罚相结合、管理与服务相结合的办法，进一步加大宣传教育与服务疏导的力度，但效果始终不尽人意，"你进我退，你退我进"，管理工作处于"拉锯战"的尴尬局面，周而复始，治标不治本，乱摆卖现象依然突出。

（三）资源过度消耗

快速城市化引起自然资源的过度消耗，威胁到城市的宜居性，并阻碍了中国的可持续发展和人类发展。人口规模的迅速扩大、城市的无序蔓延带来资源能源的大量消耗和浪费，造成我国城市资源紧张状况进一步加剧。比较突出的问题包括水资源、土地和能源的约束，空气质量和水质恶化给居民健康带来的威胁，水土流失日趋严重，绿地减少及生态风险的增加、气候变化所导致的极端气候事件频发等。这些问题给大部分居民带来了不同程度的影响，其影响程度由各人口群体的脆弱程度（如贫困、性别等）所决定。

1. 近2/3城市面临水资源短缺

中国是一个水资源短缺的国家，人均水资源量只有2300立方米，仅为世界平均水平的1/4，是全球人均水资源最贫乏的国家之一。然而，中国是世界上用水量最多的国家。仅2002年，全国淡水取用量达到5497亿立方米，大约占世界年取用量的13%，是美国1995年淡水供应量4700亿立方米的1.2倍。

近2/3的城市（共计400多个）供水不足，其中100多座城市严重缺水，年缺水量达58亿立方米[①]。20世纪80年代以来，中国的水荒由局部逐渐蔓延至全国，情势越来越严重，各省会城市和东部沿海城市的水资源消费量普遍较大。

2. 地下水过度开采破坏城市建筑设施和生态环境

城市无序蔓延造成了地下水资源存取失衡。城市生活范围不断扩大，其生活方式不仅影响地下水的补给，而且影响地下水质量，从而无法实现地下水的利用功能。一方面人口增加带来的居民生活用水增大进一步严重消耗了地下水源；另一方面新区开发和基础设施建设多半要铺盖硬地表面，减少了渗流量以及地下水的降雨渗透补给。

中国很多城市饮用水源严重依赖地下水。部分城市扩张带来的地下水开采

---

① 水利部部长陈雷，2012年5月8日，在全国水资源工作会议上的讲话。

量已严重超过其允许开发量。到2003年末，北京市地下水已累计超采57.58亿立方米。水资源短缺造成地下水的过度开采，使地下水位不断下降，地面加速沉降，破坏了当地的地质构造，导致路面开裂、塌陷、建筑物发生位移。如北京市2005年平原地区地下水位已达19.5米左右，比1980年下降了近11米，比2000年亦下降了3.9米（图2-5）。地表水的过度开发，以及地下水位的不断下降，使北京市河流基本上常年处于断流状态，自然湿地已基本丧失，永定河、潮白河等主要水系河道因长年干涸而成为沙地。

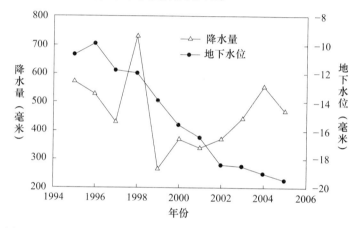

图2-5　1995—2005年北京市降雨量与地下水位（王光美，2006）

　专栏二

上海市45年间地面沉降0.29米

地面沉降已成为上海最主要的地质灾害，过量抽取地下水是主要原因之一，另一个重要原因是高层建筑和交通的地下空间快速扩张。

从1967年到2011年，上海地面沉降累计约为0.29米，"十一五"期间地面沉降量大于50毫米的范围达162平方公里。中心城及近郊区形成了若干个地面沉降次中心，最大沉降量近3米，部分地区地面低于黄浦江外滩平均高潮位，使得它们更容易受到洪水的侵袭。

资料来源：《解放日报》，2012年11月2日。

3. 能源供应紧张影响城市正常运行

中国能源资源分布不均，煤炭资源和天然气主要赋存于华北、西北地区，石油资源相当大一部分赋存于东部海域地区，而主要能源消费则集中在东部沿海经济发达地区。大规模、长距离的北煤南运、北油南运、西气东输、西电东送等，是中国能源流向的显著特征[①]。一方面城市能源需求大，另一方面能源市场供应紧张。2011年中国能源消费总量34.8亿吨标准煤，比上年增长7.0%，其中煤炭、原油、天然气增长迅速。核能和可再生能源等利用率低，新能源的利用率不足10%。

由于能源的短缺，很多城市遭遇用能紧张。西安市2012年由于气温持续降低，实际用气需求量已达到日均700万立方米，供需缺口50万立方米。因此，供气压力偏低，出现了约1万户左右的居民用户暂时停气的情况，给市民生活造成严重影响[②]。2011年1到7月，湖北省出现水电供应不足，电煤供应偏紧的严峻形势。湖北省会城市武汉用电量同比增长12%，其中工业净用电量增长高达16%，经多方组煤保电及争取外购电才确保了电力正常供应。

（四）环境污染严重

在快速推进的工业化和城镇化进程中，中国很多城市付出了环境污染的代价。目前，我国城市总体上空气质量较差且呈恶化趋势，水污染问题严重，垃圾处理压力日益增大。这些问题严重影响到居民的生活、安全和物质财富，也制约了城市宜居目标的实现，对居民健康产生极为不利的影响，引发疾病的增加、社会的不稳定，甚至一些地区环境难民的产生。

1. 大气污染日益突出、造成生存环境不断恶化

进入20世纪90年代以来，中国大气污染日益突出。部分大、中城市出现煤烟与机动车尾气混合型污染。2010年，全国约五分之一的城市大气污染严重，

---

① 国务院新闻办，2007年12月26日，《中国的能源状况和政策》（白皮书）。
② 西安晚报，2012年1月9日，"西安天然气供应压力增大北气南调直供城区"。

在"十一五"规划中确定的113个环境保护重点城市^①中，三分之一以上的城市空气质量达不到国家二级标准^②。2011年，全国325个地级及以上城市（含部分地、州、盟所在地和省辖市）中，环境空气质量达标城市比例为89%，超标城市比例为11%。然而，执行新的空气质量标准后（对颗粒物的检测由PM10改为PM2.5），五分之四的中国城市已经无法达到最低要求标准。

 专栏三

近年来北京市空气污染创新纪录

2013年1月13日上午，北京市气象台于10时35分发布了北京气象史上首个霾橙色预警，警示当日白天北京平原地区会出现能见度小于2000米的霾，空气污浊。当日，雾霾盘踞京城，北京出现了自35个监测站PM2.5数据实时上线后的最严重污染。上午9时的空气质量监测数据显示，除定陵、八达岭、密云水库外，北京其余区域空气质量指数AQI全部达到极值500，为六级严重污染中的"最高级"，至此，北京已连续3天空气质量达六级污染。

根据北京市环境保护监测中心实时监测显示，12日23时，北京西直门北、南三环、奥体中心等多个监测站点的PM2.5浓度超过900微克/立方米，西直门北交通污染监测点最高达993微克/立方米。北京市政府为此启动应急预案，将采取相应措施，减少雾霾天气带来的影响。

资料来源："北京：PM2.5值逼近1000"，《科技日报》2013年1月14日。

中国北方城市空气中悬浮颗粒物的浓度超过国家一级标准^③的两倍，超过国际标准的10倍。2012年1月，全国平均有4.3天为雾霾天气，为1961年以来

① 2001年，国务院批准国家环境保护第十个五年计划（2000—2005年），要求50%以上的城市至少要达到二级以上的空气质量国家标准。该规划同时还设立了一个每日城市空气质量报告和预报系统。在接下来的一年里，空气污染控制重点城市的划分方案指定113个城市为环境保护重点城市，要求在"十一五"期间空气质量达到国家二级标准。

② 《环境空气质量标准》（GB 3095—2012）（NAAQS）根据不同的功能分区，划分了二类标准。城市空气质量需要达到NAAQS的二级标准，同时，居住区、商业交通居民混合区、文化区、工业区和农村地区也适用于二类地区的标准。

③ 《环境空气质量标准》（GB 3095—2012）（NAAQS）的一级特别适用于保护区，如自然保护区、风景名胜区。

的第二峰值。京津冀、长三角和珠三角地区的空气污染尤其严重，当月有10天是雾霾天气，40多个城市，超过6亿人口受到影响，覆盖面积近270万平方公里①。

据中国生态环境公报，2018年，全国338个地级及以上城市中，217个城市环境空气质量超标，占64.2%；发生重度污染1899天次；严重污染822天次，比上一年增加20天。

2. 水污染事件频发、威胁居民生活和安全

目前，中国工业、城市污水总排放量为416亿立方米，经过集中处理达标②的只有23%，其余大都直接排入江河。全国657个城市中，有400多个以地下水为饮用水源③。对中国118座城市的饮用水源调查显示，64%的城市地下水严重污染，33%的城市地下水为轻度污染，仅3%的城市水质处于清洁状态。约有75个大中城市地下水处于较重污染区。

中国突发环境事件中水污染事件的发生最为频繁，达50%。例如，2011年6月，杭州市辖区建德境内杭新景高速公路发生苯酚槽罐车泄漏事故，导致部分苯酚泄漏并随雨水流入新安江，造成部分水体受到污染，杭州市民涌入超市抢购矿泉水。两个月后，南京江宁百家湖出现大面积污染，类似牛奶的乳白色污水从百家湖东花园小区的一个雨水管道直接排入湖中，覆盖了大半幅湖面。2012年初，广西河池宜州市境内的龙江河发生镉浓度超标事件后污染进入下游柳江，柳州市区饮用水源保护地面临威胁。

3. 垃圾处理压力日益增大、影响城市生态安全

我国城市垃圾产生量大，垃圾处理能力不足。据中国城市环境卫生协会数据，自2004年起，中国超越美国成为世界第一垃圾制造大国。2017年全国城市垃圾清运量达2.15亿吨，且三年增长率均超过5%；202个大中城市生活垃圾产生量为2亿吨，近五年城市平均生活垃圾产量增速已高达12.7%。

---

① 根据中国气象局2013年2月5日新闻发布会公布数据及中央气象台2013年1月31日发布的数据。
② 《污水综合排放标准》（GB 8978—1996）的制定是为了贯彻执行《中华人民共和国环境保护法》《中华人民共和国水污染防治法》，以及《中国人民共和国海洋环境保护法》，这些法规控制水污染，保护河流、湖泊、运河、水库、海洋和地下水等的水质，维护人类健康和生态系统的平衡，促进国民经济和城乡发展。
③ 环境保护部，2011年10月，《全国地下水污染防治规划（2011—2020年）》（环发〔2011〕128号）。

虽然2009～2017年，我国生活垃圾处理能力不断提升，但垃圾产生速度远远快于消解速度。2017年生活垃圾处理量同比增7%，大幅低于同年生活垃圾城均产量增速的13%。大城市垃圾围城问题严重。2017年北京、上海生活垃圾清运量分别为924.77万吨和743.07万吨，分别超过了24个、19个省级行政单位。全国2/3的城市已陷入"垃圾围城"，许多城市已无合适场所堆放垃圾。

垃圾处理不当严重危害环境。一方面我国城市人口增加导致垃圾产生量增加，一方面填埋法目前仍是最主要的处理方式。填埋垃圾未经无害化处理，易残留大量细菌、病毒，存在沼气、重金属污染等隐患；垃圾渗液会长久地污染地下水资源，造成严重二次污染。垃圾焚烧若未经分类直接进焚烧炉，会带来二噁英污染。

（五）设施建设滞后

在计划经济时代，我国城市政府肩负着六大系统的投资建设及运营管理双重任务。由于城市财政收入的有限性和滞后特征，城市基础功能未能较好地发挥。改革开放以来，我国城市建成区已由1981年的7438平方公里，达到2018年的5.85万平方公里；城镇化率达到2019年的60.6%，实现历史性跨越。国家开放城市基础设施投资和运营市场，引入特许经营机制，使外资和社会资本进入城市基础设施领域，大大缓解了欠账严重以及长期处于运营亏损状态的局面。然而，当前很多城市和地区的基础设施建设，特别是地下基础设施建设，还没能跟上城市建设的步伐，存在滞后和不足：

1. 功能性设施规划建设不配套

城市管理中大多数问题的根源是规划问题，由于城市规模的快速扩张和人口的急剧膨胀，而相应的农贸市场、停车场、公厕、垃圾中转站等城市基础设施的配套规划建设跟不上，部分市政公用设施在设计上也没有达到便民、利民的目的，于是便不可避免地造成了马路摊点、乱停乱放、乱扔乱倒垃圾等城管难题。在城市规划建设中没有考虑到管理的需要。

2. 市政环卫基础设施比较薄弱

受多种因素的影响，各地普遍反映市政环卫设施总量不足、系统不完善、结构不合理、完好程度不高、技术装备水平低的问题比较突出（秦虹，2003）。许多城市排水管网建设欠账严重，设计标准低，排涝能力差，市区排水管网覆盖率仅60%，远低于国家排水管网覆盖率80%的要求。许多地区管网配套系统的支管管径偏小，部分道路甚至没有铺设雨水管道，汛期积水问题仍十分严重；环卫设施设备严重不足，机械化清扫率偏低；垃圾中转站设备老化，公厕数量不足，分布不均匀。

3. 城郊乡镇市政公用设施不完善

城市管理应使所辖不同地区和不同人群享有同等质量标准的公共服务。目前，各地不少城郊乡镇仍存在道路、路灯、排水、公厕、垃圾收运等市政公用设施不完善的问题。城乡统筹的城市管理和公共服务政策框架尚未形成，城乡公共服务差距较大，城市管理和公共服务亟待向乡镇有序延伸。

（六）管道问题多发

1. 地下管线事故频发

城市地下管线事故频发，轻者造成停水、停气、断电以及通信中断，重者引起危险气体泄漏、燃气爆炸等灾难性事故，严重影响城市正常运转和人民群众生命财产安全。如2010年南京"7.28"化工管线爆炸事件，导致13人死亡，100多人受伤；据不完全统计，全国每年因施工而引发的管线事故所造成的直接经济损失达50亿元，间接经济损失达400亿元。

2. 管道安全隐患突出

城市人口迅速增加而伴生的地下管线超负荷、非正常运行易引发事故，存在较大安全隐患。如2010年，杭州市金祝小区由于用电负载过大导致电缆着火爆炸，造成41家商店和500多户居民断电。多数城市存在建筑违规占压管线现象。据统计，80%的城市燃气管道被不同建筑占压，由此引起的事故占燃气事故的50%。近年来，各城市发生的管道爆裂、大面积停水的事故中，80%与占压管线有直接关系（经玲秀，2019）①。

 **专栏四**

1995年济南市煤气爆炸事故

　　1995年1月3日17时53分，济南市和平路东起山大路，西至历山路，北起羊头峪东沟街北端，南至和平路变电站的地下电缆沟突然发生爆炸，导致2.2公里路段的人行道和部分路面不同程度的破坏，电缆沟内有6路出线、1路音频共7台10千伏开关同时跳闸停电。这次爆炸造成人员伤亡61人，其中死亡13人，直接经济损失429.1万元。

　　事故原因及分析：经国家和省联合组成的事故调查专家组现场勘查、调查访问以及对物证的理化检验确认，这起爆炸事故为气体爆炸。直接原因是位于爆炸电缆沟西端470米处的中压煤气管道破裂，导致煤气经过土壤、电缆沟壁缝隙流入北侧相距1.13米的电缆沟，并沿沟扩散和积聚，煤气通过缝隙逸入电缆沟上的临时建筑——个体玻璃店内，局部浓度达到爆炸下限，正遇该店蜂窝煤明火发生爆燃，进而引起电缆沟内集聚的可燃气体连续爆炸。

　　来源：济南市政府门户网站。

3. 管道跑冒滴漏严重

　　巨大的市政管道系统构成了城市的生命线。复杂网络要穿越各种建筑和繁忙的道路，维护和修理的任务十分繁重。地下管线老化造成停水、停电、停气时有发生，燃气管道、暖气管道事故频发，管道"跑冒滴漏"严重。以自来水为例，2014年，我国平均漏失率为15.7%，有些地方甚至高达30%以上，而发达国家最高水平是6%~8%②。管道漏失导致我国每年流失自来水70多亿立方米，相当于一年"漏"掉一个太湖③。中国人均年用水量在200立方米以上，此

---

① 经玲秀. 城市地下管线管理中存在的问题及其解决对策［J］. 现代经济信息, 2019（01）: 403.

② 据2014年10月20日人民日报报道。

③ 住房和城乡建设部部长陈政高，2014年10月18日，在全国城市基础设施建设经验交流会上的讲话。

处可能为几个月的用量。

（七）自然灾害增加

大量基础设施建设、开矿采石作业和房地产开发扰动了中国城市的生态系统，造成了严重的水土流失，以及洪水和滑坡等突发性灾害。城市自然灾害包括化工厂管道爆炸、暴雨、暴雪、泥石流、地震、地面塌陷等。2015年年底，深圳光明新区一家工业园发生了山体滑坡，造成多人伤亡、失联，多栋民宅、厂房被埋。

 专栏五

厦门快速扩张的代价

厦门市水利局所做的调查结果显示，2011年厦门市水土流失面积为111.89平方公里，水土流失率约为6.6%。自2008年以来，水土流失日趋严重，流失面积增加了11.9平方公里。

厦门市水土流失主要仍旧由人为的生产建设活动造成，包括在周边地区开山采石、道路建设、房地产开发以及茶园开发等。

资料来源：《去年厦门水土流失111.89平方公里比全省低3.4%》，厦门日报，2012年6月26日。

城市内涝灾害频发。由于排水防洪体系不完善，大多数城市硬化地面大范围增加；一次大雨，地面径流系数增大（积在地面上的水量占总降雨量的比例，由40%～50%增加到80%～90%），而城市仍然使用原来的排水管网，就可能导致城市交通、通信、电力中断，城市运转瘫痪。近年来，有些城市汛期一到，一场大雨便会造成路面积水、交通瘫痪，给人民群众带来财产损失，甚至造成人员伤亡。人们戏称其"城中看海"。

 **专栏六**

2012年夏季北京市暴雨成灾

2012 年 7 月 21—22 日，北京市遭遇强暴雨袭击，房山区降水量达 460 毫米，近 500 年一遇。山区短时间内剧烈降水形成山洪，北京受灾面积达 1.6 万平方公里，受灾人口约 200 万人，共导致 79 人遇难，损失超百亿。

几天后大雨再袭北京房山区，使灾后恢复重建工作雪上加霜，一小时降雨量 52 毫米，达暴雨级别。由于前期暴雨受灾比较严重，灾情进一步加剧。

在该事件之后，北京市认真总结了自然灾害应急管理方面存在的问题并吸取了教训。采取多种措施加强城市灾害预警机制建设和政府应急能力建设，如提前向市民发送预警信息等，发挥网络平台等媒体手段，助推公民自治力量的成长，并进一步推进城市内排水系统的升级改造，这些经验也被其他城市所借鉴，在应对类似的极端气候事件时发挥了作用。

资料来源：北京市人民政府防汛抗旱指挥部办公室。

城市马路拉链问题久治不愈。相当数量的马路不仅井盖密集，而且屡屡开挖，破损严重。2013年，据南京市市政设施综合养护管理处负责人表示，过去5年间，南京主城区道路经行政许可开挖3477次，抢修挖掘2529次，平均每年要被"开膛破肚"约1500次（2013年4月18日《新华日报》）。

第三章

城市管理的基本内涵与特征

一、城市管理的概念与内涵

（一）城市管理的概念

对城市管理有广义和狭义的理解。城市政府对城市行政辖区内一切人、事、物的管理活动，是广义上的城市管理。狭义上的城市管理，是指对城市基础功能和公共空间的管理，目的是维护城市的健康正常运转和良好秩序，特点是一个管理部门要涉及多个系统的专门事权，也即城市的综合管理。本书主要针对狭义上的城市管理，即对城市综合管理进行研究探讨。

城市管理的主体是城市政府，城市政府是城市管理的第一责任人，其代表人是市长（翟宝辉，2009）。代表城市政府实施城市管理的机构必须是依法成立的政府工作部门。如果不是城市政府或城市政府组成部门，在科学意义和法律意义上，任何机构都不具备城市管理主体资格。

城市管理的目标要实现：基础功能正常发挥；公共空间有序使用；衍生功能各显异彩；历史文化传承并发扬光大；生产、生活健康、愉悦，真正体现：城市，让生活更美好！

（二）城市管理的分类

城市管理在宏观上可以按事权范围划分成综合管理和专门管理，也可以按状态分为常态管理和应急管理（翟宝辉，2009），如图3-1所示。科学界定城市综合管理、城市专门管理、城市常态管理和城市应急管理的内容，是科学设计城市综合管理体制、运行机制和做好城市综合管理工作的前提。

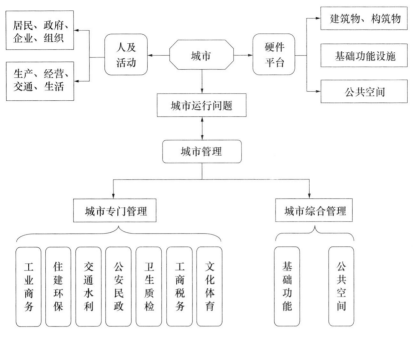

图3-1　城市管理的内容与分类

1. 城市的综合管理与专门管理

城市专门管理，是指城市政府或城市政府依法成立的城市专门管理部门依照法律授权或行政授权，依法管理在城市行政辖区内各种相应的政治、经济、社会、文化专门活动，保障公民的合法权益和活动的正常进行，促进城市的政治文明和经济文化繁荣的行政行为，也就是对城市衍生功能的管理。如宗教局管理宗教活动，文化局管理文化活动，卫生局管理医疗卫生活动，税务局管理税款征缴活动等。

由此，可以这样明确城市综合管理的概念：城市综合管理是指城市政府或城市政府依法成立的城市综合管理部门依照法律授权或行政授权，依法维护城市基础功能，管理城市公共空间，保障城市健康运行和良好秩序，促进市民和谐相处的行政行为（翟宝辉，2011）。城市管理的这个定义包含了三层含义：对城市基础功能的维护、对城市公共空间的管理和对城市应急状态的管理。城市综合管理的"综合"并不是指包括城市各种事务，而是除由专门部门管理的衍生功能和有相对独立使用权的专属空间之外的城市基础功能和城市公共空间管理事务。由于管理这些事务要涉及多个系统的专门事权，具有综合性，因此被称作"城市综合管理"。

2. 城市的常态管理与应急管理

城市常态管理是指城市政府在城市基础功能正常运转，城市公共空间秩序良好，城市各项政治、经济、社会、文化活动正常开展情况下，进行的旨在保持城市正常状态的常规城市管理活动。

城市应急管理是指由于自然灾害和人为因素，导致城市部分基础功能不能正常发挥，城市部分公共空间秩序混乱，城市部分政治、经济、社会、文化活动不能正常开展，需要城市政府甚至国家强力部门介入，采取应急措施旨在尽快恢复城市常态的非常规城市管理活动。城市应急管理最关键的是保障城市生命线，如饮用水供应、能源供应、通信畅通、医疗设施、交通管制、信息发布、安全措施等。

（三）城市管理的定位与作用

对城市管理的定位是一个比较复杂的问题。

首先，从管理主体而言，城市管理的主要责任承担者是城市政府。但是随着中央对推进社会治理体系的建设，以及人们自治意识的提升，鼓励公众参加的社会化治理逐渐成为我国各地政府探索城市管理主体多元化的方向。

其次，从管理对象的角度而言，对城市管理有广义和狭义的理解。广义的城市管理就是对城市行政辖区内一切人、事、物的管理，宏观上可以按事权范围划分成两大类：一是对城市基础功能和公共空间的管理；二是对城市各种政治、经济、社会、文化活动的管理。狭义的城市管理就是对城市基础功能和公共空间的管理，目的是维护城市的健康正常运转和良好秩序。

最后，从城市管理的目标而言。改革开放前的城市管理是以工业生产为中心的，城市的规划、建设和管理以满足生产活动的需要为目的，由此也造成了我国工业化快于城镇化发展的现象。近年来，随着我国城市人口的集聚，城市管理逐渐开始以城市居民的日常生活需求为目标，以满足市民生产生活中的公共需求。

因此，城市管理的作用也显而易见，即保障城市正常有序运行、满足市民生产生活中的公共需求。

二、城市管理的基本特征

党中央提出的五大发展理念，创新是根本，其他四个理念：绿色、协调、开放、共享是原则，创新离开四个原则就可能成为破坏活动！我们对城市管理的理解也是如此，城市管理创新不能偏离轨道。城市管理创新必须充分认识城市管理的"四性"特征：基础性、社会性、层次性、法治性，必须坚持"四原则"：城市建设不能急、城市运行不能停、城市管理无止境、城市发展要包容，保证创新助推城市健康发展（翟宝辉，2016）。

（一）基础性

所谓基础性就是认清城市管理是为经济社会和人的发展服务的基本定位。城市管理是公益性活动，是公共服务的重要组成部分，城市管理者必须委下身段，明白自己的服务角色、基础性地位，不能高高在上，指手画脚，动不动发起总攻，引领潮流等。

为了便于理解，我们可以这样认识城市：城市就是一定数量的人口聚集在一个设施平台上进行政治、经济、社会和文化体育等活动所构成的聚合体。其特点是人口从四面八方聚来，生产资料和技术从不同环节汇来，在城市生产着各种各样的产品，有有形产品，又有无形产品（服务），企业家赚得了利润，劳动者挣得了工资，国家收走了税收。

在这个过程中，城市规划建设管理者搭建了这个设施平台，维护了这个设施平台的正常运转，对城市的空间进行了有序管理，让其上的政治、经济、社会和文化体育活动顺畅进行。所以我们说，城市不同于乡村的重要标志是有一个完善的设施平台和城市空间的有序利用，而这些是国民经济和社会发展的基础，起保障作用。

（二）社会性

所谓社会性就是认清城市管理的众人共治属性，包括自治和共治两方面。城市很多空间和设施的使用都有非排他性特点，但是任何设施和空间都不可能承受所有人同时使用和享受，也就是说要讲求时序和先后、分批分次地享用。任何一个使用设施和空间的人都需要自治，遵循一定的规则，同时也需要共治或监督他人遵循规则的行为。城市管理需要处理好自治、共治和政府监管的辩证关系，发动利用个人自治的主动性和相互监督的社会性，降低管理成本，取得管理效果。城市管理在宏观层面要实现：一让城市中不同阶层的人群平等、合理地充分享用城市设施、空间和时间资源；二要保护弱势群体，结合城市自身特点，合理解决基本谋生方式和空间占用问题；三要追求属于本城市的文化环境特征和建筑特色，使城市空间丰富多彩，增强市民的归属感、自豪感，实现既是地方的，又是世界的城市社会文化环境。

（三）法治性

所谓法治性就是认清城市管理的法治强制性和教育引导性特征。这其实是社会管理的主要内容，但城市管理是社会管理的地域中心，城市管理管好了，社会管理就完成了绝大部分任务。城市既有人口集聚的特点，活动集中的特点，又有空间和资源有限的特点，而且我们还处在一个快速城市化的发展阶段，大量新进城市民不了解、不熟悉空间和设施的使用规则，当然老市民也未必了解一些新设施的使用规则，这就会出现教育引导的海量需求；换一个角度，设施和空间的使用规则从个人角度看，确实增加了时间成本，甚至是财富成本，但对整体来说是公平和效率的。为了避免可能出现的道德风险，即破坏规则的人暂时得益，而遵守规则的人利益受损，就必须通过法治来进行规制和引导。这不仅可以向破坏规则的人说不，还可以向不了解规则的人传授使用知识，同时完成教育引导任务。目前城市管理队伍上街巡查实际上是用了大量的人员和大部分时间在劝导和教育人们正确有序使用设施和公共空间，至于媒体报道的队员与当事人冲突事件仅是这些大量工作的九牛之一毛。如果借鉴酒驾入刑的思路调整城市管理立法思路，会大大减少行政成本，较快取得教育社会的效果。

（四）层次性

所谓层次性就是认清城市管理的系统属性，包括横纵多个层次。纵向看，城市管理的最高层次是市长直接管理的职责，也就说城市事务无所不包。城市管理的下一个层次由职能部门负责，包含城市综合管理和专门管理两类。城市综合管理指的是城市基础功能维护和城市公共空间管理，其内容众多，涉及市政公用、园林绿化、市容环卫和城市交通、供电、通信等市政府工作部门和单位；专门管理指的是相对独立、依托城市运行进行的专门活动管理，如经济贸易、社会发展、文化交流、体育竞技、政治活动等。

理解城市综合管理和专门管理的区别，必须划分城市的功能，目前可以分为基础功能和衍生功能，两者的总和构成城市整体。基础功能就是由一套完备的基础系统组成并正常运行来支撑的。这一套基础支撑系统起初称为"三通一平"，现代城市已经扩大到包括道路交通、给水排水、电力电信、供气供热、垃圾收运、污水和垃圾处理、园林绿化等在内的六大支撑系统。城市衍生功能则是自然人和法人在基础功能之上进行各类活动的功能，这些活动可以是政治、经济、社会、文化体育等，如APEC、G20峰会、奥运会、世博会等。

城市管理的基础层次在区县基层，是把城市发展的条条块块政策和指令直接落地的管理层次。很多法律都明确规定这一层次是法律执行的最基础层次，也是重心下移的目标指向。

横向城市管理主要指部门间的协调配合。由于城市是国民经济社会发展的特殊地域，在城市范围内发生的所有活动，坐落在城市的所有建筑物、构筑物，驻在城市的所有组织都与城市管理有关系。譬如，在京中央单位都有与北京市城市管理配合的横向责任，在杭央属国有企业、浙江省属单位都与杭州市城市管理有关并有配合义务。

三、城市管理与各方面的关系

（一）城市管理与城镇化的关系

1. 城市管理是城镇化进程的历史产物

城市管理观念是随着城市发展和城市化进程而形成的。无论是西方发达国家还是发展中国家，城市的发展在各个不同阶段均呈现出相似的问题：从人口的剧增、城市经济的高速发展、城市形态的改观，到不堪重负的城市基础设施、破碎的邻里关系以及恶化的环境；从城市化到反城市化；从中心区的高度繁荣到中心城空壳化；从城市政府的政治经济地位及独立性日益提高，到城市中市民社会逐渐形成，城市运行更趋近于商业化的机制，整个城市的运行方式发生变化，城市政府从城市的"统治者""管理者"，变成福利分配和公共服务的"提供者"，继而向促进、引导经济发展及公共服务的"鼓励者"角色转变。城市管理不是一套规章制度，而是一个综合的社会过程，即政府协调非正式组织、私人利益集团，实现集体目标的过程。同时也是政府与市民、社会公共部门与私营机构的互动过程，它反映了政权与市民社会、传统的约束者与被约束者、管理者与被管理者之间的新型关系。

2. 城市管理是城镇化进程的组成部分

一般认为，城市管理的理论基础是政治经济学，因而从政治经济学的角度分析城市管理的属性更能把握其实质。我国城市管理部门在界定城市管理与经济建设的关系时最常见的说法往往是服从、服务或间接促进城市经济发展。但实际上，从城市管理的理念来看，即使是城管工作中最司空见惯的取缔乱设摊贩行为，其价值也远不止于维护市容秩序，其潜在的深层次的经济问题，是如何面对在实现集聚经济市场的同时避免社会不稳定、减少环境代价的两难选择。这既涉及现有城市贫困人口的管理如何兼顾效益与公平，又涉及城市化及城市经济发展格局的导向。国外的实践中对小摊贩这类进入成本低、逃税率高的现象，往往不是从城市社会秩序的角度考虑，视作疥癣之害、听之任之，而是采用严管重罚、苛刑峻法，其基本治理在于从维护经济秩序、市场秩序及社会公平的属性出发。因此，无论从社会管理属性认识，还是从经济管理的角度理解，城市管理都是城市发展的题中之义，是城市化进程中的重要一环。

3. 城市管理是城镇化进程的重要动力

中国加入WTO后，各地各城市的竞争已不是政策的竞争、区位的竞争，而是环境的竞争，哪里的环境优，资源就在哪里集聚，哪里的管理好，人才就向哪里流动。这种环境包括硬环境和软环境，城市管理既是一种硬环境，又是一种软环境。城市管理已经在很大程度上成了一个城市的名片、品牌，成了一个城市的辐射源、动力源。恩格斯在他的著作中曾这样描述巴黎的城市之美："她就像一个宫女静静地躺在闪闪发光的青铜长沙发上一样，这个骄傲的城市安闲地屹立在蜿蜒曲折的塞纳河河谷中沐浴着阳光。在凡尔赛的两条铁路上从车窗下望，可以看到村落和小城市星罗棋布的一片翠绿的河谷，世界上哪儿能找到这样美丽的景色呢?随便走到哪个关卡，随便沿着哪一条道路信步走去，到处都可以看到那美丽环境，那样别有风味地利用每一个地方，那样优美和精致。而这颗城市中的珍珠，是自己给自己创造了这样一个纯美的托盘"。正是由于巴黎注重城市管理，加强环境建设，才树立了这样的城市形象，才充满了吸引力，吸引了各国各类人物在这个城市进行集聚和交往，使它成为当时欧洲商品的主要市场和集散地。反之，如果不加强城市管理，必将导致交通阻塞、垃圾遍地、污染严重等"城市病",延缓甚至阻碍城市化的进程,也就不可能实现城市的可持续发展。

4. 城镇化进程中城市运行问题产生的原因

城镇化进程的廉价劳动力需求导致大量外来人口的涌入。空间、资源有限的城市如果不考虑低收入人群的生存、生活需要,没有完善低收入人群的社会保障,则会导致低端市场的缺失,而进一步导致农民人口进城弥补这一市场,从而导致在城市中出现相当数量、比例的低收入人口。这些低收入人群的衣、食、住、行导致摊贩、城中村、交通拥堵产生的原因之一,这些都是城市运行问题的棘手问题。这一流程的关键环节是社会保障体系缺失,因此要建立低消费区、摊贩区、廉租房,加强交通疏导。城镇化进程中城市管理问题的逻辑分析如图3-2所示。

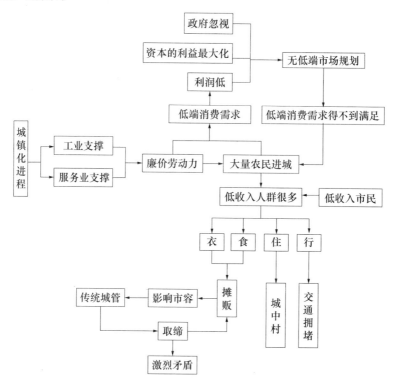

图3-2　城镇化进程中城市管理问题的逻辑分析图

（二）城市规划、建设与管理的关系

规划建设提供硬环境，管理增强软实力，两者的共同指向是完善城市功能，目的是维护城市的正常运行，为经济、社会、文化发展服务。城市规划建设管理就是为城市搭建基础功能设施平台，维护其正常运转，对城市空间进行管理，体现效率和秩序，为其上的政治、经济、社会和文化体育活动提供服务保障（翟宝辉，2011）。城市规划、建设与管理是协调各方利益、完善城市功能、优化空间布局、服务各项活动、保障城市运行的重要基础。城市规划、建设与管理的关系十分密切。

其中：城市规划活动是对城市专属空间和公共空间进行合理功能分配。城市建设活动是为城市人群生活、工作和安全保障提供质量可靠的工程设施。城市管理活动是保障城市基础性功能设施健康运行和公共空间良好秩序。城市规划建设管理机构的设置，历史上长期三位一体、统筹兼顾。

城市规划、建设与管理既有工作时序上的前后连续性，又有工作性质上的互动互补性。在目前城市规划建设管理机构分设的情况下，也应该强调城市管理应当提前介入到城市规划、建设工作中，城市规划、建设工作也应当提前兼顾考虑到城市管理工作。城市规划、建设、管理工作由一位副市长分管比较有利于工作，由一个部门统管比较有利于理顺管理体制。按照各城市的实际情况，欠发达地区还可以保持传统，城市规划建设管理机构可以合并为一个机构统一管理，方便协调，减少管理成本。

从目前的实践来看，城市管理部门单列设置成为一个大趋势。这种趋势反映了我国城市化水平不断提高，城市管理工作任务日益繁重，必须有单独设立的城市管理部门才能胜任现代城市管理工作，这也标志着我国城市管理时代正在到来。

专栏七

新加坡规划、建设和管理相分离

"建管分离"是城市管理的一个重要原则，新加坡在这方面做得十分成功。该国的城市规划、建设、管理分别由不同的相互独立的部门承担。城市的总体规划由城市重建局负责，城市管理职能则主要是由市镇理事会行使。各部门之间除了定期进行交流外，一般相互不干涉各自的职权范围，权责明确，便于城市管理规范化进行。

高度重视城市规划的编制与实施。① 长远考量，高起点、高质量编制城市总体规划，增强规划的前瞻性、科学性、周延性。② 严格实施规划，维护规划的权威性和严肃性。③ 加大投入，严格规范规划市场。

来源：曲华林，翁桂兰，柴彦威. 新加坡城市管理模式及其借鉴意义［J］. 地域研究与开发，2004，23（6）：61-64.

（三）城市运行与城市管理的关系

城市运行就是指维持城市功能正常所必须的各项城市支撑系统的正常运转，它包括政府、市场与社会围绕城市公共产品与服务的提供、各要素共同作用于城市而产生的所有动态过程。

而城市管理则是保障城市正常有序运行所必须采取的各种措施。可以说城市正常有序运行是城市管理的根本出发点和目的，城市管理是城市正常有序运行的基本保障。具体来说，城市管理对城市正常有序运行的保障主要体现在市政公用事业的管理和运营、市容环卫综合治理、城市公共秩序的维护等等。其中，市政公用事业为市民提供基本的公共服务，是政府职能中的公共服务职能的集中体现。

（四）城市空间管理与城市管理的关系

一般而言，城市管理是对城市范围内各方面事务的管理，而城市空间管理则只涉及城市空间这一方面的管理。但是从不同的角度，二者具体关系如下。

首先，广义的城市空间管理包括对城市各空间发展秩序的整体安排，是研究城市的未来发展、城市的合理布局和综合安排城市各项工程建设的统筹部署，即所谓的城市规划。它通过对城市经济结构、空间结构、社会结构发展进行规划，对城市未来发展具有指导和规范城市建设的重要作用。所以说，在与城市管理的关系上，它是城市管理的龙头，是城市规划、城市建设、城市管理三个阶段的前提。

其次，狭义的城市空间管理则是指城市管理的一部分。在城市管理中，可以将城市空间从使用自由度的角度划分为专属空间和公共空间（翟宝辉，2009）。专属空间的使用权归属自然人、法人或特定群体，公共空间的使用权归属公众。专属空间的使用权通过行政许可取得，公共空间的使用权由自然形成或公权力确定。城市空间，包括专属空间和公共空间的一切建设活动都必须经过行政许可。公共空间的使用必须符合有序、不损害设定功能的要求。而保障专属空间和公共空间合乎法律法规的有序使用就是城市空间管理。

第四章

我国城市管理现状及问题

当前我国城市管理狭义上的实践，更多的是以城市管理执法部门行使的职责为主来体现的。我国城市管理工作虽涉及面广、范围大，也经历了综合执法等改革，牵涉多个部门事权，但实际上更多的是由城市管理执法部门单独行使居多，与相关部门的协调统一行动机制还不健全，上位协调机制还不能真正统筹推进全方位工作。因此，当前我国狭义上的城市管理工作还称不上为城市综合管理，还只是单一部门的"小城管"或仅是多部门行政处罚相对集中后的"大城管"。

一、我国城市管理的历史沿革

1911年辛亥革命以后，中国城市街道清扫和垃圾的清运一般由官府或工商户及居民集资雇工来承担。后来建立起隶属于警察部门的清洁队，打扫街道。城市粪便则由农民运到农村作肥料。后出现由粪商雇工人清运，销往农村。1949年中华人民共和国建立后，各大城市先由军队管理，突击清理战争废墟，然后成立城市环卫局（处、所），其清洁队由公安或卫生部门领导，后曾将隶属公安的清洁队全部划归卫生系统。

（一）计划经济时期的城市管理体制

1949～1978年，属于战后过渡到计划经济时期，这一时期的城市管理经历不同的任务和目标。在中华人民共和国建立的初期，城市管理的主要任务在于如何更好地接收城市，清理战争废墟，维护城市的稳定和建设。社会主义制度建立后，城市政府在积极加强城市规划、基础设施建设和改善公共卫生的同时，进一步强化了对于城市稳定的管理。

这一时期在管理体制上，新中国沿袭了城市作为地方国家行政单位的组成部分的内容和市县分治的行政区划体系，但减少了民国时期的小城区数目。与地方的省－地区－县三级管理体制相平行，设有直辖市（省级）－设区市（地级）－不设区市（县级）三级体制。

在城市管理政策措施上：① 党的第一代领导集体不失时机地将工作重心由乡村转移到城市，提出了接管城市和管理城市的指导方针和系列思想，为城市管理的发展奠定了思想基础。② 1958年后我国实行严格的户籍管理制度，对于维护城市的稳定起到非常重要的作用，但是也形成了至今仍有的城乡二元机构。③ 从1953年起，中国开始了大规模的工业建设，人力、物力和财力集中用于工业建设。④ 1954年6月，全国第一次城市建设会议在北京召开，会议明确了"重点建设，稳步前进"的城市建设方针，在周恩来的指导下，新中国城市规划和建设集中国家有限的资金、人力和物力，确保国家重点城市建设工程项目的完成。⑤ 为了改善城市管理，诸多文件出台。例如，1954年《城市街道办事处组织条例》，这些文件条例的出台明确了城市政府的职责，完善了各类公共设施管理和公共服务的政策保障。

（二）改革开放初期的城市管理体系

1979年至1996年属于改革开放的初期，这一时期经济政治体制经历着重大的转型，城市管理的问题与任务也逐渐多样化。改革开放后随着中国经济的快速崛起，城市建设进入快速发展时期，城市行政管理体制改革取得了重大突破，逐步形成了实质性的城市管理体制。这一时期在城市管理体制上，各个城市陆续提出建立两级政府，两级管理的构想，明确市、区（县）分工，下放事权和业务审批权。市级行政管理部门将主要精力用于宏观规划、规章制定、行业管理和市场规范，区（县）职能部门则着力于辖区内建设、管理和行政执法。1979年3月，城市环卫事业，包括道路清扫、垃圾收运、厕所清便、垃圾处理、设备保养等划归城市建设部门统一管理，地方政府成立了名称不尽统一但实际从事城市管理工作的机构。比如城市管理委员会、城市管理办公室、城市管理局、市政管理局（委）、市容管理局（委）、园林管理局（处）、环卫管理局（处）、城建监察支队等。

在城市管理的相关政策措施上，首先体现在城建监察归口管理上（城市建设和管理领域的处罚）。1988年国务院在批转中央编委关于建设部"三定"方案中，明确规定城建监察工作由建设部负责归口管理，指导全国城建监察工作，至此国家把城建监察工作正式纳入政府工作范围，使城建监察队伍有了全国归口的行政主管部门。其次体现在城市管理的法律法规上，先后颁布了《城市市容和环境卫生管理条例》《城市绿化条例》《城市道路管理条例》《城市供水条例》《城市房屋拆迁管理条例》《城建监察规定》等，完善了依法管理体制。

这一时期虽然形成了相对完整的城市管理体系，为建立科学规范的城市综合管理体制做出了积极探索，积累了丰富的实践经验，但是这一时期的城市管理也存在许多问题。城市政府已经有了详细的部门划分，但却没有明确的职责关系。管理部门过于分散，导致权力运行的"部门化"，在行政运作中，揽权争利推责的现象比较普遍，难以有效保护城市居民的合法权益。

（三）相对集中行政处罚权的改革时期

1997年至2007年，为应对城市管理领域中存在的体制、机制和具体的运作实践中出现的大量问题，针对城市管理部门林立、多头管理现象明显的弊端，国务院法制办开始在城市管理领域进行相对集中行政处罚权的试点。

在城市管理体制上，城市政府相应成立了城市管理行政执法局、城市管理综合行政执法局、综合行政执法局等不同名称的工作部门和事业单位。在成立这些机构的过程中，有的城市政府整合收编了过去的一些城市管理部门，有的城市政府采取加挂牌子、多块牌子一套机构的方法，有的城市政府则是剥离原有城市管理部门和其他部门的行政执法权，使城市管理权和行政执法权完全分离。到2005年底，全国已有大约一半的城市设立了类似机构，名称大体有三种：城市管理行政执法局，城市管理综合行政执法局，综合执法局。这种背景下，通常行政管理权与执法权分离，只有城市管理行政执法权，没有或基本没有城市管理权（比如福建省漳州市），有的还是事业单位（比如山东省胶州市），类似于纯粹的执法部门，不像政府工作部门，协调成本较大。

在法律法规与政策效果上，除1996年10月1日起生效实施的《行政处罚法》以外，国务院陆续出台了一系列关于相对集中行政处罚权的法律法规。同时在实践中，相对集中行政处罚权在纠正执法中存在的职责交叉、多头执法、执法扰民、执法缺位等弊病，以及提高执法效率和效能等方面，收到了明显成效。机构整合力度加大，部门间协调配合机制得到加强，实现了城市管理体制从分散到集中。

实践表明，虽然在城市管理领域中推进相对集中行政处罚权制度，在较大程度上解决了部门分散化造成的交叉执法等方面的弊端，推动了中国城市综合管理事业前进的步伐。但是在城市管理的实践中依然存在许多问题。首先是在推进相对集中行政处罚权的过程中由于缺乏统一直接的法律规定，导致了人们对于城管综合执法的法律依据的质疑。其次是由于城管执法过程中出现的大量冲突现象，造成了社会舆论的批评和围攻，使城市综合执法部门的形象和权威性大打折扣。

实践表明，城市综合管理行政许可权和城市综合管理行政处罚权有机融为一体比较有利于做好工作。城市综合管理行政许可权和城市综合管理行政处罚权完全分离，归属不同工作部门，不仅没有提高行政运行效率，还会使城市管理综合行政处罚部门任务过于繁重、矛盾过于集中、协调难度过大，需要进行再一次制度创新。

除了城市综合管理部门以外，所有的城市政府工作部门，行政许可权和行政处罚权都是一体的，都不需要上级政府单独再次授权。城市政府工作部门一经设定，应当是，其他部门实际情况也是，自然就拥有行政许可权和行政处罚权，因此城市综合管理部门的行政处罚权不需要再次特别授权。

（四）城市政府自主探索的新时期

2008年7月11日，国务院决定将城市（综合）管理职责和管理体制的决定权交由城市人民政府，各城市政府有权依据本城市经济社会发展水平和文化传统决定本城市综合管理部门的职权范围和管理体制。

这一时期在城市管理体制上，城市管理行政许可权与城市管理行政执法权合为一体，行政执法权从属于行政管理权成为未来改革的趋势。同时2008年初的大部制改革方案也对城市管理体制改革产生了很大的促进作用，很多地方政府根据中央政府的改革方案开始进行相应的机构设置、合并部门等的改革。例如广东省委、省政府提出加强城市管理的指导意见，要求各城市设立城市综合管理局，整合原有城市管理行政执法、市政管理、市容环卫、园林绿化等工作部门和机构，统一行使城市管理行政许可权和城市管理行政执法权。

在各地城市政府自主探索实践中，由于缺乏中央机构的统一指导、法律法规的规范，导致各地城市管理机构职责设置与城市管理执法依据的混乱，管理中矛盾冲突多发。

二、建设系统城建监察概况

（一）城市供排水系统

城市供排水管理以给水排水工程专业为学科支撑，以水的社会循环为管理对象，以城镇居民为服务对象，主要任务是实施取水、净化、输配和污水收集、处理、回用、排放等，为城镇居民生产生活提供合格的水产品，并治理人类在用水过程中形成的水污染，保护水环境。

1. 管理体制现状

据2009年调查，城市供水管理机构中，82%为建设部门，9%为水务部门，6%为水利部门，3%为国资等其他部门；城市排水管理机构中，90%为建设部门，6%为水务部门，2%为水利部门，2%为发改委等其他部门；城市污水处理的管理机构中，86%为建设部门，6%为水务部门，2%为水利部门，6%为环保等其他部门；城市节水管理机构中，64%为建设部门，14%为水务部门，22%为水利部门，6%为环保等其他部门。

2. 出现的问题

一些城市开展的城市供排水体制改革实践，出现了用流域管理、工程管理的思路来管理城市供排水，忽视城市供排水多源来水、网络运行的特性及其相关的技术标准规范和制度的现象，致使部分城市内涝频发、城市供水水质不达标、污水管网建设滞后、污水处理设施"晒太阳"等问题。

3. 相关原因分析

城市供排水管理有其自身特点：一是城市供排水管理与城市规划、建设、管理密不可分。城市供排水设施是重要市政基础设施，具有网络性特征，与城市规划、道路建设密切联系。二是城市供排水管理有严格的技术要求。目前城市供排水已有近200项标准规范。三是城市供排水更加注重精细化管理。如城市供水是通过物理、化学等技术，将处理达标后的自来水供应到千家万户，不仅要满足水量要求，还应通过精细化管理实现供水水质达标；城市污水处理要选择经济可行、技术合理的工艺，强化污水净化处理过程中的管理，将污水处理达到排放标准，满足环境质量和就近回用的要求；城市供排水要实行精确计量，以便通过价格杠杆促进节约用水。

2010年，全国政协原副主席、水利部前部长钱正英与7位其他院士向温总理写信，以其在深圳河治污和太湖蓝藻治理过程中的亲身经历，分析了城市供排水管理的"分散、就地、综合处理"与水利工程管理的"大引大排"的差异，并提出加强包括城市供排水在内的城市规划建设统一管理的建议。

（二）城市道路交通系统

城市道路交通基础设施、车辆以及运营是城市道路交通管理的重要内容。城市道路交通是一个复杂的系统，包括城市道路、桥梁、隧道、交通枢纽、停车、人行过街天桥（地道）等市政交通基础设施，各种机动车、非机动车等车辆，以及运营和管理等三个部分。

1. 管理体制现状

目前，一些城市将城市交通规划、建设和运营的职责都交给了交通部门；部分城市将城市交通运营职责调整到交通部门，城市交通的规划建设职责还保留在城市建设（规划）部门；还有极少数城市对城市交通管理职能没有调整，城市交通规划、建设和运营职责还在城市建设（规划）部门；部分城市将建设和交通部门合并，形成建设交通委（局），负责城市交通规划、建设和运营。

2. 出现的问题

当前，城市交通拥堵、停车难问题越来越严重。全国约有2/3的城市，包括大部分超大城市、特大城市、大城市以及一些中小城市高峰时段都出现了交通拥堵问题，而且日趋严重。

3. 相关原因分析

（1）城市道路交通与城市发展密不可分。城市交通基础设施布局尤其是城市道路，构成城市的框架，同时又是城市的毛细血管，其布局是否合理，是否通畅，会直接影响城市功能布局和空间结构和城市的经济社会发展。反之，城市发展，尤其是城市土地利用，又会反作用于城市交通。如某城市有两处高密度、单一的居住用地，导致两大组团进出中心城区的路段出现严重的潮汐现象。因此，城市道路交通应该与城市发展统一考虑，城市交通规划和城市总体规划应是协调一致的。而目前，一些城市交通规划与城市规划脱节，后果是，一方面城市交通规划不符合，更谈不上支持城市的发展，另一方面城市交通规划得不到很好的落实，带来城市产业、人口过于聚集、得不到很好的疏散等问题，加剧了城市交通拥堵。

（2）城市交通规划、建设和运营互相影响。城市交通规划是龙头，具有先导作用。城市交通规划、建设最终要服务于运营，在规划、建设中要充分考虑运营的需求。同时，城市交通运营中发现的一些问题也要及时反馈到城市交通规划建设中，去予以克服和解决。因此，城市交通规划、建设和运营应该是通盘考虑的。而目前一些城市人为地割裂了城市交通规划、建设和运营的整体性，导致城市交通规划、建设与运营脱节。在规划建设阶段不考虑运营，运营中发现的问题又不能在规划建设阶段予以避免，从而加剧了城市交通拥堵的蔓延。

（3）城市道路交通管理更为综合、复杂。城市交通涉及面广、情况复杂，涉及城市规划、建设、管理等诸多方面，需要从城市发展、产业布局、空间结构上调整，并附以相关财税等政策，综合平衡城市交通的供和需，可以说，城市交通行业管理是一个复杂的系统工程。而公路、铁路等大交通管理相对简单，仅仅一个经济手段，如票价、收费标准一调整，交通流量和分布就会发生很大变化，效果就会很明显。同时，公路交通管理的对象主要是机动车，而城市交通除机动车外，还有大量的行人、自行车等，管理难度较大；公路交通主要是动态交通管理，而城市交通除动态交通外，还包括停车等静态交通管理。因此，城市交通管理较公路、铁路等大交通的管理更为综合、复杂，考虑的因素更多。而目前一些城市将城市交通和公路交通的管理合二为一，由于对城市交通缺乏研究和深入的理解，往往将城市交通行业管理简单化。利用公路等大交通的管理理念去解决城市交通问题，效果往往是事倍功半，导致城市交通行业管理与现代城市发展要求脱节。

（三）城市园林绿化系统

城市园林绿化是改善城市生态环境、推进生态文明建设的重要载体，也是为城市居民服务的社会公共产品，是城市中唯一有生命力的基础设施，是城乡规划、建设和管理的重要组成部分。城市园林绿化具有美化城市景观、改善环境质量、调节小气候和提供小尺度生态服务等功能，在城市人居环境建设中发挥着极其重要的作用，越来越受到各级政府的重视和百姓的关注。

1. 管理体制现状

城市园林绿化管理机构设置基本分为四类情况：一类是完全独立的园林绿化管理机构，如园林局、园林和绿化管理局；第二类是与市政、市容、城管等建设行业合并进行管理，如城管局、绿化和市容管理局；第三类是与农业、林业等非建设行业合并进行管理；第四类是城市园林绿化管理机构已撤并，管理职能切分到若干部门进行管理。

2. 出现的问题

近年来，有些城市在园林绿化发展过程中出现了大量移植大树、古树，盲目引种所谓珍稀、名贵树种等不良倾向，不仅破坏了大树、古树原生地的生态环境，还因为"水土不服"导致大量树木死亡，造成巨大的绿化建设与养护资金浪费。一些城市盲目仿照植树造林的做法，进行"高、大、密、厚、多"式过度密植，城市园林绿化脱离城市地域特色、气候条件和人文特点。有些城市盲目将城市中心区域的公园绿地置换到城市外围，使中心区绿量减少，导致城市热岛效应、灰尘、污染的气体等明显增加。

3. 相关原因分析

城市园林绿化管理中出现各种各样问题的原因主要是理念错误和定位不准。一些城市未设置城市园林管理机构，管理不专业或缺乏专业人员，管理方式粗放，养护不精细，出现园林绿化设计、审批、施工程序不规范问题，严重影响了城市园林绿化的景观、生态效益。城市大树具有留住城市印象、记住乡愁的功能，一般不允许砍伐。但某市园林绿化局与林业局合并进行管理后，将管理普通林木的办法用于园林树木，将原来砍伐10株以上报批改为了砍伐50株以上报批。某城市甚至将园林绿化管理职能分设到四个部门，管理职能弱化后屡次因大量移植、砍伐城市树木引起市民强烈反对，社会影响巨大。

作为唯一有生命力的城市基础设施，城市园林绿化与城市建筑、道路、管线等设施密不可分，必须统一规划、协同建设、统一管理。粗放的管理方式不符合城市园林绿化发展规律和精细化管理要求，与当前城市科学管理的要求相违背。

4. 管理案例

江苏省一些城市，如苏州、常州、无锡等，不但设置了独立的园林绿化管理机构，还在市园林管理部门加挂"城市绿化办公室"牌子。按照"大园林、大绿化、大产业"的发展理念，以城市园林绿化为主体，整合林业部门职能，以城带乡、协调发展，切实在体制、机制、政策和观念上破除了城乡分割的二元结构。

（四）城市地下管线管理

1. 管理体制现状

一是管理体制复杂。涉及30多个职能和权属部门，交叉存在着三种管理体系：一是职能管理，主要涉及投资计划、财政、城市规划、市政工程、城市管理、安全监督、信息档案、保密、国土、测绘、国家安全、国防等部门；二是行业管理，主要涉及电力、电信、供排水、燃气、热力、工信、能源等行业主管部门；三是权属管理，主要涉及中央和地方相关企业（单位），其中中央企业（单位）有中石油、中石化、中海油、国家电网、电信、移动、联通、网通等，地方企业（含民营）有电力、供水、燃气、供热等。

二是权属关系多样。主要表现为：一是不同用途的管线权属单位不同，如水、电、气、热、通信分属不同的权属单位。二是相同用途管线权属单位也不同。如通讯有电信、移动、联通、军队等权属单位。三是同一条管线权属也不同。一般来讲，可以分为公用、私用和专用部分等。

2. 出现的问题

部分城市地下管线由各管线建设单位自行建设，各自进行封闭式管理。这种职能部门多头管理、缺乏有效衔接和沟通协调困难的管理现状造成了管线建设标准不一，布局混乱，各管线建设单位随意施工，竣工后的管线资料缺乏真实性，无法形成完整、统一的地下管线资料等管理上的安全隐患。

问题主要体现在：分散管理、各自封闭运行与城市管线连线成网协调运行的要求相矛盾；任何一类管线的调整都易影响其他管线正常运行；常常造成"马路拉链"现象。

三、城市管理的主体与机构设置

目前我国城市管理体制多元，主要受2002年以来在城市管理领域实施相对集中行政处罚权、综合行政执法权试点和2008年国家机构改革明确将城市管理职责交给城市人民政府等因素的影响。据统计，截至2013年底，4个直辖市、27个省（区）会城市，205个设区市、1001个县（市区）开展了相对集中行政处罚权、综合行政执法权试点工作。

（一）城市管理的主体

1. 城市管理是地方城市人民政府事务

改革开放以来，受地方政府自治国家的城市管理经验的影响，城市管理职责是地方政府事务的认识逐渐成为主流，表现为2002年施行的在城市管理领域相对集中行政处罚权改革，明确要求实施机构不得设有上级主管部门。到2008年国务院机构改革时，进一步明确："将城市管理具体职责交给城市人民政府，并由城市人民政府确定市政公用事业、绿化、供水、节水、排水、污水处理、城市客运、市政设施、园林、市容、环卫和建设档案等方面的管理体制。"

2. 地方城市人民政府主导城市管理机构设置

推行在城市管理领域相对集中行政处罚权和综合行政执法改革后，各城市人民政府纷纷成立以集中处罚权为目的的城市管理综合行政执法局。部分经过省（区）人民政府报国务院法制办审批并核定执法编制，部分未经核准执法编制并与已有的城市管理协调机构合署办公。有的根据发展需要并入部分城市管理职能，有的大大扩展了集中行政处罚权的范围。在这一过程中，城市人民政府主导着城市管理机构的设置和职责范围。

（二）城市管理机构设置

目前，全国各地城市管理机构大体可分为城市基础设施和公共服务设施运行机构、行政执法机构。实行相对集中行政处罚权以前，执法是运行机构的内设职能。

1. 机构名称

城市管理机构的名称呈多样化现象。包括城市综合管理委员会、城市综合管理局、城市综合管理办公室、城市管理综合行政执法局等十多种，市政市容委、建设局、市容园林局等下属的二级机构一般称为监察支（大、中）队。

据调查，100个设区的市中，有41个名称为城市管理局，其中26个加挂城市管理行政执法局的牌子；有40个名称为城市管理行政执法局；有10个为城市管理委员会（加挂城市管理行政执法局）；有8个为城市管理和行政执法局。江苏所有区县都建立了城市管理综合行政执法局。

2. 性质类型

城市管理机构按单位性质划分为政府组成部门、参公事业单位、一个机构两块牌子、部门内设机构等，按经费来源划分有全额拨款、差额拨款、自收自支等。

据调查，100个设区的市中，87个为政府组成部门，8个为部门下（内）设机构，5个为政府直属机构。

3. 管理职责

100个设区的市中，有82个承担户外广告设置管理职责，有80个承担市容环境卫生管理职责，有77个承担建筑垃圾管理职责，有65个承担市政设施管理职责，有41个承担园林绿化管理职责，有36个承担公用事业管理职责，有23个承担城市风景区与公园管理职责，有15个承担爱国卫生管理职责，有11个承担停车场管理职责，有8个承担养犬和畜禽饲养管理职责，有6个承担洗车行业管理职责，有3个承担河道管理职责。另外，有10个机构还承担：节水、地下水开发、保洁清洗、公交客运、三轮车、国旗悬挂、林业、轨道交通工程建设、房屋拆改和下挖地下室、修车行业等管理职责。

4. 执法范围

在执法范围方面，国务院《关于进一步推进相对集中行政处罚权工作的决定》提出了指导性意见，指出省级人民政府在城市管理领域可以集中行政处罚权的范围，主要包括市容环境卫生、城市规划、城市绿化、市政管理、环境保护、工商行政管理、公安交通管理等全部或部分行政处罚权。虽然也有部分城市作了跨领域尝试，如深圳、珠海等地涉及卫生管理、旅游管理，沈阳等地涉及文化市场管理，但大部分城市所集中的职能限于城市管理领域中国务院批复的七个方面。由于处罚权集中的内容和范围由各地人民政府决定，因此各地实际已经划归行政执法局的处罚事项和范围各不相同，而且仍处于不断的调整之中，尚未形成稳定的状态。各城市的具体情况有所不同，具体可分为三种情况：

第一，多数城市以市容市貌为主的相对集中行政处罚权（综合行政执法），涉及的主要是市容环境卫生、城市规划、城市绿化、市政管理、环境保护、工商行政、公安交通管理方面的全部或部分行政处罚权及无证设摊、违法建筑的行政处罚权，即"7"模式。如长沙市、黑河市和昆山市等。

第二，城市建设管理系统内的综合执法。北京、广州城管综合执法范围除了市容市貌方面的内容外，还在城市建设和管理系统内实现了跨行业的综合执法。执法范围涉及公用事业管理、燃气管理、供水管理、节水管理、停车管理、出租车管理、建筑施工现场管理、河湖管理、房屋国土管理、人防工程建设管理等全部或部分行政处罚权。

第三，综合了"7"和建设行业以外的跨系统、跨行业综合执法，即"7＋X"后的更大范围的行政执法。深圳的城管综合执法包含了城市管理、环境卫生、文化市场、房屋租赁、旅游市场、劳动管理、计划生育等七大领域，超越了狭义的城市管理领域。2009年机构改革划入了原市农林渔业局的林业管理职责。

100个设区的市中，全部行使市容环境卫生方面的行政处罚权，99个行使市政公用、园林绿化、城市规划、工商行政管理（占道经营）的全部或部分行政处罚权，97个行使环境保护的部分行政处罚权（施工噪音、生活噪声、扬尘污染、餐饮油烟污染），92个行使公安交通管理的部分行政处罚权（人行道违法停车），19个行使畜禽屠宰管理的部分行政处罚权，14个行使河道管理的部分行政处罚权，12个行使建筑施工、建筑业的全部或部分行政处罚权，11个行使房产管理、房地产业的全部或部分行政处罚权，7个行使交通运输管理的部分行政处罚权，6个行使食品安全管理（流动摊点）的部分行政处罚权，5个行使物业管理、水务管理（节水）、宠物饲养（养犬）的全部或部分行政处罚权。

还有3个城市行使渔业、文化娱乐、洗车修车、旅游业、人民防空、民政乞讨收容、气象、国土管理和海滩管理、再生资源管理等部分行政处罚权。其中只有北京市行使旅游执法权。

5. 层级划分

100个设区的市中，有65个实行市区两级管理与执法模式，市级城管机构强化业务指导、指挥调度、监督考核职责，负责城区重点道路、重点区域执法管理职责，牵头开展跨区域、综合性执法活动，区级机构负责辖区范围内的执法；有35个实行市或区一级管理执法模式，其中大多数实行市级城市管理与执法，在各区派驻分局或执法大队，承担辖区内城管执法职责。

（三）城市管理机构模式

我国的城市管理体制也与经济体制一样，正处于体制转轨时期，有很多处于过渡形态但不稳定的模式。由于各地的经济社会发展水平不同，面对的城市管理主要问题也有差异，因此目前形成了多种城市管理体制模式并存的局面（表4-1）。

城市管理体制现有模式一览表　　　　　　　　　表4-1

序号	城市管理体制的模式名称	主要特点
1	城市综合管理局模式	统一城市管理行政许可权和城市管理行政处罚权
2	城市管理行政执法局模式	通常行政许可权与处罚权分离，只有城市管理行政处罚权，没有或基本没有城市管理行政许可权，有的还是事业单位，实际上是纯粹的行政处罚部门，名不符实
3	建设局或规划局下设城建监察支队或城管执法局模式	事业编制，经费和人员编制基本上没有保证，一般不具备行政处罚主体资格
4	市政府直属城市管理办公室模式	实际履行城市管理职能，有的还下辖有城管执法支队，职能似乎比较完备，但又未纳入政府工作部门，行政许可职能也比较欠缺

序号	城市管理体制的模式名称	主要特点
5	市容局（委）＋城管执法局模式	行政许可权范围较窄，行政处罚权范围较宽，行政许可权和行政处罚权宽窄不匹配，工作的协调度较低
6	城市管理局＋城管执法局＋城管办模式	协调成本高，市长一旦因其他工作较忙而无暇顾及，整个工作秩序就难以保证
7	城管执法局、市政委员会、市容局（委）多头管理模式	表面上看是对城市管理工作重视，实际上是机构重叠，浪费行政资源

1. 城市综合管理局模式

城市综合管理局模式是把城市管理的行政许可权与行政处罚权统一起来的体制安排。城市综合管理局属于市政府工作部门。该模式的特点是将城市管理的行政权集中，与执法权同时并立，提高了行政效率，消除了部门林立、多头管理的体制因素。

比如广东省佛山市城市综合管理局。虽然山东省德州市、江西省宜春市名叫城市管理局，北京市、广东省广州市名叫城市管理委员会（实体），湖南省湘潭市名叫公用事业局，但事实上都是城市综合管理局模式。

统一城市管理行政许可权和城市管理行政处罚权的城市综合管理局模式，是我国城市综合管理体制努力追求的方向。

2. 城市管理行政执法局模式

该模式在1997年后相对集中城市管理领域行政处罚权的浪潮中形成，目前全国已有大约一半的城市设立了类似机构。名称大体有三种：城市管理行政执法局、城市管理综合行政执法局、综合执法局。城市管理行政执法局为市政府工作部门，下设直属执法大队（事业单位），主要职能包括：城管专项执法、综合整治和执法协调工作；相对集中行政处罚权工作等。该模式突出特点是行政执法职能从属于行政管理职能，即先有法定的行政管理职能，再相应纳入行政执法职能。

但有的城市管理行政执法局是行政许可权与处罚权分离，只有城市管理行政处罚权，没有或基本没有城市管理行政许可权（比如福建省漳州市）；有的还是事业单位（比如山东省胶州市），实际上是纯粹的行政处罚部门，名不符实，不是具有完全执法职能的一个政府工作部门，协调成本较大。

应当尽快规范完善这类模式。政府序列的工作部门，不应当存在纯粹的行政处罚部门，行政处罚职能应当从属于行政许可职能，也就是说，一个政府工作部门应当首先有法定的行政许可职能，相应的行政处罚职能自然包含其中。

3. 建设局或规划局下设城建监察支队或城管执法局模式

这是改革开放以来城市管理行政处罚最初的模式之一。目前仍有大约一半的城市保留这种模式，有的挂靠在建设局，有的挂靠在规划局。也有的城市成立了城管执法局，挂在建设局（委）下面。

该模式下，城管执法局通常为市政府直属机构，由建设行政主管部门归口管理。主要负责各区市容环卫等城管执法工作的协调、检查、督办、考核等工作。建设局或规划局下设的城建监察支队或城管执法局，都是事业编制，经费和人员编制基本上没有保证，一般不具备行政执法主体资格，应当尽快规范调整。

4. 市政府直属城市管理办公室模式

该模式下，城市管理办公室作为市政府下设单位，包括内设机构和执法大队，执法大队再设直属中队、分队等。主要负责市容管理工作，行使处罚权。实际履行城市管理职能，职能似乎比较完备，但又未纳入政府工作部门，行政许可职能也比较欠缺，应当尽快规范调整。

5. 市容局（委）＋城管执法局模式

该模式一般是先设立了市容管理局，作为市政府下设工作部门，后来在城市管理领域相对集中行政处罚权的浪潮中，又加挂了城市管理行政执法局的牌子，一套人马两块牌子，履行部分城市管理行政许可权和城市管理行政处罚权。主要职责包括：市容环境的保障和综合整治；环卫行业管理和社会化服务工作；相对集中行政处罚权。

该模式行政许可权范围较窄，行政执法权范围较宽，行政许可权和行政执法权宽窄不匹配，行政执法权范围远远大于行政许可权范围。另外，工作的协调度较低，应当尽快规范调整。

6. 城市管理局＋城管执法局＋城管办模式

该模式一般是在城市管理办公室基础上，先将市容、环卫、城建监察单位整合成立城市管理局，后在城市管理领域相对集中行政处罚权的浪潮中，又加挂了城市管理行政执法局的牌子，多块牌子一套人马，履行部分城市管理行政许可权和城市管理行政处罚权。

城管局为市政府下设工作部门，城市管理办公室由分管副市长兼任主任，主管全市城市市容和环境卫生与城市管理相对集中行政处罚权工作。

由于行政许可权和行政处罚权宽窄不匹配，行政处罚权范围远远大于行政许可权范围，工作的协调度较低。

由于协调成本高，市长一旦因其他工作较忙而无暇顾及，整个工作秩序就难以保证。这就是为什么有的城市坚决保留城市管理办公室，有的城市常常抱怨城市管理办公室难协调的原因。因此这种模式也应当尽快规范调整。

7. 城管执法局、市政委员会、市容局（委）多头分散管理型

这种模式下，城市管理职能由多个部门分散行使，如建设局管建设、市政管理局管市政、环卫管理局管环境卫生、园林管理局管园林绿化。有的与城市管理相关内容的设有城管执法局、市政委员会、市容局（委）都是城市政府工作部门，三驾马车齐头并进，分别履行城市管理行政许可权和城市管理行政处罚权。其特点是：城市管理职能过度分散，难以形成"综合管理"的拳头，几个部门在经费分配、业务分工上时有扯皮现象。

这种模式，表面上看多个部门齐上阵是城市政府对城市管理工作很重视，实际上是机构重叠，行政资源浪费，与中央大部制改革精神背道而驰，应当尽快规范调整。

（四）城市管理高位协调机构

各城市人民政府普遍建有城市管理高位协调机构。虽然机构名称并不统一，有的成立城市管理委员会，有的成立城市管理指挥中心，有的成立城市

管理工作领导小组，但都有共同之处：地方主要领导（市长或分管副市长）兼任机构一把手（主任、指挥长、组长），相关部门负责人作为机构成员（一般城管局局长或政府副秘书长兼任办公室主任）。同时建立城市管理协调会议制度，定期或不定期召开工作例会，协调处理城市管理中出现的重大问题或矛盾。

例如，X市城管指挥中心政委由市委副书记兼任，指挥长由市政府分管城建副市长兼任，明确了市辖各县（市）、区，市直有关单位（包括4家市级新闻媒体和院校）共52家城市管理责任单位的职责，强化了市级宏观指挥、监督、协调职能。并在市纪检监察部门设立城市管理效能监察室，具体负责城管各项任务履职情况及责任追究工作。

Y市城市管理委员会由市长担任主任，城市管理委员会办公室设在城市管理行政执法局，局长兼任办公室主任，相关职能部门一把手为委员。通过城管数字化指挥中心手册明确职责，由城市管理委员会办公室根据城市管理委员会通过的考核标准，对相关职能部门履行城市管理情况进行考核，考核结果上报市长后兑现奖惩，运行效果良好。

Z市城市管理委员会由市长担任主任，由包括市容、市政、公安等在内的23个成员单位组成。城市管理委员会的主要工作为制定城市管理工作标准、绩效考核、督管问责和经费管理等。下设财务审计考核、督查、市容市貌、秩序管理等10个组。

以上这些先行城市的积极探索，为城市综合管理体制的构建提供了可供参考的经验和思路。

（五）城市管理的法律依据

城市管理尚无上位法。中发〔2015〕37号文发布前，中央没有设立城市管理主管部门。在部门发起立法的长期惯例中，城市管理法律未能提上议事日程。在实际操作中依然存在"借法执法"的情况，即以原管理部门的法规、规章为综合执法的依据。城市管理综合执法的法律依据概括起来主要包括如下四项：

依据之一：《中华人民共和国地方各级人民代表大会和地方各级人民政府组织法》规定，"县级以上人民政府有权决定所属各工作部门的设置"。而且在国家制定的单项法律、法规中，地方执法机构的设置一般也授权给省级人民政府。

依据之二：《行政处罚法》规定，"经国务院批准或授权，省级人民政府可以决定一个行政机关行使有关行政机关的行政处罚权"。

依据之三：《国务院办公厅关于继续做好相对集中行政处罚权试点工作的通知》（国办发〔2000〕63号），《国务院关于进一步推进相对集中行政处罚权工作的决定》（国发〔2002〕17号）规定："正式授权各省、自治区、直辖市人民政府自行决定开展相对集中行政处罚权工作"。

依据之四：各地方关于开展相对集中行政处罚权试点工作的行政法规和规章，按照精简、统一、效能的原则，组建城市管理行政执法机构。

（六）城市管理的手段

从城市管理的职能和管理主体的权限来看，城市管理可以从多种途径进行，是一个集多种手段于一身的综合管理。比较常用的主要有：

行政手段：是指城市政府依靠行政组织的权威，运用决议、命令、规章、制度、纪律、指示等行政手段，按照行政系统和层次，以权威和服从为前提，直接组织指挥、监督城市内各部门的各种社会经济活动的管理方法。行政手段主要依靠行政措施和行政级别的服从关系，直接对管理对象施加影响，通过行政机构和上级部门的行政权力，对管理对象采取强制性管理手段，如命令、指示、规定等，是城市管理中最传统、最简单和最基本的手段。其特点是：具有权威性、强制性、垂直性和无偿性。

经济手段：是指依靠经济组织，运用各种经济杠杆，按照市场的客观经济规律来调节和管理城市，将管理对象引导到预先设想的轨道上来。在市场经济时代，部门之间的关系、人与人之间的关系以及个人与集体之间的关系的实质都集中在利益分配问题上。因此，充分利用经济调节手段来管理城市是市场化的客观要求。

法律手段：是一种城市管理者通过各种法律条款行使城市管理职能的途径。城市管理最常用的法律手段是利用城市规划、建设和管理中各种社会关系的法律、法令、规章，并且通过司法工作和仲裁工作来管理城市。

宣传教育手段：主要是指对城市居民进行宣传和思想教育，以提高他们的政治思想素质、文化知识素养以及专业水平素质，增强其对城市管理活动配合的积极性和主动性。

（七）城市管理人员与经费

全国城市管理机构和人员经费来源不尽相同。有的机构属市政府行政机构序列，为市人民政府组成部门，人员编制为公务员，经费财政全额划拨；有的不属政府组成部门，但受市政府直接领导，属事业单位参公管理，经费财政全额支付；也有的为一般事业单位，接受行政机构委托执法，经费有全额拨款、差额拨款、自收自支等多种类型；有的为政府组成部门的下属事业单位，受上级部门委托执法，经费也有多种类型；有的需要靠收费和罚款填补经费缺口。

四、我国城市管理存在的突出问题

近年来，随着城市化步伐的快速推进，我国城市管理落后的弊端也逐步凸显。依照《中共中央关于制定国民经济和社会发展第十三个五年规划的建议》，评价我国城市管理工作，存在管理水平不高、管理方式粗放、创新能力不强的问题，基础功能不完善、服务覆盖不全、服务质量不高的问题，市民素质和社会文明程度有待提高的问题，法治建设滞后于管理实践的问题，领导干部认识城市发展规律和城市管理的能力水平有待提高的问题。

由于这些问题严格说来是属于不同层次的，甚至是互为因果，有的是现象，有的则已进入成因范畴，所以辨析哪些属于问题哪些属于成因很困难。但是从表面上来讲，我国城市管理中的问题主要有以下几点。

（一）管理理念偏差

在我国城市建设和城镇化发展中常常存在这样的误区：一提城镇化和城市建设，就是扩建大道，修建豪华漂亮的城市广场，搞标志性建筑；一说发展第三产业，就是建饭店，盖商场；在城市建设中只重视看得见、摸得着的"脸面工程"，忽视社会事业的协调发展。建设方案主要突出"新、奇、特、大"，却很少考虑配套设施的建设和就业岗位的增加。由于没有致力于创造更多的就业岗位，不能提供更好的服务和进行更多的人力资本投资，社会事业发展严重滞后，从而产生生活设施网点缺乏、交通拥挤、出行不畅、上学不便、就医困难等诸多问题，致使"城市病"越来越严重，城市居民生活质量和幸福感越来越低。

在城市管理理念上，我国大多数城市都存在着不同程度的偏差，普遍存在"重建设、轻管理，重地上、轻地下，重形式、轻内容"等思想理念问题，对城市管理重视不足。"以物为本"理念较为突出，"以人为本"理念被淡化。管理理念的偏差和缺失导致城市规划、建设、管理脱节，发展不同步，城市运行管理设施欠账多、不配套。一些城市盲目追求规模扩大，不重视城市功能完善和品位提升，脏、乱、差问题突出；有些地方仍旧没有做到建管分离，城市管理的水平较低。有些城市大搞、特搞政绩工程、形象工程，大力发展"建设经济"，干部考核晋升看"建设""固定资产投资"等。

城市管理目标的不明确导致城市排浪式发展，城市平稳运行得不到保障。城市管理目标应是保证城市正常运行，而且具备应急修复能力，能从突发应急状态迅速恢复正常运行。由于目标的不明确，使得城市基础设施无法规避、响应和处置各类城市常见和突发问题。

（二）机构设置混乱

机构名称与职责内容不统一。各地城市管理部门名称和职责均是由当地政府设定，名称各异、五花八门、范围不同、内容繁杂。机构名称有城市管理局、城市综合管理局、城市综合执法局、城市管理行政执法局、城乡管理行政执法局、城市管理综合行政执法局，有的还同时加挂了城市管理委员会、市容市政管理局、绿化局等。

责任主体不明，管理协调机制缺位。中发〔2015〕37号文件发前国务院没有明确过城市管理的牵头部门，没有建立城市管理的协调配合机制，地方城市的日常管理工作主要靠市委书记及市长的判断和重视程度来决定。机构设置混乱的结果导致留下管理上的"空白点"和"交叉点"。

（三）管理方式落后

管理方法比较落后、单一。在不少城市，一提到加强管理，相关部门往往采取计划经济时期的做法，要么提高进城门槛，要么清理清退人员，而不是提高服务质量，这就严重影响了城市的可持续发展能力。尤其是多头管理、政出多门、各自为战等现象比较突出，经常是有利争管，无利扯皮。此外，多数城市的基础设施建设、使用、经营和管理效率低，基础设施建设质量差，事故频发。

传统管理方式难以适应当前城市发展需要。现行的城市管理执法方式有教育、整改、暂扣、罚款，申请法院强制执行，恢复原状、强拆、停机、停电、停水等。然而，尽管城管装备不断完善，城管部门不断扩大，却仍然赶不上城市发展的需要。当前针对反复出现的非法小广告、黑车、无照经营等城市的痼疾顽症，在管理上依然采取运动式的集中整治模式，执法手段较为单一，整治效果不明显。

粗暴执法、违规执法等现象突出，造成城市管理执法成本高、效率低、矛盾容易激化。特别是暂扣物品的执法方式本身存在制度性缺陷，成为引发暴力冲突的直接原因。传统的城市管理执法方式越来越不适应城市的发展，需要对现有的城管执法方式进行改革。

（四）管理矛盾频发

我国处于改革的关键期和利益矛盾的凸显期，行政执法尤其是行政处罚一定会触及行政管理相对人的利益，而城管工作性质及现实环境决定了城管执法不可避免地处于诸多矛盾的风口浪尖。管理者与管理对象之间冲突较多、矛盾尖锐，城管部门的社会形象趋于负面，提高管理成本的同时也加大管理风险，极不利于管理工作的正常开展。这种矛盾集中体现为粗暴执法和暴力抗法。

在城市管理特别是对流动商贩的管理工作中，由于管理对象的特殊性（相当一部分属于社会的弱势群体），当行政执法涉及他们的切身利益时，普遍存在抵触、对抗情绪，城管部门与流动商贩的矛盾日益尖锐。在当前的行政执法活动中，由于城管部门缺乏有效的执法保障体系，阻挠执法和暴力抗法的事件时有发生。流动商贩经常采取"一哭二闹三钻车底"等方式阻挠执法，谩骂和污蔑城管队员、暴力执法，煽动不明群众进行围观，以此达到逃避处罚的目的，更有甚者不惜以暴力形式对城管队员进行人身攻击。

管理矛盾体现了执法机构和相对人的对立。"暴力执法"和"暴力抗法"事件不断见诸报端，甚至把执法队伍妖魔化，其原因是过于强调城市管理综合执法环节，前期服务不足，末端管理太强，后台手段缺失等，或者还有执法不公等现象的存在。如摊贩和执法人员的矛盾根源，主要在于便民购物场所缺乏，低端就业机会不足，集中市场门槛或使用成本太高等，加上引导教育不够，成为有中国特色的"猫鼠游戏"。

（五）管理能力低下

首先，执法队伍本身力量不足是提高城市管理水平的瓶颈之一，管理任务与队伍能力不匹配。尽管城市管理的任务日益繁重，但由于公务员编制的客观限制，城管执法人员却无法增加，因而只能转为用事业编制和聘用合同职工的办法解决人手不足的问题。这就造成辅助人员与正式队员比例倒挂的问题。同时因为聘用经费来源不一，使得待遇不统一、人员素质参差不齐，对城管职能所涉及的大量法律、法规难以了解掌握，更谈不上遵守应用。执法要求高、执法任务重与执法人员少、素质水平低的矛盾，已经成为当前城管执法队伍一个非常突出的问题。

以Y市为例，全市城管共计编制3185人，城管人员编制比例一直是根据1994年市政府确定的人口总数万分之三的标准确定的。但随着城镇化推进，城管执法范围变大（城市规划区面积由原来的380平方公里扩大至604平方公里）、执法任务增加（1996年只承担14项，1999年扩大到59项，2008年又增至214项）、执法难度加大（有关部门登记在册的流动人口已突破700万大关），这一编制比例与城管综合执法实际工作需求极不相称。针对编制偏少问题，各地纷纷通过招收辅助队员（或协管员）协助执法。有的城市辅助人员与在编人员比例大体相同（如，Y市约有3586名辅助队员，是在编人员的1.1倍多），有的城市则出现比例倒挂（如，Z市全市比例约2∶1）。由于这些辅助人员并没有执法权，在执法工作中又带来一些新的矛盾和问题。可见，执法要求高、任务重、难度大与执法人员少、执法力量不足的矛盾已非常突出，影响了城市管理综合执法的发展。

其次，在执法管理队伍建设上，存在着城市管理人员待遇较差、队伍培训较少、素质较低等相关问题。例如，城管组织在队伍的思想政治建设、组织建设，以及制度化、规范化建设等方面仍然存在很多亟待解决的问题。特别是涉及执法人员录用、在岗、流动、离岗等重要管理环节的人事制度改革滞后，以致执法队伍构成具有多层次性（学历结构、知识结构等都良莠不齐），人员的来源和编制五花八门，这显著影响到执法过程的规范性和专业性。总之，正是由于存在组织和人力方面的不足，才使得城市管理中易出现种种矛盾，政府管理能力难以满足城市发展的需要。

（六）社会化程度低

随着经济社会的发展，我国城市化进程深入推进，在城市管理的实践中，单一的城市管理主体难以应对日益复杂的城市管理问题，城市管理效率低下，市民满意度不高。

在我国城市管理的实践中，政府仍旧事必躬亲，这不仅使得政府疲于应付各项事务，而且效率也不高。如果能够采取购买服务的方式，引入社会资本参与公共产品、公共服务的供给，政府就只需要承担相应的事权（特别是履行监督职责）而不用承担具体的事务，城市管理就容易解决机制方面的问题。

近年来部分城市开始出台一些推动公众参与城市治理的针对性政策。如南京市2012年出台的《南京市城市治理条例》，实行政府主导、公众参与，依法对市政设施、市容环境和交通等公共事务和秩序进行综合服务和管理。但总的来看，中国城市管理主要由行政手段主导，市场手段及民间组织参与力度较弱。

五、我国城市管理问题产生的根源

我国城市管理中的问题既具有普遍性，也具有特殊性。普遍性是指这些问题的出现是城市化进程和经济发展的必然产物。随着城市规模的扩张和大量人口的涌入，城市需要解决的管理难题也日益增多，加上城市管理体制相对城市发展具有一定的滞后性，各种问题的出现在所难免。

特殊性是指我国城市管理问题之所以这么突出，有着我国特有的体制性的原因，与我国本身条块结合的管理体制和中央地方关系模式密切相关。我国目前城市管理体制在纵向的条与横向的块方面都不够顺畅。条的方面表现为中发〔2015〕37号文印发前缺乏从中央到地方的统一领导部门，中央对地方的监督和指导不够，主要是各城市自己探索；块的方面表现为部门之间权责关系不清，缺乏联动机制，不仅难以形成合力，反而还容易造成部门之间的矛盾，既有交叉重叠的地方，也有城市管理的真空。这些都严重影响了城市管理的效率和效果。

我国城市管理中的问题发生的深层原因主要表现为以下几点：

（一）央地财事权责关系不匹配

中央与地方事权、财权划分不合理、不匹配，相互之间的权责关系不明确。随着分税制的改革，中央财政收入比重得以提高，中央财政的调控能力得到加强。但是，地方政府在其财政收入比重逐年下降的同时，财政支出比重却没有相应地变化。大量调研发现，对于新增的财政支出，往往采取"属地化"原则，把增加支出的责任留给地方；对于那些提高支出标准、制定强制标准的领域，中央往往只出政策，而让地方"埋单"。对于涉及中央和地方共同承担的事务，大多没有明确规定分担的比例。因此最终形成了财权层层上收、事权层层下放的局面。

在城市管理综合执法的机构设置与职能划分中，有些地方成立城市管理综合执法局，但是将行政管理许可权与行政处罚权相分离，造成了许可与处罚之间存在权责上划分与交叉。同时也导致管理部门与执法部门之间相互协调的困难。

（二）缺乏由上而下的统一指导

城市管理体制不顺，缺乏主管部门，缺乏国家层面的顶层设计。我国城市管理体制长期处于"国家无部委、省上无厅局"的状态。缺乏对城市管理工作全面、统一、科学的业务指导，无法对全国城市管理战略、规划、政策法规、标准规范的制定和实施进行统筹安排，造成管理职责不清，导致监督管理缺位，各地城市管理工作水平参差不齐。

中央对地方的业务指导上，缺乏统一的规范。由于推进相对集中行政处罚权时，行政执法工作内容以建设系统的原有内容为主，一般由建设系统的单位组成，集中了公安、环保、工商等部门的部分处罚权，这些机构按照国务院文件没有上级主管部门。《国务院关于进一步推进相对集中行政处罚权工作的决定》（国发〔2002〕17号）中明确规定"不得将集中行使行政处罚权的行政机关作为政府一个部门的内设机构或者下设机构，也不得将某个部门的上级业务主管部门确定为集中行使行政处罚权的行政机关的上级主管部门"。

在中央与地方的权责关系方面，中发〔2015〕37号文印发前城市管理的职能主要集中在地方。在相对集中行政处罚权全面推进以来，城市政府建立起了相应的城市管理主管部门，例如城市管理执法局、城市管理局、城市管理局等。以现有的市、区、街道体制为支撑，形成了"两级政府、三级管理"的城市管理模式。但中发〔2015〕37号文印发前中央和各省并没有专门的主管机构，主要是由与城市管理联系最为紧密的住房和城乡建设部、省住房与城乡建设厅给予原则性的指导和方向上的引导。在住房和城乡建设部"三定"方案中既明确了把城市管理职责和体制交由地方城市政府决定，又保留了城市建设司对城市管理事项的指导责任。

自2008年国务院将城市管理的职责下放至城市政府以来，城市政府成为城市管理的主体，并决定了城市管理的体制机制。这就使得中央政府缺乏对地方的业务指导，造成了很多方面的管理空缺或者质量不高，综合管理执法上问题频出，也使相关体制改革难以有明确的发展方向和路径。因此加强中央对地方的指导规范，有利于各地政府形成相对统一规范的城市管理体系，提升城市管理水平。但是，在城市管理的实际运行中，我国既有的600多个城市千差万别，因此有必要将城市根据级别、财力和主要问题分类，然后将主要事务根据城市分类制定规范，以确保中央的分类指导和地方在管理上实现财权事权对称，应当是努力的方向。

（三）部门职责分工界定不合理

管理职能上，职责范围过于宽泛，无明确统一的标准界定，带来执法力量的严重不足（翟宝辉，2011）。目前城市管理的职责包括如城建领域的、跨部门的、委托管理执法的、行使相对集中处罚权的。"城管是个筐，什么东西都往里装"。没人管的，相关部门不愿管的"硬骨头""麻烦事"，如扫黄打非、土地管理、乞讨容留、养犬野犬、城区防汛、历史风貌、乱排乱放、噪声污染、商贩占道、乱占乱建、现场强拆等均交由城管部门负责，有的城市执法权涉及了2000多项行政处罚权。

执法范围上，从行使建设行业内的部分行政处罚权到相对集中行政处罚权，甚至扩展到民政、卫生、文化、食品安全、旅游、信访、维稳等领域，无所不包（表4-2）。

目前我国若干城市涉及城市管理的政府部门及其职能　　　表4-2

城市	职能部门		职能界定
厦门市	城管办		协调市容、交通、市政工程建设
	市政园林局		自来水、污水、煤气、环卫、市政设施的管理维护、市政、公园、绿化、台风暴雨后城市防汛等
	城管执法局		土地、规划、房地产管理、建设、环境保护、市政公用、园林绿化管理、养犬管理、市容市貌管理等行政执法
扬州市	建设局		城市客运及公交线网规划、河道、道路、桥梁等市政设施的养护、城市照明、给水排水及燃气等公用事业的监管
	城市管理局	局内相关处室	市容环卫、户外广告、道路临时占用审批等管理职能
		城管执法大队	市容环卫、规划、绿化、市政、工商行政、客运等行政执法
		环卫处	垃圾清运、道路保洁
		绿化办	园林、绿地的养护
郑州市	城市管理局		城市管理：市容市貌 行政执法：户外广告、占道经营，对公用事业的侵权 公共事业服务
	市政工程管理处（城管局二级机构）		主次干道、排水设施、城市桥梁维修
深圳市	城市管理局		市容市貌、环境卫生、园林绿化、城中村环境整治、景观灯光、户外广告设施、林业资源与林业环境保护

资料来源：相关政府部门网站。

（四）部门协调运行机制不规范

1. 普遍缺乏顺畅的协调运行机制

相关部门职责对接不顺畅，缺乏配合和信息共享。规划建设与管理、行政许可与行政执法、专业执法与综合执法等方面存在相互之间配合不够紧密，界限不够清晰，资源共享不够等问题。中央事权与地方事权分离，行政许可与执法分离，专业执法与综合执法不配合，相互推诿，财权事权行政权力不匹配。纵向来看，城市规划、建设、管理脱节，不能实现全周期管理；横向来看，部门分工的不合理与职责界定不清晰，城市管理职能割裂，不能有效发挥城市整体功能。

2. 现有机制下管理和执法缺位错位

运行机制不规范，协调难度大，部门合力难以形成，管理和执法缺位和混乱。城市管理内容非常庞杂，相关的部门多、环节多，需要部门协调配合。城市管理所涉及的城市交通、城市规划、工商管理、市政管理等工作分散在多个政府部门，有规划局、建设局、市政公用局、园林环卫局、城管局、综合行政执法局等，公安、环保、卫生、食品安全、民政等部门也与城市管理相关，还涉及区政府、镇（办）、社区（村）等基层组织。面临的最大问题就是职能界定不清、部门林立、多头管理、协调不力，管理和执法职责有死角有交叉。容易导致实际工作中出现有利则争、无利则推、利大的多管、利小的少管或不管，部门之间相互扯皮、推诿搪塞，管理缺位、执法越位的局面。如在城市亮化、道路停车、交通秩序管理等方面，道路交通法明文规定，道路上行驶的车辆归交通部门管，小区内、街道上停车归城管部门管。但是，在现有管理体制下，对于居住小区内的停车问题、交通事故问题，城管部门基本无权、无力协调解决。

3. 满足城市治理要求的更广泛的协调机制尚未出现

由于政出多门、职责不清、建管不分、政事不分以及推诿扯皮问题时有发生，导致部门协作难、脱节、缺位、越位问题，制约管理水平的提高。

我们理解的城市管理向城市治理转型升级是更多地发挥社区自治组织的作

用和社会各方力量参与城市管理的作用。

目前我国大多数城市管理提出了"两级政府、三级管理"的城市管理体制，同时在事权下放的同时，强调社区自治组织职能的发挥。但是目前的实践中市、区、街道、社区各自管理职责权限的划分不合理，导致城市管理效能的下降。管理主体单一，难以应对日益复杂的城市管理问题。有必要引入社会资本参与公共产品、公共服务的供给（表4-3）。

我国城市管理涉及的主要政府部门　　　　　表4-3

社会问题	管理部门	基础设施	管理部门
贫穷	民政部/厅/局	饮水	市政公用局（水务局）
失业	发改委	交通	交通局
安全	公安部/厅/局	住房	建委/房管
教育	教育部/厅/局	电力	电力公司
健康	卫生部/厅/局	环境	环保局
防灾	应急、抗震	排水及污水处理	建委（市政部门）

（五）管理运行规范标准不统一

缺乏客观或相对统一的标准规范，造成运动式的突击管理。忽视城市发展水平、市政基础设施状况，对城市管理效果要求过高，忽略了城市管理的实际客观规律。管理缺乏标准规范，管理手段简单粗暴；与相对人对立严重，被管理者诉求通道不畅；追求整齐划一，忽视公众需求，寄望一蹴而就。由于缺乏制度约束，很多地方政府部门只注重短期利益，忽视长远利益。同时，城市政府有时候会因为某些重大事件开展专项整治、部门联合执法等活动，缺乏持久性和稳定性。

执法的程序使用不规范。城市管理综合执法是我国新兴的行政执法模式，由于其特殊性使得该执法机关所执行的法律法规基本上都是由其他相关行政执法部门授权部分执法范围而形成的，在执法的实体法上比较凌乱，因此在执法程序上就出现了程序混乱和程序缺失的局面。这使得城市管理综合执法的严肃性受到了挑战，客观上降低了执法效率，损害了执法机关的形象。

现实中，城管执法机关在执法过程中不出示证件，暂扣物品不制作单据，不按规定程序履行告知义务，行政相对人依法享有的知情权，申辩权被剥夺，不按规定举行听证会以及执法不公正等违反《行政处罚法》所规定的程序时有发生。

（六）城市管理法律法规不完善

1. 上位法缺失

尚无城市管理及执法方面的上位规范性文件。目前除了《中华人民共和国行政处罚法》第16条和《中华人民共和国行政强制法》第17条，对相对集中行政处罚权有原则性规定外，全国没有一部完整的、专门的城市管理与执法方面的上位综合性法律法规，对城市管理的概念、范围、职责、实施机构、体制机制做出一个明确的界定。尽管部分城市管理机构受委托具有依据部门法律、法规行事行政处罚权的权力，但缺乏配套的法律措施和行政强制权，执法效果打折扣。横向上，与其他部门法律边界不清，权责存在交叉。不同部门的法律法规对同类违法行为都有规定，给管理权限的划分带来困难。纵向上，市与区存在职能重叠，同一事项谁都可以管，也都可以不管。存在多头执法、重复执法现象。

2. 修法滞后

城市管理的相关法律依据繁杂混乱，且法律地位低，缺乏专门的法律支撑，立法渠道不畅，修订工作滞后，造成服务缺位和执法随意。现有法规层次低、碎片化、交叉严重。城市管理的法律依据分散于法律、行政法规、地方性法规、部门规章之中，多处于"借法执法"的状态。部分行业的法规建设滞后，有的法律法规长期未进行修订，管什么、如何管、管到什么程度以及对执法队员的保护等没有依据，滞后于经济社会发展及城市管理工作的新需要。各地方政府根据立法权限制定了一些地方性条例，但差异很大，难以系统化。

3. 地方立法难以系统化

（1）职能划分依据不足。国务院批复的城管执法范围是市容环境卫生管理、部分城市规划管理、城市绿化管理、市政管理、部分环境保护管理、工商对无照商贩的管理、公安交通对占道的管理方面的行政处罚权和省、自治区、直辖市人民政府决定的城市管理领域的其他行政处罚权。这些执法范围由七类确定的职能和一个兜底条款所构成，俗称"7＋X"（现实中，这个"X"可以无限大且极不稳定）。以文件为依据划分执法范围与"职权法定"和"依法行政"的要求不相适应。

当前对相对集中行政处罚权制度的调整规则多是政策性文件，尚未达到行政法规的标准，更未达到法律标准，无法对相对集中行政处罚权制度的法律地位做出合法界定。在实践中，各地围绕实施相对集中行政处罚权制度各自制定了一系列规范性文件，对行政处罚权的范围、执法队伍编制、执法经费、队伍管理方式等都进行了探索，但实施以后对城市管理效果体现不一。有些城市本身并不具备立法权，其城市管理综合执法授权以国务院法制办的名义做出，明显不符合全国人大才有法律解释权的授权的基本原则，所制定的关于城市管理的规范性文件并不具备法律依据，这使得规范相对集中行政处罚权工作受到抵制。

（2）执法依据不足。有一些涉及市容市貌的事务由于缺乏执法依据，管理效果也不尽如人意。例如在交通管理方面缺乏对非法营运的"摩的"等进行处罚的依据；在城市主要道路沿街建筑立面管理方面，对沿街建筑产权主体没有限定性自行维护修缮的责任规定，更没有相关处罚条款；在治理城市"牛皮癣"方面，罚款对身无分文的外来人员无法实施（公安部门"只教育、不实施治安处罚"的处理存在明显漏洞，缺乏足够威慑性和惩戒性）；在落实"门前三包"责任制方面，停业整顿处罚手段操作性不强。

（3）借法执法问题突出。由于立法长期滞后，我国迄今尚没有一部完整的城市管理法律。目前，只有住房和城乡建设部一部规章《城市管理执法办法》。即便是住房和城乡建设部向全国推广的数字化城管也没有统一的法律、法规或规范性文件。城管部门及其职能定位一直没有得到法律的明确，城管执法长期处于"借法执法"状态，给执法工作带来诸多不便：一是"借来"的法规、规章过于分散且内容繁杂，不利于执法人员学习和掌握；二是"借来"的法规、规章本身存在冲突或表述不一，不利于执法人员准确理解，且对相同行为引用不同法律依据也造成事实上的执法不公；三是"借来"的法规、规章易变性强，执法的法律基础始终处于不确定、不稳定状态。

（4）执法强制手段不足。城管执法主要措施包括教育、警告、罚款、拆除、没收等。执法实践中，仅靠教育警告难以有效制止违法行为；若相对人拒不配合，则无法在第一时间获取相对人信息立案查处，违法形态转瞬即逝。地方法规标准不健全，罚则太粗，执法过程自由裁量权过大。

第五章

城市管理理念与体制创新

当前，人民群众对城市优质公共空间日益增长的需求与现行传统的、粗放的、落后的城市管理模式冲突日益显现，突击性、运动性的管理方式往往会引发干群之间的冲突和对抗。因此，树立城市综合管理服务理念，科学设置城市管理机构，理顺城市管理体制，是加强新形势下城市管理的客观需要。

面对城市管理中存在的问题，需要我们跳出原来的思维模式和框架，靠上下级政府和同级政府各部门之间的分工协作，靠开放式管理，才可能在"水涨"的要求下设计出有"船高"般效果的体制。而且，这个新体制不仅意味着城市管理功能的高效，也意味着管理的规范：成员、规则、机制方面都有规可循，中央怎么管、地方怎么干都清清楚楚。这样，才可能将管理模式广为复制而不走形。

部门分工协作是城市综合管理体制机制的核心。城市综合管理体制是指对城市基础功能和公共空间进行检查、维护、管理，保障其正常、有序、安全运行的管理分工与工作程序。政府部门、社会组织、企业、居民等各类城市管理的主体和参与者都是城市综合管理体制的主要组成单元。而经依法授权的中央、省、市、县区、街道等各级城市综合管理相关部门的职责范围与分工安排、纵向程序与横向机制，则是体制的主要内容。

管理的体制是规定中央、地方、部门、企业在各自方面的管理范围、权限职责、利益及其相互关系的准则。它的核心是管理机构的设置，各管理机构职权的分配以及各机构间的相互协调。它的科学合理性直接影响到管理的效率和效能，在中央、地方、部门、企业整个管理中起着基础性决定作用。

一、城市综合管理的概念与创新思路

（一）管理转型创新的理念

城市管理理念是城市管理具体工作的指导思想，决定城市管理的目标，也决定着城市管理者的管理方式。城市管理部门（特别是综合执法部门）是这一管理理念的最重要的执行者。出现在当前城市管理领域（特别是综合执法）的许多突出问题，其根源实际都在于管理理念的偏颇，所确立的过高的管理目标脱离了当地经济社会发展的实际水平。因此，必须按照新时代要求，牢固树立"以人民为中心的城市发展思想"的理念，把城市中最广大人民群众的根本利益作为考虑和解决城市管理问题的出发点和落脚点。

"创新、协调、绿色、开放、共享"的发展理念，是指导我国城市管理转型提升的纲领。城市工作者，包括城市领导者和城市具体管理者，都应该深刻领会五大理念的内涵，把它们运用到城市管理的各个环节。譬如将创新理念运用到城市管理中就涉及到城市发展理念、城市管理理念、城市管理方式、城市管理手段的创新（曾万涛，2008）；协调理念是城市管理的灵魂，在城市综合管理中运用好协调理念就要把横向部门间关系协调好，把纵向各层级的力量调配好，实现基础功能正常发挥、公共空间有序使用，共同为衍生功能充分发挥提供有力保障；绿色理念是城市洁净生产和美好生活的重要遵循，也是城市管理必须思考并纳入其中的未来路径；城市本身就是开放系统，开放理念是城市发展的起点、着眼点和发力点，城市管理必须从这里出发，敞开胸怀，为所有人服务，服务所有人，形成政府、企业和其他组织、社会多元共治的良好局面。共享理念反映到城市管理上，就是服务民生、为民解忧。坚持以人为本，把实现人民幸福作为管理的目的，倡导管理过程人人参与、管理成果人人享有。通过科学管理来提供运转良好的公共设施、优美有序的公共环境、优质有效的公共服务等公共产品，使全体市民共同参与、共同分享这一成果，让人人有获得感，人人有幸福感。

（二）管理方式创新的准则

随着城镇化的推进，城市范围越来越大，人口越来越多。仅靠群众投诉、媒体曝光、运动突击式的"头疼医头、脚痛医脚"的管理方式，难以实现城市管理长久的有效和规范，如何进一步创新城市管理方式是摆在各级政府及其职能面前的一道难题。

罗马不是一天建成的，中国的城市也是一样的道理（翟宝辉，2016）。当前，我国正处在快速城镇化进程中。速度快，是因为借助了很多天时地利，但需要注意的是：城市建设不能急、城市运行不能停、城市管理无止境、城市发展要包容。这是创新城市管理方式必须遵循的准则。

1. 城市建设不能急

第一条原则"城市建设不能急"无需解释，我们很多问题都出现在要求"快"上。有的省份提出"弯道超车"的要求是在"玩儿命"，必须承认现代化城市不是一天建成的。城市建设不能一蹴而就，不能违背城市内在发展规律。过于急功近利、盲目造城导致我国部分城市出现空城，造成大量土地资源的浪费。在具体的城市建设工程项目上，若盲目追赶工期也容易导致"豆腐渣"工程，甚至会导致严重的生产安全事故。因此，城市规划和建设要遵循城市发展的内在规律，摒弃急功近利的思想，注重"绣花功夫"。

2. 城市运行不能停

第二条原则"城市运行不能停"不认识到位就会出现很多系统性问题。城市犹如一个有机生命体，需要全周期的悉心看护。习近平总书记在2015年两会期间参加上海团讨论时指出，"我在上海的时候有这个感觉，整个城市它是一个生命有机体，高楼林立，地下的各种管道川流不息，地面上的各种车辆川流不息，就像长江滚滚而来一样，逝者如斯夫，但是一刻也不能停，上海要是停上一刻，瘫痪一刻，那是不可想象的。"因此，"城市运行不能停"是城市居民正常生产生活的必要条件。

城市管理者要时刻保持和牢记"城市运行不能停"的意识。比如，大城市都在修地铁，为了尽快完成任务，经常整条路甚至多条路断路施工，把交通量逼到周边道路，这就使得本来就不畅的周边道路全堵了，而且一堵多年，拥堵状况甚过首都（堵）。其实，这就是没有"城市运行不能停"的意识导致的，现实中就反映到了工期上。我们总不能为了修个学校教学楼让学生半年或一年不上课吧，这是同样的道理。

3. 城市管理无止境

第三条原则"城市管理无止境"是指随着人们的需求逐步提升、日新月异，城市管理既要精细化、个性化，更须和城市发展阶段相匹配。党的十九大报告指出，新时代我国社会主要矛盾是人民日益增长的美好生活需要和不平衡不充分的发展之间的矛盾。城市实现精细化管理是人民对美好生活的新期待。然而城市管理也必须要与城市发展阶段相匹配，要求过高、过于"精细"就会适得其反。例如，环卫行业不时爆出环卫工人为了捡个烟头而葬身车下的事故，其实马路上偶尔有个烟头并不影响基础功能和衍生功能的发挥，过度强调绝对干净实无必要。

4. 城市发展要包容

第四条原则"城市发展要包容"强调城市是一个开放系统。伴随着城市的不断发展，城市变的越来越多样化。包容性的城市是城市发展的必然方向。城市是所有人的城市，必须有包容的心态，既要接受历史的，也要承认现在的，还要期许未来的；既要为企业家服务，也要为农民工服务；既要为政治集团服务，也要为非政府组织服务；既要为富人服务，也要为穷人服务，给每个人留有生存空间。

（三）相关概念的区分

"十二五"规划纲要明确提出："加强城市综合管理"。这是从国家层面首次提出加强城市综合管理的要求，对保障城市的安全运行、提高城市的运行效率、方便市民的生产生活产生了深远影响。加强城市综合管理是一项复杂的系统工程，既是长远的发展目标，也是迫切需要马上落地的即期任务。

1. 城市综合管理有别于城市管理

国务院有关文件和绝大部分研究文献都认为，城市管理是市长的主要职责，是指市长代表城市政府对城市一切事务的总体安排和协调。字面上，城市管理就是对城市的管理，城市所有事物都应纳入管理范畴。从这个意义上看，城市管理确实是综合管理。市长通过职能部门的设置和授权实现对城市事务的管理，如果设置合理，综合管理的目标就可以实现。

但事实上，城市管理实在不是一两个部门履职就能完成的。一是城市管理部门有限的职权承担了无限的责任。二是其他部门推出的各类"工程"又"抢走"或"忽略"了本该承担的城市管理职责。三是部门之间在具体管理中缺乏协调或认真履职，配合协调很不到位，出现了各种各样的城市管理问题，导致城市管理矛盾越积越多，甚至成为影响社会稳定的最突出领域。说明简单地把相关责任明确给任何一个或多个部门并解决不了问题。所以流行一种说法，"城管是个筐，什么都往里装。"其实，装得越多，问题越多，解决的可能性就越小，行政主体与社会的矛盾就越突出。

正是为了厘清城市管理的责任和构建城市管理的有效机制，本书深入研究了城市综合管理的概念和体系，重新定义了城市、城市基础功能和公共空间等概念。

城市综合管理就是在这样的背景下提出的概念，它有别于上述字面理解和既往研究的城市管理概念。根据《辞海》（1979年版）第636页的解释，分析和综合是思维的基本过程和方法。分析是把事物分解为各个属性、部分、方面，综合是把事物的各个属性、部分、方面结合起来。只有对事物内部的矛盾的各个方面进行具体分析，再综合起来把握其矛盾的总体，才能真正深入到事物的本质，把握事物发展的规律。分析城市的运行规律也是如此（翟宝辉，2011）。

2. "大城管"与城市综合管理概念的区分

我们提出的城市综合管理最近常被媒体炒作，称为"大城管"。对于"大城管"这样的提法我们是不赞成的，主要有两个原因：一是我国很多"大××"导致了非理性发展，有大跃进、特跃进的嫌疑；二是本来城管就"被集中"了，再来个"大城管"，激起的社会矛盾会更多。

"大城管"是在城市管理领域相对集中行政处罚权的形象概括，它把传统的城市管理领域扩展到包含环境保护、工商管理、公安交通领域的部分内容，但仅限于行政处罚权（翟宝辉，2011）。

而城市综合管理的内涵则要丰富得多，它是指城市政府或城市政府依法成立的城市综合管理部门依照法律授权或行政授权，依法维护城市基础功能，管理城市公共空间，保障城市健康运行，促进市民和谐相处的行政行为（翟宝辉，2011）。设置城市综合管理部门符合党的"十二五"规划建议提出的"继续优化政府结构、行政层级、职能责任，降低行政成本，坚定推进大部门制改革……"的改革方向。

　　3. 综合管理与专门管理的区分

　　区分综合管理与专门管理是厘清城市管理内涵的根本。城市综合管理的特定含义是一个城市政府综合管理部门要履行多个系统的事权。城市综合管理和城市专门管理是按事权划分的。相反，由于我国实行城乡一体和城乡统筹行政区划体制，城市专门管理部门的管理权范围通常都会外延到乡村。所以，城市专门管理的特定含义是一个城市政府专门管理部门只负责履行一个系统的事权，并不涉及区域概念。

　　当前，我国城市政府需要着力于针对城市基础功能和城市公共空间进行综合管理。城市衍生功能都有专门的管理部门，不应再纳入城市综合管理的范畴；城市专属空间有相对独立享有的使用权，受到国家法律的保护，不易受到他人违法行为的侵犯。而城市基础功能和城市公共空间对城市公众开放，无法像专属空间一样受到明确的保护，且还涉及多个系统的事权，容易导致交叉管理和互相推诿的混乱局面，不容易得到管理和保护。

二、城市综合管理的特征与目标

（一）城市综合管理的依据

　　城市综合管理的行政权包括涉及城市基础功能和公共空间的行政许可、管理服务、行政处罚。权力依据理论上来源于城市的基本属性和运行特征；行政上来源于法律授权和行政授权。城市管理综合行政处罚权是行政许可的衍生权。

从理论上，城市综合管理来源于城市的基本属性和运行特征。如前所述，城市基础功能是城市中的自然人离开就不能生存或无法健康正常工作生活的一类功能，表现为人们集中进行政治、经济、社会、文化活动的平台。这些功能为现代城市存在、运行和发展所必需，一旦得不到保障，城市将立刻陷入瘫痪，所以，这方面必然成为城市综合管理的内容。而城市衍生功能都是由城市行政辖区内相应专业部门负责的，无需再由城市管理部门涉及。因此，保障城市基础功能自然成为城市综合管理的内容。同理，城市的专属空间由私人管理，而公共空间则由城市公共管理部门来负责。

从行政上，城市综合管理的依据来源于两个方面，一是法律授权，二是行政授权。法律授权是全国人大通过的法律和国务院发布的条例规定的事项，必须明确规定执法主体和执法内容。行政授权是地方政府在依法设立城市综合管理部门后核定的行政职能，表现为"三定"方案。《中华人民共和国地方各级人民代表大会和地方各级人民政府组织法》第六十四条第一款规定：地方各级人民政府根据工作需要和精干的原则，设立必要的工作部门。第三款规定：自治州、县、自治县、市、市辖区的人民政府的局、科等工作部门的设立、增加、减少或者合并，由本级人民政府报请上一级人民政府批准，并报本级人民代表大会常务委员会备案。《国务院办公厅关于印发住房和城乡建设部主要职责内设机构和人员编制规定的通知》（国办发〔2008〕74号）在建设部门职责调整第五项说明："将城市管理的具体职责交给城市人民政府，并由城市人民政府确定市政公用事业、绿化、供水、节水、排水、污水处理、城市客运、市政设施、园林、市容、环卫和建设档案等方面的管理体制。"这说明，城市管理体制由城市人民政府确定。凡是本级人民政府报请上一级人民政府批准，并报本级人民代表大会常务委员会备案的政府工作部门就是合法的。根据责、权、利统一的原则，城市综合管理部门履行涉及城市基础功能和公共空间的行政许可权后，应当提供相应管理和服务，对违反行政许可的行为进行行政处罚。

（二）城市综合管理的特征

城市综合管理活动是行政行为，具有公益性、综合性、强制性、简单重复性、个体损益性（处罚环节）的特性。城市综合管理需要建立协调机制是由城市综合管理的综合性、公益性、强制性等本身具有的客观特性所决定的。为避免或减少城市综合管理执法过程中不必要的冲突，必须要有公安部门等建立公务协助机制。

1. 综合性

城市综合管理领域包括道路交通、垃圾收运、城市容貌、园林绿化、污水和垃圾处理等城市基础功能和城市公共空间，涉及的领域众多，这些领域与城市综合管理部门之外的其他部门也有或多或少的联系。道路交通与规划部门有关联，垃圾收运处理、排水、污水处理与环保部门有关联，园林绿化与林业、环保部门有关联，市政基础设施与规划、建设部门有关联，供水供气供热虽有专门的市场化运作，但事关公众利益，需要协调企业和公众之间的关系……在这些领域开展城市综合管理工作，必然少不了与这些部门的协调合作，因此管理具有综合性。

2. 公益性

城市综合管理的职责范围是维护城市基础功能设施，管理城市公共空间，保证整个城市的正常运行，确保城市公共空间的有序性。管理工作的受益者是广大社会公众，而不是某个部门或某个群体，具有普遍的公益性。但社会公众并不是利益诉求一致的群体，包含有多种群体，代表了多种利益诉求。这样城市综合管理就必须有多角度和多方面的考量，需要协调各方诉求。

3. 强制性

城市管理部门在实施城市基础功能和公共空间管理活动时，体现的是国家强制力，管理对象（相对人）必须配合或服从。往往要求有一支处罚队伍保障城市管理活动的正常进行。为避免或减少城市综合管理执法过程中不必要的冲突，还应建立有公安部门等单位参与的公务协助机制。

4. 简单重复性

城市综合管理面对大量日常的、琐碎的、不断重复出现的细小事件，这使得管理工作具有简单重复性。正因其简单重复，所以易被忽视，但却极其重要，否则城市运行很快陷入瘫痪状态。比如如果没有环卫人员坚守清扫保洁岗位，没有垃圾收运等日常工作，根本就谈不上整洁干净的城市市容环境。

5. 个体损益性

城市综合管理处罚环节中的违法违规个体要受到相应的惩罚，而且个体的违法行为必须终止，相应的收益也必须终止，其后果由个体承担。城市综合管理处罚是为了整个城市的正常运行，而采取必要的惩罚措施，同时又会使处罚对象个体利益受到损害。因此，城市综合管理处罚环节的集体受益性和个体损益性，以及集中过多行政处罚权到城管部门，是当前城管处罚活动中冲突较多、积怨较深的根本原因。

（三）城市综合管理的目标

城市综合管理的目的是保障城市健康运行、促进市民和谐相处。城市综合管理的关注点是物的管理，但如果人的活动损害了城市基础功能和公共空间，城市综合管理部门应当提请有关部门对人进行管理（表5-1）。城市综合管理不能侵犯公民的人身权利，更不能限制公民的人身自由，这应当是城市综合管理部门的一条权力底线。但城市综合管理部门应当对市民、公众进行教育、引导、劝导。所以，以人民为中心是城市综合管理的不懈追求。

由于城市是四维的，包括立体和时间轴，城市综合管理表现为对地表、地上和地下空间及历史标志节点的管理。因此，科学的城市综合管理包括对公共享用的城市基础功能设施和公共空间进行管理，至少要实现三个目标：一要让城市中不同阶层的人群平等、合理地充分享用城市设施、空间和时间资源；二要保护弱势群体，合理解决其基本谋生方式和生存空间问题，结合城市自身特点，创造适宜便民的生产生活活动空间；三要追求属于本城市的建筑文化景观特征，使城市空间具有地域特色、丰富多彩，增强归属感、自豪感。通过对城市公共空间的管理，不仅保障城市基础功能的实现，还要兼顾不同阶层人群合法权益，合理调节市民在分享城市公共空间过程中出现的各种矛盾，增添城市活力和历史文化感，达到各阶层人群各取所需、和谐共处的局面。

城市综合管理的目标　　　　表5-1

城市属性	标　　准	目　　标
基础支撑系统	基础支撑系统正常运行	保障城市基础功能的正常发挥，为城市衍生功能提供支撑
公共空间	保障城市公共空间的设定功能	按城市政府行政部门许可的功能合理使用，提供公共服务，保障公民的活动需要

三、城市综合管理的范围界定

（一）管理职能界定

树立完善城市功能、维护城市基础设施、服务城市基本运转、服务人的活动的城市管理理念。政府部门回归"服务"本职，作好城市基础功能和公共空间的提供者、维护者和服务者。从中央到地方、从政府各部门到社会各组织、从管理者到被管理者、从前期规划建设到后期管理都要有城市运行的概念。不属于维护城市基础功能、管理城市公共空间的职能，应予调整完备，职责过多过滥的，应予整合规范。

服务职能主要包括：运行维护、持续作业、市容环境管理等。

监督职能主要包括：履责执法、联合执法、受托执法等。

协调职能主要包括：高位协调、公务协助、考核评价。

（二）管理对象界定

在全国范围内为城市管理部门确定一个最基本、最核心的职责范围作为考评的底线，允许各地根据自身实际进行延伸，给各地的改革探索预留余地。

为了应对突发事件和应急管理的需要，城市管理对象至少应有市容、环卫、市政、园林绿化等。一方面脚踏实地地维护城市基础功能和城市公共空间秩序，另一方面要储备一支应对突发事件的应急反应队伍。

在划分城市管理对象范围的时候，可以有两套备选的方案：

其一，根据目前城市管理部门的工作实际，把那些争议相对较小、管理相对成熟且容易制定统一标准的事务，比如市容景观、环境卫生、垃圾处理、园林绿化、户外广告等，优先纳入城市管理的对象范围。随着经济社会的发展、居民素质的提升以及部门、队伍自身管理能力的提高，再将其他涉及城市管理的事务逐一纳入，以免出现"贪多嚼不烂"的问题，这一方案也可称为"成熟一个，筐里扔一个"（或"拔萝卜"方案）。

其二，考虑到人员编制、财政投入、改革成本等诸多因素的影响，在现有城市管理职责范围的基础上，站在未来城市发展的宏观视角上，更全面地划分与扩充城市管理的应有职责，先做大、再做精。根据各地实际情况（尤其是城管部门自身是强势还是弱势，这在某种程度上与地方行政长官的重视程度关系密切），一个一个解决城市管理中面临的突出问题，这一方案也可称为"先挖坑，后栽萝卜"（或"种萝卜"方案）。

建议城市管理部门承担的必要职责范围包括：市容环卫、园林绿化、市政公用等。

建议将城市管理执法相对集中行政处罚权的范围限定在城市市容市貌、公共空间、公共秩序紧密相关的城乡建设领域。

建立城市管理重难点问题责任清单制。对城市管理中出现的重难点问题，准确合理划分各行业部门和城市管理部门的职责，特别对职责交叉部分严格区分责任，一旦出现问题，严格追究。

 专栏八

日本城市管理权限

日本的城市政府管理体制在不同管理层级有所不同。东京都的城市管理工作主要由都市整备局负责，其管理内容有：① 城市建设与维护的基本事项；② 城市规划；③ 住宅与环境的建设和维护；④ 城市中心区街道的建设和维护；⑤ 关于建筑方面的事项。另外，东京都的建设局也承担城市的建设管理工作，主要工作是道路、河流及公园绿地和有关土木工程等。

中小城市政府一般设有"城市管理科"，如岛根县安来市城市管理科的主要工作为：① 关于市道及法定外公共物品占用许可以及工程施工的认可；② 市道的确认、变更；③ 关于市道及桥梁等的登记整备等；④ 关于道路、桥梁及河道的维护与管理；⑤ 关于城市公园及绿地的事项；⑥ 对公园、绿地的维护与管理。

岐阜县瑞穗市城市管理科的主要工作是：① 停车场、自行车停放点的管理，设定禁止自行车停放区域，设置收走的自行车存放点；② 管理户外广告；③ 受理自费修建道路的施工、在城市公园内举办活动、物件的摆放（变更）、占用、普通河流中设置建筑物（改建或拆除）、私有土地界限划定、设置户外广告物、自行车停放等的申请；④ 管理城市公园、市营住宅，确认所建房屋等工作。

来源：俞慰刚．日本城市管理的法制化与我国的借鉴[J]．上海城市管理，2009，18（5）：26-29．

四、城市综合管理的主要内容

狭义的城市管理，也就是城市综合管理是要在完善的一系列规范、标准约

束下，对保障基础设施和公共空间，要相对固定地、定时化、定式化、定量化地完成建设、监护、处置、修复、维护、保养等一系列设施和空间的管理"程序动作"。既要行使常态下的基础功能管理和公共空间管理，也要具备快速反应、迅速启动、充分有效应对各类突发事件的应急处置能力，保障城市基础设施和公共空间安全、稳定、有序地运行。因此，狭义的城市管理分为基础功能管理、公共空间管理和应急状态管理。

城市综合管理内容包括：道路交通、给水排水、供气供热、垃圾收运处理、城市容貌、园林绿化、电力通信等城市基础功能和城市公共空间。不属于维护城市基础功能、管理城市公共空间的职能，应予调整完备，职责过多过滥的，应予整合规范。当前，我国一些城市专门管理部门的部分职责，涉及城市基础功能和公共空间管理，如果管理较好，应当由专门管理部门继续管理，但应当纳入城市综合管理统筹协调机制。城市综合管理部门的一些工作涉及专门管理，也必须接受城市专门管理部门的管理。至于与城市综合管理相关的如交通、环保、规划、建设、工商等部门，能协助城市综合管理执法的如公安、法院等部门，与城市综合管理部门协调、合作、配合，对于开展城市综合管理工作有重要帮助。

（一）城市基础功能管理

城市的基础功能是保证城市居民生活、工作的基本条件。城市基础功能包括的六大系统都明显表现出公益性和建设运营的自然垄断性。电力通信属于城市基础功能的范畴，但有专门的政府部门管理也高度市场化，所以不纳入城市综合管理部门的直接管辖，应为间接监管；供气供热供水属于城市基础功能的范畴，但具备市场性和公益性两方面特性，故不受城市综合管理部门的直接干预，但必须在城市综合管理部门的监管和引导下，兼顾市场效率和公众利益；道路运输属于城市基础功能的范畴，但很大部分有专门的部门来管理，而影响城市基础功能和城市公共空间的部分，典型的如占道经营，就应纳入城市综合管理体系。

无论引入何种机制，六大系统的自然垄断性不会改变，产权的国有属性不能改变。政府不仅不能一改了之，还应保持财政投入的持续增长。一方面维护城市的基础功能，提高服务质量，满足改善型需求，另一方面，还要满足城镇化过程中日益增长的城市人口的新增需求。

因此，对城市基础功能的维护，既要求城市政府直接运营的系统提高效率、维持稳定性和改善服务质量，又要求对实施特许经营或委托经营的系统加强监管，严格遵循产品和服务质量标准，保障城市的健康和安全运行（秦虹，2006）。

（二）城市公共空间管理

部分城市空间专属化后，拥有相对独立的使用权，受到法律的保护，不容易受到侵犯。城市公共空间为城市公众所共有，没有独立的使用权，不容易受到保护，而且城市公共空间蕴含着巨大经济价值，因此历来是各种利益集团争夺的焦点（翟宝辉，2009）。

对于城市的公共空间，各种利益群体不会放弃对它的瓜分和侵犯，尽管这种瓜分或侵犯的形式、路径和程度各异，但都带来公共空间的无序和不协调，使城市容貌和环境秩序不能满足公众的需要，甚至影响到城市基础功能的正常发挥。当前，法人、自然人侵占公共空间的主要方式有：私搭乱建（没有行政许可和违背行政许可的建构筑物、装饰物）、占道经营和随意设置广告。这些行为侵占了城市公共空间，破坏了城市公共空间的有序，必须得到有效管理。但是对于公共空间的管理却历来没有得到应有的重视，城市综合管理的诸多矛盾往往在这里集中体现出来。

城市政府必须采取措施，统筹兼顾城市经济效益、社会效益。城市政府既要考虑有一定经济基础的居民提出的享受需求，又要兼顾生活贫困的人们的基本生存需求。目前，城市公共空间绝大多数被城市强势利益集团占用，弱势群体实际可分享空间过少。过度挤压弱势群体的生存空间，就会引发他们反过来挤占公共空间谋生。占道经营的行为便是挤占公共空间的表现，挤占了城市公共空间，又会引发公共空间的无序和不畅。因此，化解城市公共空间管理矛盾的关键点在于给予弱势群体尽可能多的实际可分享空间。

对城市而言，一方面要保证城市有足够的公共空间，包括维护城市基础功能所必需的公共空间，另一方面要保证城市公共空间不被非法占用。前者是城市规划的责任，后者是城市管理的职责。

（三）城市应急状态管理

城市综合管理中包含了应急管理的内容（翟宝辉，2012）。随着城镇化进程的加快，城市人口和活动越来越密集，城市的复杂性和系统间的依赖性越来越强。由于自然灾害和人为因素导致城市局部或整体的基础功能丧失或不能正常运转，城市部分或大部分公共空间秩序混乱，使城市衍生功能不能正常发挥，城市综合管理进入应急状态。此时城市综合管理的任务就变成如何尽快恢复城市基础功能，维护城市空间的有序使用。因此，城市综合管理必须处理好日常管理和应急管理的对接问题。

1. 城市应急管理的主要表现

城市应急管理涉及范围广，情况严重时还需要军队、警察等国家强力部门介入，指挥系统和管理模式也比较成熟，应当保持应急管理以城市政府应急管理委员会为主统筹协调、外敌入侵以军队为主指挥、社会骚乱以公安部门为主指挥、防御洪水以水利部门为主指挥、应对灾害天气以气象部门为主指挥等传统。

城市应急的主要表现是城市部分基础功能不能正常运转，城市部分公共空间秩序混乱，城市部分政治、经济、文化活动不能正常开展。管理目的是尽快恢复城市常态，使得城市基础功能正常运转，城市公共空间秩序良好，城市各项政治、经济、社会、文化活动正常开展。这些都直接关联城市综合管理的职权范围，因此，城市综合管理部门应当而且必须担当城市基础功能全部和城市公共空间部分应急管理活动。城市部分基础功能受损影响不是很大的时候，其应急管理则可以完全由城市综合管理部门独立完成。

2. 应急管理与常态管理的关系

常态管理和应急管理虽然是在两种截然不同状态下的城市管理，但两者却有着密切的联系，应当统筹考虑。

（1）常态管理与应急管理是城市管理的组成部分，所涉及的管理对象有着许多共同性。两种管理的目标都是保证城市能够正常运行，常态管理有时处理的多是危害较小、频繁发生的小事件。应急管理处理的是危害大、突然发生、发生概率小的大事件。虽然危害性和可能性差异巨大，但二者的本质都是处理危害城市健康运行的故障，消除事件影响，使城市处于良好的运行状态。例如，社区电力设施发生故障可能会导致一个社区的住户无法用电，这属于常态管理的范畴；但当城市主干电力设施发生故障则可能会导致全城无法用电，这属于应急管理。二者都是要处理危及城市正常运转的故障。

（2）常态管理的水平决定着应急管理工作的多少。良好的常态管理表现为城市基础功能和公共空间管理的有效性，也就意味着发生基础功能紊乱和公共空间无序的可能性更低；意味着城市有更强的能力抵御危机事件的侵害，而不会因为一般的应急事件变得支离破碎；意味着危害城市的日常事件能够及时被发现和控制，而不会因为疏于管理的小事件演变成有严重后果的应急事件。

（3）应急管理的经验得失可以反馈到常态管理中来。应急事件的发生一定程度上暴露了常态管理下某些环节和某些部位的管理不到位。应急管理在直接处理应急事件时必然会对事件起因、发生机理、事态扩大等方面都有深入的了解，这些经验得失会引起城市综合管理者对常态管理的重视，并相应强化常态管理中的薄弱环节。一些常态管理中的顽固问题和老问题可能也会因此得到解决。而且应急管理中的指挥领导、统筹协调、部门合作、快速反应的组织构架、机制设计、手段方法等都会成为城市综合管理者常态管理的有益参考。

3. 统筹城市应急管理和城市常态管理

城市综合管理中包含了应急管理的内容。由于自然灾害和人为因素导致城市局部或整体的基础功能丧失或不能正常运转，城市部分或大部分公共空间秩序混乱，使城市衍生功能不能正常发挥，城市综合管理进入应急状态时，城市综合管理的任务就变成如何尽快恢复城市基础功能，维护城市空间的有序使用（翟宝辉，2012）。因此，必须统筹处理好城市综合管理和应急管理。

（1）做好城市常态管理可以减少突发公共事件的发生。常态管理与突发事件有紧密联系，许多城市管理事务中的常态管理很大程度上关系着城市的安危。常态管理对于广泛预防突发事件具有重要价值，甚至可以理解为应急管理的基础工作。常态管理到位，突发事件的发生概率小、危害程度小，反过来，常态管理缺失，一次小事件就能对公共安全造成重大威胁。

最好的例证就是市政公用设施的维护。供水、供电、供气等生命线系统是城市一切运行的基础。如，城市燃气管道缺乏足够的维护不仅直接影响着居民的日常生活，易燃易爆的燃气从老化失修的管道泄漏出来还极易引发火灾、爆炸等突发事件。近年来，许多城市排水系统屡出问题。如北京多次因为忽逢暴雨，排水不畅，雨水在立交桥下等低洼处汇集，截断了忙碌的交通，引发大面积交通瘫痪。2007年7月18日，济南遭遇大暴雨，主城区排水管网老化和破坏严重，路面雨水难以及时排出，水位上涨奔入地下商场等低洼处，竟致35人死亡。

（2）将城市常态管理与部分应急管理融为一体，可节约城市综合管理成本，提高城市综合管理效能。城市应急管理针对的是各类突发事件，而突发事件具有偶发性，为了防患于未然，应急管理工作就必须时刻待命。但为了保持应急管理工作的及时到位，需要高昂的人、财、物投入为依托。如果可以将城市常态管理与部分应急管理融为一体，则可以节约城市综合管理成本，提高城市综合管理效能。

（3）将城市部分应急管理纳入城市综合管理体系可以促进城市常态管理。突发事件的高发地和高发时段恰恰反映了常态下城市综合管理工作的薄弱环节。因此，对城市突发事件的处理可以为常态管理部门提供参考。可以根据突发事件详细的数据和资料来诊断当时管理工作的薄弱环节，如某处多次暴雨都会出现道路积水，交通拥堵的情况，就说明此处的排水设施的运转不足以应对突发情况。常态管理部门可将获取的经验教训转变为具体工作，加强常态管理。这样，常态管理和应急管理的融合便可以促进城市常态管理的完善。

4. 建立城市应急管理机制的必要性

城市应急管理机制，是指把对城市应急状态的管理涉及的各项工作落实到日常管理中，分析城市中潜在的危险因素对城市基础功能和公共空间管理的影响，预测不同等级灾害发生的可能性。利用现有的资源数据库及现代化的数字管理手段，进行相关资源数据库的共享和对接。对可能发生突发事件的区域进行专业报警预报，完善数字化的管理体系。保证一旦发生突发情况，能够及时定位灾害或事故发生的地点、破坏程度和可能损失，采取妥当的应急措施，保障城市基础功能正常发挥或尽快恢复正常。

在发生突发事件时，城市常态管理体制如何立即响应城市应急管理预案？在处理突发事件时，城市常态管理部门在应急管理中担当怎样的职责？突发事件后，常态管理部门回归各自岗位后如何改进工作？这些内容都应该列入设定城市应急管理机制的考虑中，这同时也完善了城市常态管理体制。

城市政府在常态管理过程中应重视制定城市应急预案的工作，建立完善的应急联动机制。各相关部门协调配合，统一部署应对突发事件的应急物资、救援车辆。真正实行统一管理、统一调度、统一救援的应急管理体制，维护城市基础功能的正常发挥或尽快恢复。

五、城市综合管理的体制设计

（一）体制设计的原则

从上文的分析可以看出，通过对改革开放以来我国城市管理的问题与体制改革的经验进行总结，并通过对城市综合管理特性的分析，在考量城市管理体制现状的基础上，贯彻国务院要求的责、权、利相统一的行政管理体制改革精神，体现中国特色和文化传统，尊重历史，重在解决当前中国城市综合管理体制中存在的实际问题，确保城市综合管理工作高效率、高效能。

城市综合管理体制创新的具体原则如下：

1. 多元参与原则

在我国城市化深入推进的今天，市场经济体系逐渐完善，人们在生活提高的同时，对自身权益的诉求逐渐多元化，参与城市管理的愿望也逐渐强烈。因此完善社会化的城市管理机制成为我国未来城市管理的发展方向。因此在城市管理的体制创新中必然需要考虑市场主体和社会主体参与的问题。

2. 职责明晰原则

在城市综合管理体制的设计中，必须要明确界定各个部门的职责权限，只有在职责明晰的基础上才能解决交叉管理、推诿扯皮等相关问题，提升城市管理水平。在纵向职责确定上，要实现中央与地方、地方各级政府之间的职责清晰的划分。在横向职责界定上，要明确城市综合管理部门职责，相关联的城市专门管理部门职责以及与城市综合管理相关的单位机构之间的职责。

3. 业务关联原则

在创新城市综合管理体制时，部门职责的明晰是基础。在界定部门职责的时，要根据业务关联的原则划分城市管理各级政府、各个部门的职责。例如在加强中央政府的指导时，根据业务关联的原则，各部委中与城市管理的联系最为紧密的为牵头部门，因此在界定中央指导部门的职责时，可确定住建部门为地方各级政府城市管理的指导部门。

4. 高位协调原则

城市综合管理部门与其他部门是平级的，没有上下级之分，要让所有城市综合管理相关的各部门能接受协调，并按照协调去执行，这需要协调者的地位高于各部门。因此，在城市政府设定城市综合管理协调机构时，要考虑协调者的地位和调动能力，书记和市长是合理的人选。

5. 制度保障原则

在城市管理的实践中，由于缺乏制度约束，很多地方政府部门只注重短期利益，忽视长远利益。导致城市管理效能低下、矛盾频发。同时，城市政府有时会因为某些重大事件开展专项整治、部门联合执法等活动，城市的容貌和秩序会得到明显的改善。但是达到整改效果或领导注意力转移后，城市容貌和秩序短时间又倒退到原有水平。这说明，城市政府完全有能力把城市管理好，但缺乏持久性和稳定性，专项整治时的部门协作没有固定下来，没有成为恒常稳定的制度框架。

6. 分类指导原则

由于我国城市发展的复杂性，在实践中各地城市管理体制机制相对混乱。因此有必要加强中央的指导职责。但是各个地方政府由于经济社会发展条件、资源禀赋的地方特性不同，地方政府有因地制宜制定城市管理体制机制的需要。因此在实践中可在全国范围内根据城市的经济社会发展水平等相关特性，将城市划分为不同的级别，分别予以分类指导。

（二）三级城市管理体制框架

城市综合管理体制的建立，必须在城市政府之下设定两个权力层次：一是统筹协调与城市基础功能和城市公共空间有关的所有部门、单位的城市综合管理委员会；二是具体执行城市政府有关决策和督促落实城市综合管理委员会有关统筹协调意见并具体执行指挥权、督察权、赏罚权，以及全面负责城市综合管理领域行政处罚的城市综合管理局。

1. 中央主管部门的明确

2015年12月24日，中共中央、国务院发布的《中共中央国务院关于深入推进城市执法体制改革改进城市管理工作的指导意见》（中发〔2015〕37号）明确住房和城乡建设部作为全国城市管理的行政主管部门，负责对全国城市管理工作的宏观指导和监督、政策法规与标准的制定、经验总结与交流、立法推动等工作。省（区）住房和城乡建设厅是负责本省（区）城市综合管理的行政主管部门。城市综合管理的职责属于城市人民政府，市长是城市管理的第一责任人。

2. 城市综合管理委员会的设立

城市政府必须建立城市综合管理协调机构"城市综合管理委员会"，统筹协调本市所有涉及城市基础功能和公共空间管理的部门和单位。城市综合管理委员会应由市长担任主任，分管副市长担任副主任，城市综合管理局局长担任办公室主任，兼任市政府副秘书长，相关部门和单位负责人担任委员。

3. 城市综合管理局的设立

城市综合管理局与城市综合管理委员会办公室合署办公，两块牌子一套人马（已经设立城市管理行政执法局并且是城市政府工作部门的，而且有条件继续保留政府工作部门行政机构编制的，应当是隶属于城市综合管理局的下级局），负责执行城市政府关于城市综合管理做出的所有决定，督促落实城市综合管理委员会协调统筹的各项工作。

为了应对突发事件和应急管理的需要，城市综合管理局至少应有市容、环卫、市政、园林绿化职能。一方面维护城市基础功能和城市公共空间秩序，另一方面要储备一支应对突发事件和应急反应的队伍。

4. 城市综合管理指挥中心的设立

城市综合管理指挥中心作为城市日常管理活动各相关部门人员、设施等的统一调度平台机构，由城市政府、城市综合管理委员会组织建设隶属于城市综合管理局，作为城市政府、城市综合管理委员会、城市综合管理局统领本市城市综合管理工作的抓手。市长、分管副市长担任总指挥、副总指挥，负责重大城市综合管理活动的指挥。城市综合管理局局长、副局长担任指挥中心主任、副主任，负责日常城市综合管理活动的指挥。

5. 城市相关专业管理部门的支撑

城市各专业管理部门为城市管理提供专业的技术支持，促使城市管理活动更加专业化、科学化。主要的管理部门包括市政公用局、市容环卫局、园林绿化局、城市综合管理行政处罚局、城市综合管理科学研究与技术鉴定中心、城市综合管理公众服务中心、城市综合管理培训中心等。城市管理体制创新示意图及框架如图5-1、图5-2所示。

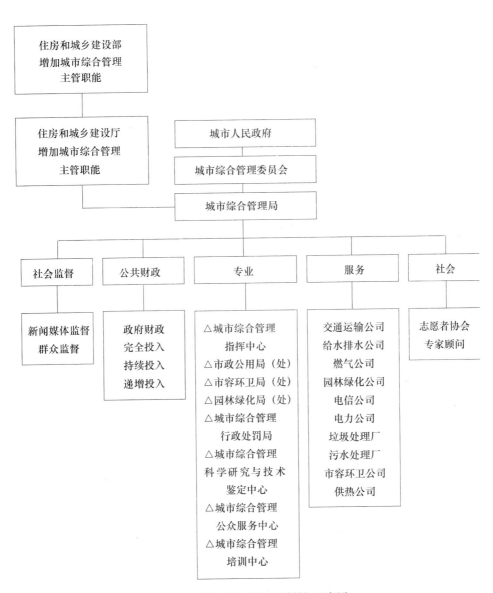

图5-1　城市综合管理体制创新示意图

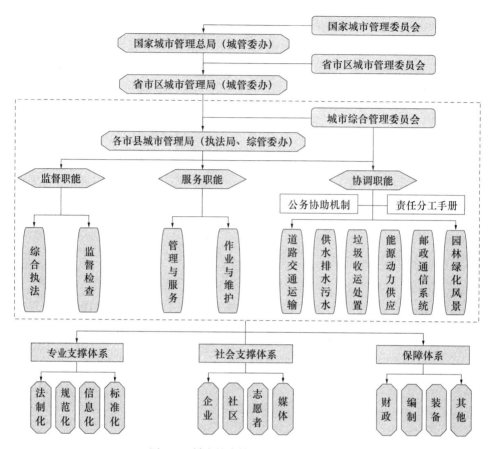

图5-2　城市综合管理创新的具体框架

发达国家城市对城市管理模式的探索

　　发达国家城市管理模式差异性突出，由于各个国家和城市的具体情况的不同，形成了不同的城市管理模式。

1. 日本的市长议会制

日本的政府组织实行"都道府县"和"市町村"两级制。都、道、府、县是同一级行政单位，全国共划分为一都一道二府四十三县。"市町村"是设在都道府县内的基层组织。以东京为例，东京都的政府机构分为决议机关（都议会）和执行机关（都知事、行政委员会及所辖各局）。其中地方运营企业（交通局、水道局、下水道局）和消防厅在知事的管理下有一定的独立权力和地位。东京都议会由东京都居民直接选举出的议员组成，任期4年，议长从议员中选出，负责主持议会并对外代表都议会发表意见、接受评议。都议会具有制定或修改、废除条例、决定批准预算的决议权，以及对选举委员会的选举权、副知事的任命等同意权，还代表东京都人民检查执行机关的事务工作、执行决议的情况。除都议会外，市、町、村也有由居民直接选出的各级议会，决定本地区的重大事项并制定本地区条例。东京都的行政长官是都知事，由居民选举产生，任期4年。当东京都以及都内区、市、町、村的行政长官与议会议员发生意见分歧无法统一时，以区域内公民投票公决形式裁决，争执双方均要服从民意。

此外，当代日本城市管理的一个重要特征是"日本城市微观管理中社区组织的职能日益强大，不少城市正在出现'以社区为依托的趋势'"。居民组织作为最重要的社区组织，几乎遍布全国的每个社区，日语中把这种居民组织称为町内会或自治会。町内会由地方政府批准设立，其主要职责是预防犯罪和灾害，信息服务，公众保健，促进邻里和睦等。地方政府，町内会，居民三者之间的互动运作机制促进了社区组织的发展，日本社区组织的经验值得我们借鉴。

该模式的特征是市议会和市长共同负责市政，共同行使市的权力。市议会是市的立法机关，行使立法权和监督权。市长是市的最高行政长官，掌握行政大权。市议会由城市选民选举产生。美国、日本、法国、意大利、澳大利亚和德国的一些城市采用此模式。

2. 英国的议会委员制

英国的每个城市都设有自己的议会，市议会是政治权力中心，议会行使立法权，议会内部又设置若干行政委员会行使其职权，是典型的"议行合一"体制。英国的城市议会一般由所在城市的市民选举产生议员组成，任期四年，每两年改选其中的1/3。市长可以从议员中产生，也可以是名誉参议员，其任期一年，可以连选连任。市长是名誉性的，其权力有限，一般负责主持议会，出席礼仪性活动。英国的市议会委员会有常设委员会、临时委员会、法定委员会和联合委员会等几种。常设委员会负责城市的日常事务，如公用事业、环境卫生和教育等。临时委员会负责临时性的事务，一旦事务结束，该委员会也被解散。法定委员会是根据有关法律必须设立的处理特定事务的委员会，如财政、消防等方面的委员会。联合委员会是因处理跨地区的事务而由两地或多个地区议会共同组建的委员会，如公路或河流方面的委员会。

该模式的特征是议会由所在的城市选民选举产生，掌握立法大权。而行政权则由市议员组成的各种委员行使。事实上，市议会也是市政府，它集立法权和行政权于一身。市长由市议会从议员中选举产生，同时担任议长，市长没有实权，只是虚位。英国以及北欧的瑞典、丹麦、芬兰的城市大多采用此种体制。

3. 加拿大的市经理制

加拿大市经理模式的特点是：市议会由议员若干人组成，负责决定市政方针，行政方面的工作由市议会聘请市经理负责。市议会如同商业团体的董事会，负责制定业务政策，市经理等同于公司的经理，有权管理一切行政事务并任免各部门负责人及职员。这种管理体制在美国、加拿大50万人口以下的中小城市盛行。

4. 美国的市行政长制

此制度20世纪中叶在美国出现，即市长由选民选举产生，为一市的统治领袖，在市长之下设一个市行政长，协助市长处理市行政事务。但市行政长只有协调各部门工作的权力，不能监督人事、法律及预算等重大事宜，实际上是管理顾问。根据美国市政年鉴统计表明，20世纪中后期美国中小城市中的管理组织模式趋向分散多元化，而人口规模在50万人以上的大城市 80% 以上实行的是市长议会制，在欧洲也是如此。同时一些亚洲国家如韩国也采用了此类城市管理模式。

美国城市管理强调分权自治，在此基础上，其城市政府体制主要分为三种形式，即：

（1）市议会—市长制

此制度分为两种，一种是市长与市议会都是由选民直接选举产生，另一种是议会由选民产生而市长由议会选举。前一种称为强市长制，后一种称为弱市长制。在强市长制中，民选的市长不仅是市议会的负责人，也是行政执行机构的最高长官，控制政府核心部门，可以直接任命行政部门负责人。在弱市长制中，城市最高决策权在市议会手中，市长只是一个城市的形象代表，主要负责与市民的沟通和联系。

（2）市委员会制

市委员会成员像一个议会一样集体行动，同时又分别管理着不同的部门。市长是市议会的主持者，在名义上代表整个城市，并有权行使基本法给予的一些特权。市委员会的主要优点是它的精简。

（3）议会—经理制

议会—经理制的议会规模通常很小，一般由 5 ~ 7 人组成，市议员基本上是通过无党派投票的方式提名并选举产生，市长通常不承担行政管理职责，只是在议会主持会议和在公开场合代表本市。由议会选出来的经理对市政事务负总的责任，并有权任命行政管理人员。

来源：1. 傅莹. 发达国家地方政府城市管理职能及其模式演化研究——以英美为例［D］. 浙江大学，2015.

　　　2. 李庆飞. 国外城市管理模式比较［D］. 山东大学，2006.

　　　3. 发达国家城市管理经验研究［M］. 北京出版社，2012.

（三）体制组织运行体系

在城市综合管理体制框架确定的前提下，需要进一步按照城市管理任务的分工，明确各个参与主体的角色定位，科学合理地划分各自职责，形成纵向有指导监督、横向有协调互动、专业有支撑、公众有参与的组织联动运行体系。

1. 条条组织体系

从行业主管来说，国务院已经明确住房和城乡建设部是城市综合管理的行政主管部门。相应的，省（区）住房和城乡建设厅是负责本省（区）城市综合管理的行政主管部门。2016年10月11日，住房和城乡建设部下发《住房城乡建设部关于设立城市管理监督局的通知》，设立城市管理监督局，建立健全城市管理协调机制和考核机制。各省区市住房和城乡建设部门也陆续设立了城市管理监督局或城市管理执法局。

2. 块块组织体系

从直接责任方来说，城市政府是具体执行城市管理与服务职责的主体，负责维护所在城市的安全有序稳定运行，有效处理城市运行出现的各类问题。住房和城乡建设部"三定"方案第五条已经明确把城市管理的职责和体制决定权交给城市人民政府。城市综合管理的职责属于城市人民政府，市长是城市管理的第一责任人。因此，城市政府必须建立城市综合管理协调机构"城市综合管理委员会"，统筹协调本市所有涉及城市基础功能和公共空间管理的部门和单位。城市综合管理委员会应由市长担任主任，分管副市长担任副主任，城市综合管理局局长担任办公室主任，兼任市政府副秘书长，相关部门和单位负责人担任委员。

3. 专业支撑体系

城市综合管理专业支撑体系是指城管系统的主要事业单位，为城市管理提供专业支持，促进城市管理的专业性、科学性。主要包括城市综合管理指挥中心、城市管理专家顾问委员会、法务委员会、科研技术鉴定中心、培训中心等。其中城市综合管理指挥中心是由城市政府、城市综合管理委员会组织建设，设在城市综合管理局内，作为城市政府、城市综合管理委员会、城市综合管理局统领本市城市综合管理工作的抓手。城市综合管理局应设立城市综合管理专家委员会或顾问组，提供理论支持和决策咨询。城市综合管理科学研究与技术鉴定中心主要负责对各种损害城市基础功能设施和城市公共空间的行为进行技术鉴定，作为行政处罚的技术依据，城市政府以适当方式赋予其法定效力，特别适用于一些简单、快速的鉴定。

4. 服务支撑体系

城市管理的服务支撑体系主要是城市综合管理的关联企业，为城市提供基础的功能服务。该服务支撑系统包括城市内部的市政服务企业，如交通运输公司（核心是城市公交企业）、给水排水公司、燃气公司、园林绿化公司、电信公司、电力公司、垃圾处理厂、污水处理厂、市容环卫公司、供热公司（热力公司）等。由于上述市政服务企业提供的服务，保障了城市的健康运行和良好秩序，所以必须列为城市管理常年监控的对象。部分市政服务可以由政府特许经营，把城市基础设施的运营管理任务通过招、投标发包给市场主体，政府只负责对其进行监管，以摆脱城市基础设施运营管理的高成本、低效率现象。还有些企业可由其他政府部门管理，但必须纳入城市综合管理部门统筹协调范围。

5. 社会支撑体系

城市综合管理的社会支撑体系体现的是人民城市人民管的思想，因此应构建社会公众、市民团体参加的渠道。通过建立城市管理志愿者协会，号召关心支持城管工作的普通市民作为城市管理志愿者，为自己生活的城市贡献一份力量。不仅可以大大提高城市市民的文明程度，还有助于减少城市综合管理的违法案件发生并节约城市管理成本。

6. 公共财政支撑体系

城市综合管理是完全公益性的行政行为，必须由城市政府财政充分投入。不仅要保证管理和执法人员主体是公务员，也要保证事业单位全额拨款，还要保证城市综合管理服务作业企业可获取社会平均利润。

7. 社会监督支撑体系

城市综合管理委员会具有指导、监督、协调等职能。同时也接受党政体系内部纪检、监察、审计、行风、组织等监督和社会监督。构建社会监督体系，应设置公众参与体系，负责对城市管理工作的监督。社会监督主要包括：新闻媒体监督和群众监督。如，听证会制度就是一种公众参与性高的社会监督。听证会制度有利于城市管理部门了解民意并改善城市公共服务，促进决策的透明化、民主化、科学化和规范化。听证会制度的建立，既为公众参与提供了必要的制度保证、政府与公众民主沟通的途径，又形成了监督决策行为的机制。

六、现有体制创新的重点与难点

习近平总书记曾提到："不少干部的思想观念和知识结构还不适应城市发展要求，主要靠过去的经验管理城市，甚至是靠主观意志和个人偏好管理城市，造成不少城市或多或少留着个人印记。"这就说明，城市管理工作的开展，必须随着城镇化进程推进、社会经济发展、人民物质文化生活需求、资源环境变化、科技发展水平提高、现代技术的应用等各类要素变化而不断调整和优化提升。

当前，我国城市管理体制创新，重点在于：一是要因地制宜，根据城镇人口和建设规模的大小、中西部差异、区域地理条件差异、资源环境脆弱性差异、城市内部老旧区域差异等因素，匹配适宜地方实际的管理体制和机制，在生态优先、服务于人的前提下，合理配置管理力量；二是要因时而异，随着人口流入流出带来的常住人口的变化、公共设施使用折旧损耗情况、自然环境变化对公共设施应对灾害能力要求的提高、现代技术应用对管理人员数量、素质和岗位的影响条件的变化，不断优化调节管理手段和力量，不断调整各类工作规范和标准。

城市管理体制创新，难点在于：一是处理好各部门之间的协调共治，共同解决一些职责交叉范围内的问题，需要探索行之有效的长期协调工作机制；二是处理好规划建设与管理之间的协调问题，尽可能在规划建设阶段化解掉一些管理过程中难以解决的问题，同时在规划建设中尽量避免出现一些不适宜居民使用、影响城市正常运行的、会对后期管理造成难题的建筑、空间和设施，尽力做到定制化的规划建设，避免"纸上谈兵"，使规划建设更加"亲民实用"（表5-2）。

我国城市综合管理体制创新难点　　　　　　　　表5-2

类别方向	问题难点	案例城市	问题表现
城市综合管理委员会体制	1.协调机构权威性的保证 2.部门职责的划分与明晰 3.制度化的保障措施	泰州，淮安，上海	1.部门职责的界定不清导致城市综合管理协调困难 2.领导注意力的转移导致城市综合管理的效率下降
城市治理体制	1.治理体制的建立 2.法律法规的保证 3.市场化、社会化参与的规范	南京，西安莲湖区	1.南京的城市治理委员会没有清晰的明确其职责权限 2.我国公民参与城市管理困难，没有明确的参与渠道 3.尚未建立具体的法律法规保障城市利益相关者的利益表达 4.我国市场经济体制不太成熟 5.我尚未形成成熟的公民社会
城管综合执法体制	1.统一法律法规的缺失 2.各个执法主体职责的界定与协调配合 3.城管执法的社会冲突不断	北京、上海等绝大多数城市	1.人们对于城管执法法律依据的质疑 2.城管执法中社会冲突不断 3.城管执法机构的混乱
社区自治体制	1.社区自治体制的构建 2.社区居民参与积极性的界定 3.基层政府与社区自治主体的关系 4.社区自制的资金来源	北京，上海等城市	1.社区自治主体的单一 2.社区自治经费的短缺 3.社区成为基层政府的办事机构而无法发挥城市基础自治主体的功能

第六章

城市综合管理协调机制构建

城市综合管理因涉及部门众多，需要在第一层次进行统筹协调，建立城市综合管理委员会机制。可以仿效美国国土安全部在2005年新奥尔良飓风大灾后建立的政府部门间公务协助机制，在城市政府层面制定《城市综合管理公务协助规定》，将涉及城市综合管理的行政部门和其他相关单位纳入到城市综合管理工作体系，明确工作职责、工作规范、赏罚标准。

为了避免可能因城市领导者变更带来的对城市综合管理运行的影响，城市综合管理职责分工、公务协助机制和考评和奖惩办法可以通过人大审议、城市政府颁布规定等形式进行固化。

一、协调机制构建缘起

（一）理论必要性

从城市行政运行规律看，权责相应是行政配置的基本要求。当出现权责不等时就要建立协调机构或机制，并保证其有效运转（翟宝辉，2012）。城市专门管理的权责基本上是一致的，而城市综合管理则很难权责一致。因此建立由市长定期协调、城市运行管理相关部门参加的高位协调机构，建立城市综合管理的协调机制成为各城市的不二选择。

（二）现实需求

1. 部门之间的壁垒

我国的行政管理实践表明，部门之间往往存在利益冲突和壁垒。一是部门利益的驱使。从实际看，一个部门所具有的行政权力通常代表了该部门的地位和利益。行政权力受到影响就意味本部门的地位和利益受到威胁。在城市综合管理的多个领域中，都有其他相关部门的身影。这些部门要么不愿意放弃在这些领域的权力和影响力，要么拱手让出本应负责的无利职责。二是部门沟通的障碍。我国各行政部门归由不同领导分工负责，除非部门领导主动沟通交流，两个平等的部门之间一般不承担沟通交流义务，这就造成了部门间所持有的信息不共享，管理易冲突。因此，在城市综合管理这个多部门事务中急需构建交流、协调的平台。

2. 控制合力的方向

要让涉及城市综合管理的各部门有一致的目标，需要建立协调机制。城市综合管理的效果如何，要看城市基础功能和公共空间的管理水平，但各部门在城市基础功能和公共空间方面的成败得失又有什么样的评价机制、评判标准呢？一个部门的评判标准未必适用于其他部门，这需要部门协调者建立统一的评价标准。此外，为了促使各部门共同推动城市建设，提高城市基础功能和公共空间的管理水平，也需要有协调机制来确保统一的目标，控制各部门合力的方向。

3. 权力职责的划定

城市综合管理部门与其他部门在城市管理中的权责范围没有统一划分。目前，城市综合管理工作并没有专门的一部《城市管理法》来指导，而是参照非常有限的法规、部门规章，如《城市市容和环境卫生管理条例》《城市绿化条例》《城市道路管理条例》等进行。各地还制定了许多地方性条例，法规差异大，难以系统化。而且，政策文件对城市管理的权责调整也与部分现行法规相冲突。

2008年，住房和城乡建设部的"三定"方案明确指出："将城市管理的具体职责交给城市人民政府，并由城市人民政府确定市政公用事业、绿化、供水、节水、排水、污水处理、城市客运、市政设施、园林、市容、环卫和建设档案等方面的管理体制。"这就给了城市政府划分部门权力职责的巨大自由空间。

在划定各部门的权力职责时，一般表现为两个趋向：一是各部门都争取行政权力大、部门利益多的环节和领域；二是各部门尽可能推出任务重、责任大、棘手困难的部分职责。但各部门地位平等，权力职责划定后相互联系减少，因此需要有高于各部门的统一协调机制。

（三）实践探索

设置城市综合管理委员会（办公室、指挥部）的形式各地早有探索，调研中我们也进行了归纳和分析，可以归纳为两大类：一类是协调城市管理中的所有事务，包括规划、建设、管理的各个环节；一类是协调城市管理中相对集中的行政处罚权。但无论是哪类机构，在实际操作中都把规划、建设、管理职能交叉使用。奥运会、亚运会、世博会、花博会举办城市无不如此。

所以，城市综合管理委员会不能仅仅是一个协调机构，也不能把城市综合管理局变成第二个城市人民政府，而是应当有选择地集中职能，使这个机构在行政配置中有足够的位置。通过城市综合管理委员会的协调机制实现城市管理的全覆盖。

二、构建协调机制的思路

构建为城市综合管理提供支持的协调机制和公务协助机制，是开展城市综合管理工作的关键，是城市综合管理的客观要求，也是构建城市综合管理体制中的必要环节（翟宝辉，2012）。

（一）明晰各部门职责

明晰各部门的职责是协调机制的主要内容，也是确定各部门协作关系的保证。以调研了解到的一个事件为例，占道经营侵占了城市道路的公共空间，影响了城市道路运输的基础功能，但对于同样一件事，各部门会有不同的看法。城市综合管理部门认为规划部门设定的集贸市场的数目、规模或选址不符合实际需要；规划部门认为没有处理好占道经营是城市综合管理部门的失职。之所以会产生各部门互相推诿的现象，一个重要原因是在城市综合管理领域中没有明晰各部门的职责，职责没有写入正式文件中，没有可执行的规范。

在实践中如何明晰各部门职责呢?以泰州市的做法为例。江苏省泰州市在建设和运行数字化城市管理系统时，为确保数字化城市管理的实施达到分工明确、责任到位的工作效果，制定了《泰州市数字化城市管理指挥手册（试行）》。进一步明确了数字化城市管理部件、事件的归属和区级政府（管委会）、市各相关职能部门、专业公司在数字化城市管理中的主要职能以及街办（乡镇）、社区（居委会）在数字化城市管理中的主要职责。各区级政府（管委会）、各部门、各单位都要按照指挥手册的要求，履行职责，主动协同配合。同时确定了六个区级政府（管委会）、二十七个相关单位、五大专业公司为数字化城市管理职能部门，把各部门的职能都清楚地列在指挥手册中。

（二）协调者的地位

城市综合管理部门与其他部门是平级的，没有上下级之分。要让所有城市综合管理相关的各部门能接受协调，并按照协调去执行，则要求协调者的地位应高于各部门。这与前文中讲到美国在"卡特里娜飓风"后制定《卡特里娜飓风后应急管理改革法》，确保联邦应急管理署的独立性并提升其部门地位，是同样的道理。再以北京"08环境办"为例，为了给奥运会塑造良好的城市环境，成立了北京市"2008"环境建设指挥部。这个新成立的组织却很好地指挥协调了各部门，推动城市建设和管理，效果十分显著。"08环境办"之所以组织协调有力，是因为2008年北京奥运会意义非凡，各级领导高度重视，"08环境办"有着很高的权威，各部门都会配合。因此，在城市政府设定城市综合管理协调机构时，要考虑协调者的地位和调动能力，市长和分管城建的副市长是合理的人选。

（三）制度化的公务协助

有个现象值得注意，城市政府有时会因为某些重大事件开展专项整治、部门联合执法等活动，城市的容貌和秩序得到了明显的改善。但是达到整改效果或领导注意力转移后，城市容貌和秩序短时间又倒退到原有水平。这说明，城市政府完全有能力把城市管理得很好，但缺乏持久性和稳定性。专项整治时的部门协作没有固定下来，没有成为恒常稳定的制度框架。

可以借鉴美国的国土安全部在"卡特里娜飓风"后的做法，用《国家反应框架》明确各级政府部门职责，建立政府部门间公务协助机制（周坤，翟宝辉，2010）。可以在城市政府、城市管理委员会的主持下，制定《城市综合管理公务协助手册》，将涉及城市综合管理的综合管理部门、专门管理部门、相关单位纳入到城市综合管理工作体系。

（四）激励因素的设计

协调机制要发挥各部门的积极性，就需要对激励因素进行设计。以财政投入为奖励是设计激励因素的常用方法。激励因素的设计要兼顾当地政府的财政情况和激励效果。且设计各部门绩效的评价标准时应该考虑公众意见，以公众的实际体验和利益诉求为基础，公众的满意度是评判城市综合管理工作成败得失的标尺。

在调研中发现，江苏省淮安市综合城市管理的激励机制具有创新性，也发挥了比较好的效果。其组建的淮安市城市管理委员会作为城市综合管理的协调机制，由5个区政府和14个政府部门组成。建立了完善的评价指标和考核办法，制定了详细具体的考评细则及计分方法。根据绩效评价结果和实际管理成效，进行奖惩激励。由城市管理委员会办公室定期、不定期组织明察暗访，对各区和各部门落实长效管理17项内容的情况进行检查和考评。每月、每季度、每年召开考评情况点评会，在各新闻媒体公布各区和各部门的考评成绩，按得分情况评选出优秀、合格、不合格三个等次。同时制定了具体的奖惩措施，清河、清浦两区按年度分别缴纳200万元保证金，其他各区按年度缴纳100万元保证金，各区党政负责人缴纳2万元，市直有关部门负责人缴纳1万元保证金。凡评为优秀的集体，市政府对区政府在返还保证金的基础上等额奖励；对区和市直部门的负责人，市政府在返还保证金的基础上双倍奖励。凡评为合格的集体，市政府全额返还保证金，对主要负责人在返还保证金的基础上等额奖励。凡评为不合格的区和部门，集体和个人保证金全额扣除。另外，对群众举报、媒体曝光、领导指出的积存垃圾等具体问题由城市管理委员会办公室责成责任单位限期整改，逾期不改或整改不到位的，由委员会办公室委托有关单位施行有偿代办，相关费用由直接责任单位承担。强化对市财政出钱管理的公厕、垃圾中转站、游园绿地、广场、道路等市政公用设施的检查考核，如考核不合格，由委员会办公室通知市财政酌情扣减。

三、两大协调治理机制的建立

（一）城管委领导下的公务协助机制

公务协助，是现代政治文明的重要标志。所有政府部门，都需要其他政府部门提供一定的协助才能够完全履行好职责。在城市政府、城市管理委员会的主持下，制定《城市综合管理公务协助手册》，将涉及城市综合管理的综合管理部门、专门管理部门、相关单位纳入城市综合管理工作体系，明确工作职责，明确工作规范，明确赏罚标准。有些单位公务协助量较少，偶尔提供协助即可，有些单位需要经常地、不断地、反复地提供公务协助，应设立相应机构为城市综合管理部门提供常态化公务协助（比如淮安市公安局城管公安分局）。公务协助，不是要互相取代，而是将工作上的相互配合关系制度化、法定化。建立健全行政执法和刑事司法衔接机制，加强与国家公安机关、检察机关和审判机关的沟通与联动、机构派驻，出台执法协作规定。实施"综合行政执法＋公安保障"联动机制。对以暴力、威胁方法阻碍城管执法人员依法履行职务的行为，公安机关应及时做出处理，逐步实现由公安人员纠正违法行为。

　　制定《城市综合管理公务协助手册》，有利于相关部门树立起现代政治文明理念。主要内容包括：城市综合管理部门与相关政府部门、有关单位分别签署的《城市综合管理公务协助协议》；城市政府批准执行所有《城市综合管理公务协助协议》的文件；城市综合管理委员会汇总细化的各部门、单位职责、考核标准、赏罚措施。

专栏十

美国应急管理公务协助机制的借鉴

　　2005 年 8 月 25 ～ 31 日，"卡特里娜飓风"登陆美国西岸，对新奥尔良市造成了严重的破坏。官方统计的死亡人数达到 1836 人，失踪 705 人。经济损失超过 960 亿美元。

　　此次灾害救援中，联邦、州、地方政府机构反应迟钝、相互推诿、救灾不力，饱受民众指责。特别是负责灾害应急管理的联邦应急管理署（FEMA）组织协调不力，暴露了应急管理中部门间协调不够的弊端。

　　"9·11"事件后，美国成立国土安全部，将 22 个联邦部门并入，FEMA 也成为国土安全部的下级机构。FEMA 在灾害响应和恢复过程中属于有关联邦机构之间的联系人、协调者，并作为灾害时州和地方政府联系联邦政府的唯一部门，在灾害现场协调过程中，应急管理署任命的联邦协调官不能对相关各部门派出的协调员进行有效的组织协调，各部门协调员更倾向于向本部门领导汇报并听从其指挥。FEMA 的上级国土安全部也不能指挥联邦其他部门机构。而且，美国的联邦制以联邦和州、地方政府的分权为特征。各级政府之间实行职责异构，即联邦、州、地方政府职责明确划分，各自在职权范围内行事，联邦管不了州和地方政府。联邦政府尊重各州的权力以及州长在本州指挥和协调的权力。只有灾害严重到救援行动超出了本州能力以及受影响地方政府的能力，由州长向总统提出请求宣布为重大灾害，否则联邦政府不能直接介入救灾工作。因此造成了作为负责灾害救助的管理部门，国土安全部及 FEMA 难以调动联邦、州、地方政府机构的资源，灾害救助缺乏统一的指挥和协调。

根据"卡特里娜飓风"抗灾救灾的经验，针对联邦政府抗灾体制中暴露出来的缺点，美国于 2006 年 10 月颁布了《卡特里娜飓风后应急管理改革法》，特别强化了联邦应急管理局的职能，确保 FEMA 机构和职能在国土安全部的完整性和独立性，提高到与美国海岸警卫队和美国保密局在国土安全部的独立机构地位相同；新设立了政府部门间信息共享和协作办公室。

2008 年 3 月，美国国土安全部发布最新的《国家反应框架》，相当于一个国家层面实施应急支援时的联邦应急预案框架，强调突发灾害事件的应对是各级政府、私人机构和非政府组织、社会公民共同的职责。如果发生灾害和紧急事件，国土安全部及联邦机构和地方各级部门就必须根据《国家反应框架》相关程序立即做出反应。

这些重新设计的公务协助机制，提高了国土安全部，FEMA 与其他部门的协调力度，有效地提升了政府部门灾害应急管理的效率。在 2007 年 10 月加州发生的森林大火应对处置中各部门配合一致，很好地应对了这次灾害，该机制得到了实践的检验。

虽然突发灾害应急管理与日常的城市综合管理有很大不同，但灾害后建立的公务协助机制却对构建城市综合管理协调机制具有很好的借鉴意义。灾害前，负责应急管理的国土安全部没有针对联邦、州、地方政府机构的指挥权。协助机制确立后，一是提升了联邦应急管理署的部门独立和部门地位，为协调其他部门奠定了基础，二是用《国家反应框架》确定了各级政府部门在灾害中的职责，确定了各部门的关系，协调起来更为容易。

因此，构建城市综合管理协调机制可以仿效这种公务协助机制，用制度确立城市综合管理部门在城市综合管理工作中的地位和权力，确立各政府部门的职责，并确立各政府部门与城市综合管理部门的协调配合关系。

来源：周坤，翟宝辉．"大城管"视野下的政府协调与公务协助机制［J］．上海城市管理，2010，19（3）：17-21．

（二）规划 – 建设 – 管理的问题前置导向机制

提升城市管理水平，应理顺规划、建设、管理等部门的关系。城市规划、建设与管理既有工作时序上的前后连续性，又有工作性质上的互动互补性。城市规划、建设、管理工作由一位副市长分管比较有利于工作，由一个部门统管比较有利于理顺管理体制。在目前城市规划建设管理机构分设的情况下，应该强调将城市管理提前介入到城市规划、建设工作中，城市规划、建设工作中，也应当提前兼顾考虑到城市管理工作。以高水平的规划来调控城市建设，以标准化管理实现城市有效运转。城市规划编制和建设设计时，提前征求城市管理部门的意见，将城市管理中的某些问题在规划和建设之时进行规避，更加有利于城市发展。

第七章

城市综合管理的支撑体系

除了构建城市综合管理的体制机制外，还需各领域积极推进四大专业支撑体系的建设与完善，即信息化、规范化、标准化和法制化；构建多元化社会公众（共）监督体系；促进各类保障措施的规范与落实。当前有很多城市，如泰州、佛山、西安等，都在尝试使城市综合管理机制有效运行的途径，积极探索精细化、规范化、标准化管理方法，取得了很多成功经验。

一、规范化行为准则的设立

强化城市管理规范化。建立与城市发展水平相适应的城市管理运行规范、执法标准和评价体系。管理行为上，明确操作流程，规范行政许可、处罚、强制、征收、收费、检查等行为。执法程序上，建立执法全过程记录制度，依法保障管理对象的合法权益。执法资格上，实行持证上岗和资格管理制度，建立"准入、退出"机制。自由裁量权上，建立健全城市管理裁量权基准制度，细化、量化裁量权标准，规范裁量权范围、种类和幅度。城市综合管理规范化具体内容要求见表7-1。

城市综合管理规范化的具体内容要求　　　　表7-1

类别	内　容	要　　求
宏观	法律规范的制定	城市管理的法制化
	组织规范的保障	完善的组织保障体系
微观	程序规范	除必须严格执行《行政处罚法》规定的各种程序外，还必须严格执行其他法律、法规规定的程序
	行为规范	1.体现国家公务人员的严肃性 2.体现人民公仆的服务意识 3.体现普通公民的生存意识

续表

类别	内　容	要　　求
微观	形象规范	增强城市综合管理系统执法者以及工作人员的文化认同感、职业荣誉感和队伍凝聚力
	方法规范	1.工作实践中积累行之有效的方法 2.学习借鉴其他城市行之有效的方法
	考核赏罚规范	三个层面： 1.城市综合管理工作人员 2.二级单位和执法大队中队 3.城市综合管理公务协助部门单位

（一）程序规范

在实际工作中，行政执法权既有行政处罚权，又有行政强制措施权，还有行政收费权、行政处理权、行政指导权、行政处分权等多个方面。因此，在实施综合执法时，除必须严格执行《行政处罚法》规定的各种程序外，还必须严格执行其他法律、法规规定的程序，否则，将会导致严重的法律后果。

（二）行为规范

在执法人员行为规范上，一是要体现国家公务人员的严肃性，国家公务员代表国家机关的尊严和国家法律的威严，言行举止都要符合作为国家公务人员的基本要求；二是要体现人民公仆的服务意识，国家公务员也是人民的勤务员，执法人员要提升业务素质，加强自身修养，坚决摒弃简单粗暴的执法方式，礼貌待人，态度和蔼；三是要体现普通公民的生存智慧，国家公务员也是人，在执法过程中遇到人身伤害危险时，也要学会自我保护，根据现场情况灵活处置，任何情况下都要避免和群众发生肢体冲突。

（三）形象规范

形象规范是为了增强城市综合管理系统执法者以及工作人员的文化认同感、职业荣誉感和队伍凝聚力。形象规范主要包括统一的城管执法标志、职业服装和办公场所装饰风格。作为执法人员，特别是城市综合管理执法人员需要上街执法，需要与公众广泛密切接触，执法人员形象直接影响公众对城市综合管理部门的信任感和亲切感。

（四）方法规范

城市综合管理部门在执法过程中，方法往往决定执法效果。方法不当，甚至会酿成悲剧。比如2009年发生的成都拆迁自焚事件，就是方法不当酿成的悲剧，如果像西安一样拆迁之前先宣传、先清场，拆迁过程中加以警戒，拆迁之后进行心灵抚慰，成都拆迁自焚事件就可能避免。

建立规范化的文明执法的方法体系，对于做好城市综合管理工作至关重要。再难的工作，都有解决的好方法。首先是要在自己的工作实践中积累行之有效的好方法，其次还要学习借鉴其他城市行之有效的好方法，然后总结梳理形成方法规范。

（五）考核赏罚规范

根据城市综合管理体制的特点，考核赏罚制度有三个层面：一是面向城市综合管理工作人员，参照国家公务员的考核赏罚要求并结合实际情况进行。对于暴力执法的工作人员，应当从重处罚；二是面向各二级单位和执法大队、中队，考核赏罚关系到部门领导的业绩和集体荣誉，规范是必不可少的；三是面向城市综合管理公务协助部门、单位。没有规范的考核赏罚制度很难调动积极性、形成凝聚力。

二、标准化管理体系的构建

标准化是为了在一定范围内获得最佳秩序，对现实问题或潜在问题制定共同使用和重复使用的条款的活动（李冰，2013）。在国民经济的各个领域中，凡具有多次重复使用和需要制定标准的具体产品以及各种定额、规划、要求、方法、概念等，都可成为标准化对象。它可分为两大类：一类是标准化的具体对象，即需要制定标准的具体事物；另一类是标准化总体对象，即各种具体对象的总和所构成的整体，通过它可以研究各种具体对象的共同属性、本质和普遍规律。

管理标准化，以获得最佳秩序和社会效益为根本目的，以管理领域中的重复性事物为对象而开展的有组织的制定、发布和实施标准的活动。通过建立标准来约束执行者的业务活动，一般而言，标准的建立来源于大量同类业务所产生的最佳实践活动的总结。

城市管理标准化即是以获得城市基础功能的最佳发挥，达到城市公共空间最有序管理为根本目的，以四大功能和公共空间为对象，按标准化的原则、方法来实施管理的活动（宋刚，2015）。包括对城市管理目标的量化、管理标准的细化、管理流程的规范、管理责任的明确等。以此，增强各级、各部门城市管理工作的责任感和紧迫感，调动社会各方面力量管理城市的积极性，增强广大市民的环境意识和责任意识，全面提升城市管理水平，使城市管理工作进入标准化、精细化、制度化长效管理运行轨道。

（一）我国城市管理标准化现状

近年来，许多城市开展了城市管理标准化的实践，一些城市在推行精细化城市管理的过程中，将标准化作为精细化管理的重要抓手。比如：西安市莲湖区以标准化理念作为城市管理工作的重要抓手，着力解决当前城市管理工作中普遍存在的薄弱环节和具体问题，积极探索出了一条城市综合管理的新路子。在深化数字化城管、标准化执法、市容环卫标准化管理的基础上，莲湖区以推进城市管理标准化为着力点，将标准化理念由城管执法延伸至城市管理的各个方面，从城市管理的持续性、长期性出发，使城市管理从突击型、临时型向长效型、规范型转变，切实提高城市管理能力和执行能力。莲湖区在55个执法和行政管理部门全面推行标准化，加快推进城市管理机制创新，以法律和制度为依据，将质量标准引入城市管理。目前16个试点中心示范单位已率先在认真梳理各自业务工作并挖掘工作亮点的基础上，通过建章立制、细化标准、量化目标、明确职责，共同编制完成城管执法、城市网格化管理、市容环卫管理、流动人口管理、居家养老服务、安全生产、健康管理服务、生活垃圾收集清运、窗口服务等管理标准120件，以及城市管理监督员、保洁员、个体工商户管理岗位、质量管理岗位、廉租房审核岗位等工作标准62件。基本涵盖了各职能部门日常工作及核心业务，初步构建了依法规范、全面覆盖、资源共享、运行高效的城市管理新机制。

为实现城市的标准化、精细化管理，南京市从2013年7月1日起正式实施标准化长效管理。2012年11月，南京市公布了《南京城市综合管理标准化建设工作实施方案》，未来南京将努力实现城市综合管理标准化全覆盖，在全市范围内，每一个管理部门、行业、单位，乃至每一个社区、居民小区、经营市场、企事业机关单位等都将有自己的管理标准及执行制度，使得城市管理工作进入标准化、精细化、制度化长效管理运行轨道。《方案》明确，制定标准的内容主要涵盖：城市主次干道管理，背街小巷管理，市政设施管理，江河湖塘管理，公厕、单位（机关、企事业）责任区（院落）管理，公园、市民广场、公共交通管理，居民小区，窗口单位，体育、展览等场馆等。

《岳阳市城市标准化管理实施方案》囊括了城市管理的环境卫生、园林绿化、市容秩序、市政设施、破占道路、广告管理、路灯照明等城市管理公共服务工作的方方面面，每一个方面的工作标准都在此《方案》中一一细化。

贵州清镇城市精细化管理围绕市容环境、交通秩序、旅游景区、园林绿化、街巷院落小区、建筑工地、城市环境保护、市场秩序、娱乐场所、乡镇环境等10个方面，明确了10项具体的细化管理内容、43项工作标准和109项任务指标。

石家庄市裕化区发布了《裕华区城市精细化管理标准手册》，其中涉及市容环卫、广告牌匾、园林绿化等13大类、174项操作标准。这些都是以标准化建设提升城市管理精细化水平的重要举措。

（二）城市管理标准化存在问题

1. 城市管理标准化体系尚未建立

科学合理的标准化体系应该包括组织保障体系、标准化管理体系、网络化监管体系、数字化技术体系、社会化服务体系以及标准化执法体系。目前，大部分城市管理标准化还停留在各行业分别建立、完善标准阶段，还没有建立起一套统一的标准化管理体系。目前，南京、西安、石家庄、岳阳等城市陆续出台了城市管理标准化或精细化管理的实施方案，但在管理对象、范围、工作标准等方面均存在差异，大多以城市管理相关部门的管理与服务的标准化、规范化为主要内容，在配套的监管、社会服务、执法等方面还存在不足。

2. 市区两级事权不清、责权不明

城市综合管理要求明确各级政府部门的行政职责，各级管理各级的事物，避免城市管理过程中出现职责不清，任务不明，行政效率低下的现象。目前，城市管理中还存在市区两级事权不清、责权不明的现象，不利于城市管理标准化工作的开展（翟宝辉，2013）。比如，在城市管理工作重心下移、事权下放的形势下，有些市级单位将一些工作难做，没有收益的项目下放给区级政府、街道、社区。但在事权下放的同时，却没有配套资金支持，影响了区级工作积极性。

3. 管理资源没有较好整合，部门协调性不强

城市管理内容非常庞杂、工作综合性较强，涉及的部门较多、环节多，特别需要强调各部门的协调配合。目前，许多城市部门协调性不强，不利于城市标准化管理工作的开展。城市管理所涉及的城市交通、城市规划、工商管理、

市政管理等工作分散在多个政府部门，很容易导致职能界定不清、部门林立、多头管理、协调不力，管理和执法职责有死角有交叉等问题。在实际工作中表现为有利则争、无利则推、管理缺位、执法越位。

4. 标准设定缺少统筹，配套性与系统性较差

城市综合管理的效果如何，需要涉及城市综合管理的各部门有一致的目标，同时建立协调机制。目前城市管理标准化工作没有得到系统梳理，各地区、各行业进展不同，各项标准的设定缺少统筹，配套性和系统性较差，不利于整体工作的统一运行。单一部门的建设运维标准也不适用于其他部门，这需要部门协调者建立统一的标准体系。例如，在城市供排水方面，目前我国已有近200项标准规范。然而，有的城市在供排水体制改革实践中，出现了用流域管理、工程管理的思路来管理城市供排水，忽视城市供排水相关的技术标准规范和制度的现象，致使部分城市内涝频发、城市供水水质不达标、污水管网建设滞后、污水处理设施"晒太阳"等问题。又如，在城市地下管线管理方面，由于城市地下管线基本上是由各管线建设单位自行建设，各自进行封闭式管理，多头建设管理造成了管线建设标准不一，布局混乱，进一步导致了管理上的安全隐患。

（三）城市管理标准化体系的内容

构建城市管理的标准化体系，能够增强各级、各部门城市管理工作的责任感与紧迫感，促进城市的各项基础功能得到最大程度的发挥，是增强城市核心竞争力的重要组成部分。城市管理标准化是一套科学完整的系统，应该包括以下五个部分。

1. 信息的标准

信息的标准主要分为两类，信息自身属性的标准，即在城市管理过程中信息的时效性要求和信息的公开性要求。其次是对采集的信息内容的标准化要求，在城市综合管理的实践中，主要指城市地理空间信息，城市部件信息和城市运行管理相关信息。具体如表7-2所示：

信息标准的具体要求　　　　　　表7-2

分类		内容要求	作　用	方　式
信息的属性的标准	时效性	及时地采集数据和分析数据，及时地实现数据的更新	1.提高城市管理的回应性 2.提高管理的有效性、策略的合理性 3.实现精细化管理的要求	制定信息采集的工具、方式、更新标准
	公开性	1.城市运行相关信息的公开 2.政务信息的公开性	1.增加公众对于政府工作的信息了解程度和对政府工作的理解 2.推动公众参与的程度	1.定期收集信息、上报数据，并且能够通过互联网公开信息 2.网络和公告等形式的政务信息公开
城市属性的信息	部件信息	实现部件管理的信息化，部件属性信息的标准化	精细化管理的需要	1.对部件进行相应的分类编码 2.对部件属性信息的标准化
	地理空间信息	1.地形图信息的标准 2.单元网格的标准 3.地理编码的标准	实现城市管理的精准定位和精细管理	1.制定相应比例尺的地形图信息 2.按照相应规则进行单元网格划分 3.按照一定规则进行地理编码
	城市运行信息	1.城市运行中的事件信息 2.信息采集、事件处理、监督评价的信息化	城市管理指挥中心决策、指挥的依据	事件信息的分类及编码

2. 部件管理标准化

部件管理是对城市"物"的管理，主要是对城市市政管理公共区域内的各项设施的运行管理，即城市管理诸要素中的硬件部分，主要包括道路、桥梁、水、电、气、热等市政公用设施及公园绿地、休闲健身娱乐等公共设施，也包括如门牌、广告牌等部分非公共设施，把它们统称为物化的城市管理对象。根据建设部《城市市政综合监管信息系统管理部件和事件分类、编码及数据要求》，部件的大类（表7-3）可分为公用设施类、道路交通类、市容环境类、园林绿化类、房屋土地类、其他设施类以及扩展部件类。

城市部件分类　　　　　　　　　　　　　　表7-3

大类名称	小　类　名　称
公共设施类	上水、污水、雨水、电力、通信、电视、热力、燃气、公安、中水、照明、公交、输油（气）、特殊、无主等井盖，电力、消防设施、雨水箅子、立杆、路灯、地灯、景观灯、报刊亭、电话亭、邮筒、自动售货机、健身设施、民用水井、供水器、高压线铁塔、变压器（箱）、通信交接箱、燃气调压站（箱）、监控电子眼、售货亭等
道路交通类	停车场、停车咪表、公交站亭、出租车站牌、路名牌、过街天桥、地下通道、高架立交桥、跨河桥、交通标志牌、交通护栏、存车支架、交通信号灯、交通信号设施、道路信息显示屏、道路隔音屏、交通岗亭等
市容环境类	公共厕所、公厕指示牌、垃圾间（楼）、垃圾箱、化粪池、灯箱霓虹灯、广告牌匾、噪声显示屏、环保监测站、气象监测站、污水口监测站、噪声显示屏等
园林绿化类	古树名木、行道树、护树设施、花架花钵、绿地、雕塑、街头座椅、绿地护栏、绿地维护设施、喷泉等
房屋土地类	宣传栏、人防工事、公房地下室等
其他设施类	重大危险源（加油站、液化气站、化学危险品销售点、易燃易爆等危险品销售点）、工地（正在建设或拆除已有建筑物的场所、水域附属设施、水域护栏、港监设施、防汛墙等）
扩展部件类	未包括在上述大类而又确需分类管理的部件的扩充

部件管理标准化是数字化城市管理的基础。主要是运用地理编码技术，将城市部件按照地理坐标定位到万米单元网格地图上，通过信息平台进行分类管理。该方法在勘测和定位标图的基础上，按照不同功能，将全部城市部件分类建立数据库，对每个部件加以编码，这些编码相当于城市部件的"身份证"，部件的名称、现状、归属部门和准确位置等信息都可以通过其编码在信息平台中查到。如，北京市东城区将所有城市部件分为6大类56种168339

个，每个部件小到井盖、路灯、邮筒、果皮箱、行道树，大到停车场、工地、立交桥、电话亭、公厕，全都有自己的身份代码，每个监督员对自己管理区域内的城市部件的数量、位置、所属社区、管理部门都能脱口而出。在部件标准化的基础上，只要一个部件出了问题，通过信息采集上报，立刻就会精准地反映到数字平台上，便于快速处理。在这种新模式下，问题处理时间已能精确到秒。

3. 事件管理标准化

事件管理，是对人为或自然因素导致城市市容环境和环境秩序受到影响或破坏，需要城市管理专业部门处理并使之恢复正常的现象和行为的管理。根据建设部《城市市政综合监管信息系统管理部件和事件分类、编码及数据要求》，城市管理事件（表7-4）可分为市容环境类、宣传广告类、施工管理类、突发事件类、街面秩序类以及扩展事件类。事件管理的标准化主要体现在管理目标的标准化、管理流程的标准化以及管理方式的标准化。

城市事件分类 表7-4

大类名称	小 类 名 称
市容环境类	私搭乱建、暴露垃圾、积存垃圾渣土、道路不洁、水域不洁、绿地脏乱、废弃车辆、废弃家具设备、非装饰性树挂、道路破损、河堤破损、建筑物外立面不洁、水域秩序问题、焚烧垃圾、树叶、油烟污染、动物尸体清理、擅自饲养家禽家畜等
宣传广告类	非法小广告、违章张贴悬挂广告牌匾、占道广告牌、街头散发广告、广告招牌破损等
施工管理类	施工扰民、工地扬尘、施工废弃料、施工占道、无证掘路、道路遗撒等
突发事件类	路面塌陷、自来水管破裂、燃气管道破裂、下水道堵塞或破损、热力管道破裂、道路积水、道路积雪结冰、架空线缆损坏、群发性事件等
街面秩序类	无照经营游商、流浪乞讨、占道废品收购、店外经营、机动车乱停放、乱堆物堆料、商业噪声、黑车拉客、露天烧烤、沿街晾挂、非法出版物销售、空调室外机低挂等
扩展事件类	未包括在上述大类中而又确需分类管理的事件

西安莲湖区事件管理的标准化探索

西安莲湖区突出体现在市容环卫管理标准化以及城市管理标准化执法两方面。

市容环卫方面，一是，管理目标量化。制定了《莲湖区市容环卫工作量化管理标准》等22项规章制度，从工作标准到工作要求，从作业范围到作业内容，从作业方式到作业时间，对涉及市容环卫工作的各个环节进行了细化和规范；二是，管理范围立体化。把管理范围从路面延伸到各种公用设施、人行道、绿化带以及街具、建筑立面和屋顶，在道路清扫保洁、建筑垃圾清运监管、生活垃圾收集与清运等方面，形成了从组织、实施到指标控制的一系列工作制度，建立了充满活力、富有效率、有利于城市环境卫生管理的工作机制；三是，设备人员专业化。建立人机联合作业模式，机械化清扫率达到47%，垃圾压缩站达到20座；四是，管理方式细化。在推行道路清扫保洁动态管理"五步工作法"，治理道路灰带"四步作业法"，建筑垃圾清运"六步管理法"等方面进行了探索，建立了指标设计、系统建模以及综合决策、执行和监督检查等的评价体系。

在标准化执法方面，实现普通行政管理向法制化模式转变。莲湖区用程序法规范执法行为，用自由裁量权标准压缩实体法的"弹性空间"，用司法的最终强制力和违法成本的付出实现长效管理，从而带动整个工作体系从普通的行政管理模式向真正意义上的法制化模式回归，实现了执法前端柔性化、执法行为程序化、自由裁量权标准化、执法过程透明化、职权分离廉洁化、行政强制司法化、执法平台信息化、队伍管理科学化，较好地破解了传统的执法手段存在的弊端，为实施有效城市管理执法找到了一种可供复制和推广的新模式。

来源：西安市莲湖区市容环卫、城市管理有关部门。

英国环卫事件管理标准化

　　垃圾收运和环卫作业都根据当地情况制定了标准，并全部公布于众，希望居民和各组织机构配合。当地议会负责道路清扫与废弃物的收集与处理。道路清扫时间根据各地情况确定。如威斯敏斯特市阿伯丁街，周一到周五清扫街道，周二、周六清洗人行道。

　　各地各类垃圾定时收集，频度根据实际情况确定，如威斯敏斯特市阿伯丁街，生活垃圾周二、周五 7:00 ~ 12:00 收集一次；可回收垃圾桶周五 8:00 ~ 14:00 收集一次；可回收垃圾袋周五 8:00 ~ 14:00 收集一次；可回收纸张周二、周四 8:00 ~ 14:00 收集一次；居民塑料瓶罐周一、周四 8:00 ~ 14:00 收集一次。

　　当地议会必须提供生活垃圾弃置场所或设备，如垃圾美容站、垃圾箱、垃圾袋等，当地居民免费放置生活垃圾。为收集可利用垃圾，大部分议会都提供一个专门的独立垃圾箱，专门收集。垃圾放错地方可能被罚款，政府鼓励举报非法利用垃圾箱或者飞掷垃圾行为。

　　危险废物处理有专门系统，在轮动垃圾箱上画上带叉子符号的物品提示不要在生活垃圾箱处置这些危险物品，包括一些对人的健康或环境有害的垃圾，如油、一些涂料、杀虫剂、节能灯泡等。针头、药剂、药品等医疗垃圾地方议会单独收集。政府通过各种媒体提示人们妥善处理过期或不要的药物，建议交给药店，因为他们会妥善处置，或者捐献一些尚在有效期的药物。

　　如果有大件垃圾需要处理，当地议会可以专门收集，大件垃圾收集需要付费，每个地区收费不同。如果当地议会没有这方面服务，则可联系一个商业化垃圾处置公司。商业客户的垃圾收集基本都是由商业化垃圾处置公司完成的，这些公司提供 7×24 小时全年服务，并可根据客户要求提供个性化服务。

4. 管理模式标准化

管理模式的标准化主要是指数字化、网格化的城市管理模式。

数字化城市管理主要是成立城市管理指挥中心，以城市单元网格为基础，以城市部件为载体，综合应用3S（GIS、GPS、RS）技术、空间数据库、网络通信、视频传输、地理编码等信息技术，集成城市管理部件和事件信息、城市其他管理资源等多种数据源，将信息技术与城市管理有机结合的城市综合管理系统（陈晓军，刘春，裴洪雨，2009）。该指挥中心以数字化信息平台为基础，在汇集市政园林、市容环卫、环保、公安、交通、城管、建委等部门的视频监控、信息数据接口，整合专业巡查队伍及相关资源的基础上，依靠对城市管理部件、事件的统一采集、统一调度、统一管理、多级联动、实时跟进，实现城市管理部门之间、层级政府之间、区域之间的协同配合、资源共享。部件、事件的标准化是数字化的基础，为数字化实施提供标准依据；数字化是标准化的延伸，为标准化实施提供信息化支持。数字化管理较好地解决了城市建设管理中条块分割、资源难以统一利用等问题。

网格化城市管理是数字化管理的基础，是将城市管理辖区按照一定的标准划分成网格单元，通过加强对单元网格的部件和事件巡查，强化城市辖区内的社会管理和公共服务的管理方法。网格的划分既要考虑到行政属地的实际情况，又要考虑到监管的效率，网格的大小要合理，不能太大管不过来，也不能太小降低效率。网格直接责任人应对网格内所有城管事件负总责，直接责任包括发现、处置和核查辖区内的城管事件。

5. 反馈处理标准化

建立一套完整的、闭合的部件、事件反馈处理标准化系统，有利于真正做到"第一时间发现问题、第一时间处置问题、第一时间解决问题"。

首先，综合多种力量，建立城市管理部件、事件的多元采集渠道。除了城管人员自查巡查、视频监视系统获得等主动采集外，还有电话投诉、网上投诉、信访投诉等被动采集。事件的提供者既可以是市民、企业、社团组织，也可以是各个城市管理职能部门。指挥中心接入事件后，根据事件信息确定是否要受理。

其次，城市管理部件、事件的分派与综合调度。对于要受理的事件，指挥中心将对其进行分派和调度。分派调度的具体流程（表7-5）为：① 指挥中心根据事件信息，将其分派到二级联动单位；② 二级联动单位根据事件性质，或者退回事件并说明理由，或者直接依法处理事件并办结回复，交由中心去审查结果，或者将事件分派到街道或三级联动部门办理；③ 三级联动单位负责在规定期限内办理分派下来的事件，并在完成后进行归档和向其上级回复或上报。

城市管理事件、部件管理体制中各级单位的属性与分工　　　表7-5

组　织	机构属性	角 色 分 工
监控指挥中心	城市管理指挥中心	负责将城市管理事件、部件进行采集、录入，把事件分派到二级联动单位；负责对退回案件进行再次分派，负责对事件处理进行催办、督办，负责在网上发布已经办结的事件信息
二级联动单位	各行政区或市政、国土、园林、环保、城管等职能部门	负责处理中心转发的事件，并向中心进行反馈，事件处理方式可分为直接办理和分派到街道或三级联动部门办理，负责管理范围内的，非中心转发的城市管理事件处理
三级联动单位	二级联动单位下属具体办案单位	负责所有事件在规定期限内的具体办理工作，并进行结案归档或向其上级单位进行事件办理情况回复或上报

第三，城市管理部件、事件处理的跟踪督察、督办。指挥中心对所有事件处理都进行相应的回访、监察、督办等。事件办完后，中心对结果进行审核，对结果符合要求的事件办结，对于不符合要求的进行补充退回处理（图7-1）。

6. 考评奖惩标准化

（1）考评内容标准化

结合城市特点，按照高起点、高标准、高质量的要求，建立具体和可操作的评价考核指标，通过指标考核，实现城市管理标准化。比如，莲湖区在市容环卫方面制定了《莲湖区市容环卫工作检查评比奖惩办法》对市容环卫工作进行评价。以道路清扫为例，规定：未按规定时间完成普扫的，每路段扣2分；清扫垃圾和门店前垃圾未按时清理的，每处扣0.5分；路段出现漏扫的，每百米扣1分；普扫不彻底的，每处扣0.5分；焚烧垃圾的，每处扣2分。

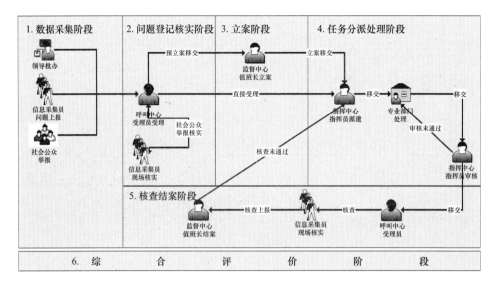

图7-1   标准化的部件、事件处理反馈系统

（2）考评方式标准化

按照工作全覆盖、推进全过程、督查全方位的要求，建立"阶段工作评估、区与区工作评比、规定项目评分、工作效果评价、总体工作评价"的评价机制。对城市管理情况进行日、月、季、年考核，并将考核结果向社会公布。

考评方法主要应包括综合评价、社会评价、专业评价和问题评估四个方面。综合考评主要包含工作效果、管理效能和创新创优三个方面，是市级、区级政府间、上级管理部门对下级部门或部门内部进行的考评。社会评价一般包括社会公众满意度调查、环境热线统计、志愿者信息反馈等内容。公众满意度调查方式可以采取向公众发放调查问卷，进行入户调查等方式，可以是政府部门去做，也可以委托第三方去做。专业评价是指由主管部门组织的专业检查评价机构按标准实施打分评价。问题评估是指根据媒体、群众投诉等渠道反映的城市管理问题进行评价。

考核手段上，运用信息化手段，借助数字城管平台，建立起数字化城市综合管理考评机制。可以把各项管理标准、责任部门、责任人、完成时限、考核内容、扣分办法等录入城市管理考评软件系统中，由指挥中心按照工作流程进行计算机考核管理。

考核方式上，广泛引入社会公众参与。可以引进社会中介机构，定期进行公开评价。开展城市管理满意度调查活动，充分利用市民沟通渠道，发挥城管热线、供水热线、公交热线、门户网站等作用，强化对市民反映情况的整改，形成市民评价、社会评价、专业管理机构评价的有机互补。让民意评价成为考核评价的重要检验尺度。

（3）检查监督标准化

采取日常巡查、随机抽查、联合检查、社会督查等方式，及时发现问题，促使采取必要措施，加快完成目标。同时建立热线监督、网络监督、市民监督、舆论监督、测评监督相结合的社会监督体系。

（4）奖惩办法标准化

按照"责任分解、责任到人、责任量化和责任追究"的原则，明确市、区级职能部门从局长到科室负责人，街办从主任到城管科长，公司从经理到员工的工作职责。根据各项考评结果，对表现优秀的区县、部门、单位、个人进行奖励，奖励标准要分层次。对考评不合格的区县、部门、单位、个人要进行处罚，处罚标准也要分层次。奖励方式有奖金、评优等，处罚方式有书面或公开检查、诫勉谈话、调整岗位、免职、解聘处理等。

三、社会化共治体系的形成

社会化城市管理是进一步发展的必然方向，有必要构建多元化社会共治监督体系。社会化城市管理是由城市管理的内容和范围决定的（翟宝辉，

2012）。由于城市设施量大面广，涉及城市运行安全的主要支撑系统都纳入城市管理的内容。如此庞大的城市运行系统的维护和广阔公共空间的有序使用需要全体市民和法人的共同努力。

构建多元化社会共治监督体系的方向和目标是：坚持服务为先、管理优化、执法文明三位一体，从源头减少矛盾产生；建设多元共治的社会治理体系，提高国民素质，培育社会组织，构建政府、企业、社区、社会组织、媒体、被管理者、公众平等参与良性互动的共同治理模式；推进城市管理市场化，以政府购买服务等方式，提高监管、监测等服务水平。

社会化城市管理包含两个方面的内容，一是专业化的机构通过社会化、市场化的方式进入城市管理领域，实现城市基础功能的专业化维护，二是由市民的自觉行为或自治来实现城市基础功能设施的正确使用和空间秩序的维护保持（翟宝辉，2012）。

（一）城市管理服务供给的市场化、专业化

专业化的机构通过社会化、市场化的方式进入城市管理服务领域，实现城市基础功能的专业化维护、供给。与城市综合管理的关联企业为城市提供基础功能服务，政府只负责对其进行监管，以摆脱城市基础设施运营管理的高成本、低效率现象。

发达国家城市管理的趋势是：机械化、专业化、市场化、社会化。由于人力成本逐年提高，必须用科技进步降低运行成本，尽量采用机械化作业，致力于提升专业化水平，提高运行效率。这里特别强调专业化，以垃圾收运为例，专业的公司干得快，干净利索、无遗撒，总干一件事儿，一定会找到降低成本、提高效率的方法。在没有能力大幅提高机械化率的阶段一定要强调专业化，引导专业化，培养敬业精神。国内很多城市在尝试，如上海、成都、东莞、宣城等，都有一些成功的经验。

深圳环卫行业市场化

1. 限定服务企业准入门槛

由市场主导形成服务市场主体，深圳市已有多元化清洁服务公司 1600 多家，从业人员近 10 万人。实行行政许可制度，未取得市城管局核发的城市生活垃圾清扫、收集、运输服务许可证的企业，不得参与环卫作业招投标。同时，由市清洁卫生协会对清洁服务企业分甲、乙、丙、丁四种等级进行资格等级评定。确定合理的外包合同期限。为培育环卫市场，保证企业的投资回报期限，规定人工清扫保洁、城中村清扫保洁外包合同期限为 3 年，垃圾转运站运营（含垃圾清运）和市政道路机械化清扫合同期限为 5 年。

2. 强化环卫作业过程管理

对市政道路清扫保洁实行统一标准、分类管理、按月考评，考核结果予以公示，财政部门根据城管局或街办的考评意见实行按质付款。将媒体、公众反映的环境卫生问题，以及日常巡查、竞赛检查、数字化城管发现的问题纳入对清洁服务企业的考核体系。环卫系统正式职工从具体清扫作业中脱离出来，转为监管人员，对清洁服务企业的作业人员配置、作业时限、落实清扫保洁制度等进行全程监督检查并落实奖惩。

3. 对清洁企业引入竞争淘汰机制

根据监管和考核情况，对环境卫生质量优良、遵守劳动用工和行业规范的企业实行加分制度；对环境卫生质量差、违反有关规定的企业，按照合同约定扣分、扣款、诫勉谈话等。合同期内每年进行综合考核，排在末位的实行减量淘汰或末位淘汰。实行减量淘汰时，减量比例为中标单位标段的 20%，减量的标段由综合考评第一名的服务企业承担。合同期 5 年内累计考评在最末位的进行整体淘汰，未被淘汰的可以再续签 5 年服务合同。

来源：王健民．谈深圳环卫作业市场化改革经验［J］．中国城市环境卫生，2011（3）：8-10.

**专栏十四**

美国凤凰城企业化、社会化城市管理模式

市议会—市政经理制已成为目前美国主流的城市管理模式，全美195个大中型城市中，有106个已经采用了市议会—市政经理制的组织模式。凤凰城是美国西南部最大的城市，也是近年来全美经济发展最快的大城市之一。凤凰城居民对市政管理的满意度接近90%，被公认是美国城市管理的典范。

1. 企业化的城市管理模式

市议会—市政经理制城市管理模式将城市类比为一个大企业，市议会相当于董事会，由全体市民选举产生，市长作为议会的代表相当于董事长。市政经理则是由议会选聘出来的专业人士担当，相当于"城市企业"的总经理。市政经理的服务期限不定，由市议会与被聘用的市政经理签约决定。市议会负责立法以及制定城市发展的大政方针，市经理班子仅仅是执行市议会的指令。决策体系与执行体系完全独立，每年度市政经理向市议会作执行报告。

2. 公共事务的企业化管理

市议会—市政经理制最主要的特色之一就是注重效率。市议会—市政经理制基本消弭了政党及其他利益集团对市政决策过程的影响，市议会负责处理政治矛盾和把握政策方向，而市政经理集中精力解决专业和技术问题，实行科学化、企业化、专业化管理；引入了市场竞争机制，能够更广泛地招揽优秀人才负责城市管理。

3. 广泛的公众参与度

市议会组织成立了近50个由市民及有关专家组成的专门委员会，委员会成员全部是市民志愿者。此外，市议会的所有会议向市民开放，政府通过各种方式预告会议议程，并通过政府电视频道及网站现场直播或滚动转播，会议期间市民可自由进入会场旁听会议，还可以在会上就关心的问题发表意见。某些政策的制定甚至完全由市民直接投票决定。

来源：方东华，陈珊珊. 国外先进城市管理模式及其对宁波的启示［J］. 宁波大学学报（人文科学版），2012（4）：103-108.

（二）城市治理的社会化、大众化

鼓励社会成员自治自管，参与城市管理服务与监督。城市管理的开放性适合引入社会支撑体系（企业、组织、社区、媒体、志愿者），体现人民城市人民管的理念。经济发展到一定阶段，市民参与城市管理的意识开始增强，加上城市老龄化社会的形成，一批社会力量无处发挥作用。把它引入城市管理，发挥和激励社会成员自治、自管，相互约束、监督，可以减轻政府管理负担，突破政府管理无法触及各个角落和所有节点的局限（翟宝辉，2012）。

城市管理社会化主要是政府协调第三方组织、私人利益集团、市民公众，以实现集体目标为目的，通过政府与市民、社会公共部门与私营机构的互动过程，以达成共同行动的策略。它反映了政府与市民社会、传统的约束与被约束、管理者与被管理者之间的新型关系。主要包括以下几点：

1. 推进社区自治

推进社区自治，是发展基层民主，使人民依法行使民主权利，实现自我管理、自我服务、自我教育、自我监督的有效形式。社区自治的具体事项，主要包括社区的公共秩序、民意表达、诉求反馈、邻里关系、居民服务、矛盾调解，以及社区消防安全监督、卫生维护和治安维护等。有了有效的社区自治，很多事务就不再需要行政手段和司法程序等公权力的干预，而可以通过社区各种利益相关者之间的民主协商和合作处理来解决。推进和实现城市社区自治，是当前公民社会转型的内在要求和基层民主发展的必然趋势，有利于降低行政成本和促进社会的和谐稳定。

通过成立社区自治协调委员会、培养选拔社区自治带头人、加强各类社区自治平台建设、搭建培育社区服务机构、建立健全社区自治机制、加强公民意识和市民素质培养等手段，大力推进社区自治的发展，并在此基础上逐步缩小公权力介入范围，切实解决城市管理职责范围过宽、力不从心的难题，最终实现城市管理工作的良性发展。

2. 鼓励非政府组织参与

非政府组织（NGO）是参与城市管理的一个渠道，在帮助社会弱势群体、增进社会容忍、维护社会稳定方面起着重要作用，有助于减少市场和政府行为的滥用。尽管我国各种社会组织数量增长较快，但鼓励NGO参与城市管理的政策相对滞后（表7-6）。

<table>
<tr><td colspan="4" align="center">我国社会组织数量　　　　　　　　　　　　表7-6</td></tr>
</table>

年　　份	社会团体（万个）	民办非企业（万个）	基金会（个）
2001	12.9	8.2	
2002	13.3	11.1	
2003	14.2	12.4	954
2004	15.3	13.5	892
2005	17.1	14.8	975
2006	19.2	16.1	1144
2007	21.2	17.4	1340
2008	23.0	18.2	1597
2009	23.5	18.8	1780
2010	24.3	19.5	2168
2011	25.3	20.2	2510
2012	27.1	22.5	3029
2013	28.9	25.5	3549
2014	31.0	29.2	4116

资料来源：根据民政部公布的社会组织发展统计数据整理得到。

影响NGO发展的因素也包括其自身的问题。如成立时间短并受到各种制约、自身能力不足、资金严重短缺等，以及社会公众意识不足，社会公益、志愿精神不能满足所需等也都严重限制着我国NGO在城市治理中发挥积极的作用。

为弥补城市公共厕所不足，更好地方便市民和游客，济南市城管局、市城管执法局创意发起了"厕所开放联盟"，并于2012年11月联合新闻媒体正式启动。目前，济南全市共有"厕所联盟"单位1000余家。厕所开放联盟从构成上讲，主要包括沿街的加油站、药房、宾馆、饭店和机关学校等企事业单位。在组织上，以城管部门宣传发动为主，围绕广泛深入开展好这项工作，市、区和街办城管部门结合日常工作，把动员社会开放厕所作为一项长期工作来抓，主动上门动员沿街单位、店铺向社会开放厕所。在管理上，厕所开放联盟建立了"一书两牌和五件套"管理办法，即由城管部门与加盟单位统一签订"文明公约承诺书"，统一张贴"导示牌和卫生管理制度牌"，并向联盟单位定期发放厕所开放备用品"五件套"（一瓶清厕剂、一把刷子、一个塑料垃圾篓、一块肥皂和垃圾袋），用于鼓励开放单位。同时，城管部门加强日常监督和指导，结合实际定期上门检查卫生，主动上门指导服务，并向社会公布了监督电话。在政策支持上，坚持以奖代补原则，研究制定了开放补助政策，根据具体路段、客流量和店面大小、保洁标准等，每年每户按1000～3000元发放厕所保洁补助费，充分鼓励社会开放，实现社会难题靠社会力量来解决。2015年8月"济南城市厕所开放联盟"被国家旅游局评为"中国旅游业改革发展创新奖"。

3. 组织志愿者参与

城市政府、城市综合管理局或城市综合管理公众服务中心可以组织建立城市管理志愿者协会，号召热爱关心支持城管工作的市民作为城市管理志愿者，为自己的城市贡献一份力量，激发参与者的主人意识、归属感、自豪感。如，湖北省黄冈市于2013年5月启动了红卫网格城管志愿者服务活动，2019年城管部门联合邮政部门又发起"文明出行，小哥先动"快递行业城管志愿者活动。

4. 引入公众监督与评价机制

社会监督主要包括：新闻媒体监督和群众监督。采用听证会形式，有利于公众参与、民主决策，尤其有利于公平、公正行使行政处罚权。通过社会组织、行业协会共同参与，激励社会成员自治、自管，相互约束、监督。从执法角度看，每一个参与者都是一位城市运行服务的监督者，监督队伍将成百上千倍地扩编，覆盖城市的所有范围和领域。这恰恰是城市综合管理所追求的效果。国内很多城市虽有涉及，但规模不大。

5. 加强城市管理大众参与的宣传教育

引导社会化城市管理方向潜移默化的教化作用非常关键（翟宝辉，2012）。城市的特点是人、物、活动密集，物的每一部分都按规矩运行，每个人都按规矩行动，城市才是有效率的，才能制造更多财富，使市民才能享受更美家园。做好市民教育宣传工作，有助于提高城市市民的文明程度，还可以大大减少违法案件发生，大大节约城市综合管理成本和行政执法成本。

在快速城镇化进程中，市民的城市意识有必要提高。不习惯为别人行方便，导致自己也不方便的案例太多。譬如不该堵的地方堵了，不该扔的地方扔了，不该踩的地方踩了，不该坐的地方坐了，该让行的时候旁若无人，该压低的声音抬高八度，该排队的时候总是去挤，该谦让的时候总要争个子丑寅卯。

因此，城市管理者要让市民懂得城市的运行规矩，按规矩行事，按秩序使用，除了执法，更要教育。一个成熟的市民社会是文明的城市社会，它是文明的制造者、传播者，充分的社会参与和社会实现是其成熟的标志。社会化城市管理让政府变得有限，让社会变得成熟，这时市民才可以自豪地说：这是我们的城市！

 专栏十五

新加坡的城市管理社会化

新加坡是一个城市管理十分成功的国家，整个城市就像个大公园，道路两旁大树成荫，小树如林，大街小巷到处是花圃草坪，楼顶、阳台草茂花繁，处处体现人与自然的和谐。新加坡成为国际公认的"花园城市"，形成了一套比较成熟和完善的城市管理模式和方法。

1. 重视宣传教育、鼓励社会化参与

新加坡政府认为法制化的管理只能"治标"，要真正"治本"需要从根本上减少城市环境的破坏行为，这就要依赖于广泛的宣传教育。因此，政府不断以各种形式对其居民进行城市管理方面的宣传教育，使他们从思想上认识到遵守各项法律规章、维护城市环境的重要性。

一是新加坡将环境卫生教育纳入中小学课程，针对幼儿园、小学、中学的不同特点制作不同的教材。二是针对不同人群以及不同区域，采取不同的方式进行全方位宣传，如针对外国游客、居民等不同人群编写语言及内容各不相同的材料。三是经常开展各种全国性运动，如自立国以来，新加坡由政治领袖发起了"反吐痰运动""取缔乱抛垃圾运动"等。

2. 城市管理单位与居民有效沟通

新加坡城市管理的主要负责机构——市镇理事会，把居民、城市管理中的承包商、基层领袖和政府部门都看作是自己的合作伙伴，始终保持着有效的沟通。市镇理事会定期与建屋局、环境发展部等相关的政府部门举行会谈，通过宣传海报、布条、教育手册以及主办大型的活动来教育居民，同时还通过与基层领袖的定期会面以了解居民的问题和需求。

3. 政府官员以身作则

新加坡城市重建局、建屋发展局、公园及康乐局、市镇理事会等公用事业局的工作人员每天巡视公园、绿地、街道等，对有损坏或者不合要求的地方及时进行整治。新加坡的总理也对环境卫生、绿化及整个城市的管理工作十分重视，经常亲自上街巡视，亲自检查。因此，政府官员的重视保证了新加坡城市管理工作的有效开展。

来源：曲华林，翁桂兰，柴彦威．新加坡城市管理模式及其借鉴意义［J］．地域研究与开发，2004，23（6）：61-64.

四、规范、推进与落实各类保障措施

（一）保证公共财政支撑

将城市管理人员经费与工作经费纳入财政预算，严禁将罚没收入作为城市管理部门的经费来源。城市管理是完全公益性行政行为，必须由城市政府财政完全投入，持续投入，递增投入，采用收支两条线制度。不仅要保证管理和执法人员主体是公务员，还要保证事业单位全额拨款，也要保证城市管理服务作业企业获取社会平均利润，激励各城市管理的服务企业提供高水平、高效率的基础功能服务。

（二）人员编制保障

完美执法专项编制和执法资格管理，对执法人员编制予以充分保障，对协管人员规范管理，严格进入与退出机制。地方城市政府必须按照一定的标准（或按照城市面积，或按照人口数量）配备一支专业、高效的专职城市管理队伍，辅之以科学的培训、考核、奖惩、薪酬等制度，综合考虑人员的年龄结构、学历结构、知识结构、生理结构、心理结构等影响因素，全面提升城市管理人员的政治、业务素质，保证城市管理的效率和质量。

对于城市管理工作人员的身份问题也需要予以明确。目前多种身份混杂的状况必须加以扭转，最好明确其公务员身份或至少参照公务员管理，并在相应的编制上予以充实。这样既有利于通过各种适用于公务员管理的考评指标来强化城市管理工作的规范化，也有利于保证执行公务的"名正言顺"，有效推动执法活动的开展。

（三）加强装备配置与应用

城市管理装备是指为城市管理、服务与执法人员开展行政管理、作业维护、公共服务、行政执法等工作提供支持和保障所需的各类硬件设施设备的总称，以维持城市正常运转、有效应对各类突发事件。城市管理装备主要包括维护维修作业设备、交通工具、通信设施、录音录像取证设备、执法办案、服装劳保用品、岗亭站场等硬件设施。随着城镇化的不断推进，城市管理工作和城市有序运行对专业技术装备配置水平要求不断提升。目前，我国城市管理的装备存在数量不够、专业技术水平不高等问题。特别是在极端自然灾害的考验下，科学合理配置城市管理装备的重要性更是凸显。

按照规范化、科学化原则，以满足全天候、全方位、全覆盖的管理服务执法工作需要，结合不同城市管理的需要和一线执法实际，因地制宜配置和使用装备，建立快速机动通行功能、无线寻呼通讯功能、数字图象取证功能、定位和移动数据相辅相成的城市管理装备体系。积极采用和普及先进技术，加强装备应用培训。建立健全装备管理台账制度，加强督查考核。积极探索城市管理装备市场化，在环卫等领域尝试采用"融资租赁"模式，通过租赁企业租用装备。通过城市管理装备水平的不断完善提升，进一步延伸城市管理服务的深度、密度和广度，提高城市管理服务效率和水平。

第八章

数字化城市管理的探索

数字化城市管理系统（简称"数字城管"）是综合运用现代数字信息技术，以数字地图和单元网格划分为基础，集成基础地理、地理编码、市政及社区服务部件事件的多种数据资源，以城市监管员和市民服务热线为信息收集渠道，创建城市管理和市民服务综合指挥系统（宋刚，2012）。通过多部门信息共享、协同工作，构建起沟通快捷、责任到位、处置及时、运转高效的城市管理、公共服务的监督和处置新机制，全面提高城市管理和政府公共服务水平。

数字化城市管理对于解决那些涉及井盖、灯杆、车棚、体育设施、停车场、桥梁等各类设施的"部件"问题，以及私搭乱建、残土洒落、乱扔垃圾、乱贴小广告等各种违法违规行为的"事件"问题较为有效。一些城市通过在政府内部依托"数字城管"引入独立的监督机制，以解决部门不作为和部门利益纠葛问题（目标责任管理、考核问责与经济挂钩等有效实施的前提正在于数字城管）。

对于"数字城管"这一技术手段，虽有利于各职能部门对城市管理工作的权责明确、齐抓共管，有利于及时、有效解决现场执法中的很多问题，但是推行过程中也必须注意几个问题：一是必须综合考虑当地经济发展水平，经济比较发达且城市建设比较稳定的城市可能更宜于"数字城管"建设，防止"大拆大建"造成维护更新成本的加大；二是强调适宜标准，一定要因地制宜，厉行节约，"小问题不要走大流程"；三是注意与建设系统乃至其他系统的资源积极整合，不要一味另起炉灶。"数字城管"只是手段，绝非目标，应及时总结试点城市的经验与教训，在此基础上逐渐扩大试点规模，切忌盲目全面推进。

一、内涵与意义

（一）"数字城管"是城市管理的监督指挥平台

首先，"数字城管"是综合应用计算机技术、无线网络技术、信息化技术等数字技术，建立一个城市管理的监督指挥平台，实行科学快速、有效的城市管理（杨博，2010）。其次，"数字城管"将城市管理工作精细化。采用单元网格管理法和城市部件事件管理法相结合的方式，实现城市管理空间细化和管理对象的准确定位，实现城市管理工作的精细化（图8-1）。第三，"数字城管"革新了传统的管理程序。创建城市管理监督和指挥为两个中心的管理新体制，将监督职能与指挥职能分开，各司其职，各负其责，再造城市管理新流程。

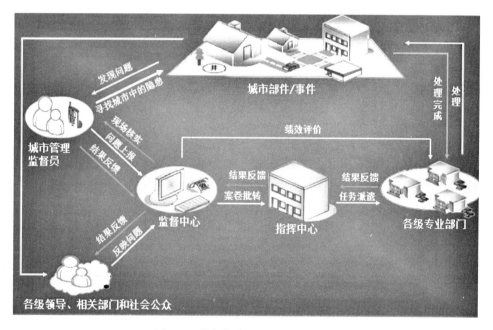

图8-1　数字化城市管理的流程示意

（二）"数字城管"有利于提升管理效率和服务水平

城市管理的开展需要技术手段的提高，迅速、及时、便捷的信息交流是部门协调、及时处理问题的重要保障。由于传统的城市管理执法方式越来越不适应城市的发展需要，许多城市都在尝试管理手段的改进与创新，如新乡、扬州、厦门、深圳等城市开展的"数字城管"建设工作，提高了综合执法的效率。

实施"数字城管"的意义旨在通过信息化管理内在的系统性、网络性、程序性和透明性等推进城市管理资源优化整合，管理流程科学再造，管理主体多元参与，提高城市管理水平。"数字城管"能够以信息为先导来整合、引导和分配城市管理资源，能够使城市管理从定性变为定量，静态变为动态，单一变为综合，滞后变为实时，能够促进城市管理手段、管理模式的创新和政府职能的转变，提高城市管理的运行效率。

（三）"数字城管"是监督考核评价体系的重要依托

"数字城管"是管理绩效考核评估的数字化平台。依托平台，建立外评价与内评价结合、事前中后考评的考核评价体系，是促进和检验各部门城市管理效果的重要手段、抓手。许多城市都在积极探索。如石家庄市、晋中市制定了数字化城管监督考评办法，蚌埠市成立了数字城管监督考核中心。

二、"数字城管"建设原则

（一）标准化

"数字城管"应遵循住房和城乡建设部关于数字化城市管理系统的建设规范和计算机系统建设的国家标准进行项目的规划、设计和实施。"数字城管"在结构设计、数据库建设、组织结构、运行推广等过程中，要始终将标准化、规范化作为平台建设的指导思想。2005年7月建设部颁发实施了关于单元网格的划分与编码规则、部件和事件的分类与编码、地理编码以及系统技术规范的四个行业标准。标准的编制是对新模式核心思想与运行效果的及时总结。"数字城管"坚持的标准化主要是针对技术标准而言，是为了将来系统的兼容扩充，以实现在更广范围内的信息化管理应用，同时也是资源整合、节约建设的表现。

（二）先进性

"数字城管"的总体设计应在注重系统实用性的前提下，尽可能采用先进的计算机软硬件环境。系统建设应适应平台的网络信息流特点及网络通信技术的更新换代，在网络结构设计、网络配置、网络管理方式等方面应具有一定的先进性，采用业界先进且较为成熟、实用的技术，保证系统具有较长的生命力。同时，系统构建时要充分考虑利用现有资源，注重系统的整体性，强调适用性，不片面追求个别的性能指标，考虑实效，尽量减少技术风险和投资风险，在保证应用与发展的前提下，建设既先进又适用的系统。

（三）安全性

由于整个系统所涉及的数据大多属于政府的内部资料，这些数据的安全性至关重要，因此，系统应遵循安全性的原则。鉴于传输数据的特殊性以及网络组成的特点，必须防止网络受到未授权用户的侵扰，或防止用户无意识地对网络的侵害。系统应提供安全手段防止任意对象的非法侵入、攻击，避免操作人员的越级操作。系统要充分考虑主机层、数据库层、网络层和应用层各个层面的安全隐患和稳定性。对此，应采用防火墙、防病毒等多种手段实现系统的安全性。

（四）可扩充性

面对信息技术的高速发展，系统的计算机设备和应用系统都应具有较好的扩充性。并且，随着计算机技术的不断发展，主要设备应能平滑升级，软硬件平台可以积木式拼装。"数字城管"在各层面上都有可能进行扩展，例如部门和业务的扩展、系统环境的扩展及系统功能的扩展。《城市市政综合监管信息系统技术规范》CJJ/T 106—2005中提到，随着城市市政监管信息系统逐步应用，会有更多的专业部门和业务纳入信息系统的应用范围，在系统运行过程中需要充分考虑专业部门、业务和相关信息逐步扩展的需要。随着城市市政监管信息系统逐步应用，系统中涉及的部件和事件类型也可能会逐步扩展。

（五）稳定性

"数字城管"是在网络环境下运行的，且系统管理的数据量大，数据的使用并发性强等，这些特点对系统的稳定性设计提出了更高的要求。系统在提交正式使用之前，应反复测试，把错误减小到最少。在发生意外的情况下，能够很好地处理并给出错误提示，并且能够得到及时的恢复，减少不必要的损失。

"数字城管"设计应确保系统运行的正确性和数据传输的正确性，在系统软硬件的选型和配置、数据的安全性和完整性以及系统的运行和管理等方面都要采取必要的措施。防止由内在因素和危机环境造成的错误和灾难性故障，提供必要的在线恢复机制，确保系统长时间安全稳定运行。因此，系统设计应具有高度的可靠性和容错性。关键组件和部件均有足够的备份措施。

（六）开放性

系统设计要遵循开放性原则，管理系统、数据库系统和信息通信枢纽采用标准数据接口，具有与其他信息系统进行数据交换和数据共享的能力。计算机网络系统要适应未来的广域扩张，支持数据分组通信，支持统一标准的软硬件结构，适应GPS、监控、调度、报警等技术和管理发展的需要。未来，"数字城管"会向着城市综合管理方向转变，会涉及城市道路交通运输、城市供水排水污水处理、城市垃圾收运处置、城市能源热力供应、城市邮电通信和城市园林绿化等既相互独立又相互关联的子系统。"数字城管"要坚持信息整合原则，整合横向部门间信息、上下级政府信息以及社会公众信息，将数据所获得的信息应用到实际的管理决策当中，解决因职责不清、管理缺位、推诿应付等造成的数据不连续、不系统和分割严重的问题。

三、我国数字化城市管理的发展历程

（一）起步探索阶段

进入21世纪以来，随着我国城市化进程逐步加快，科学技术不断创新，城市运行中出现的问题日新月异，数字化城管理念应运而生。2002年北京市开始探索建设数字城管应用系统，2004年12月，"数字城管"新模式在北京市东城区试点实施并获得圆满成功，得到建设部高度评价。然而，由于起步阶段各方面技术缺乏整合，管理实践缺乏经验，应用系统的功能还比较单一，主要是终端信息上传和城管工作流程应用。存在数据整合、数据标准化程度不高的主要问题（杨搏，2012）。

（二）规范试点阶段

2005年以后，随着技术的不断提升和先行实践的圆满运行，数字化城市管理进入规范试点阶段。2005年7月、2006年3月、2007年4月，建设部先后确定了3批共51个试点城市名单，并要求在2008年底完成项目建设和验收。与此同时，建设部先后公布《城市市政监管信息系统技术规范》《部件、事件分类编码标准》《单元网格划分与编码标准》和《城管通技术规范》等行业标准文件，为数字化城管的运行、监管提供了依据。随着大批城市先后投入运行，实践中出现的问题也逐渐归纳汇总，以应用系统的功能完善，建设模式的多样化，注重数据、应用整合为重点的实际需求，为日后数字化规模发展指明了方向。

（三）发展推广阶段

2009年至今，数字化城管基本纳入全国各级城市的管理手段。在试点经验基础上，2010年在全国地级以上城市全面推广"数字城管"。"数字城管"进一步与政府应急、数字执法、平安城市等整合，向数字城市方向发展；进一步融合移动应用，如车辆、人员的移动定位、移动视频监控等功能。

四、信息化支撑平台的建设内容

推进"数字城管"平台建设，建立城市基础设施电子档案，提升城市运行管理水平。陆续构建城管监督指挥平台——"数字城管"，建立发现、分析、服务、指挥、监督"五位一体"的运行机制，以作为城市管理综合执法的有效工具和首要专业支撑机构。以数字技术作为核心支撑，以企业建设、企业运转、政府指挥、政府付费的形式，建立统一的城市管理指挥中枢系统（城市管理指挥中心）。同时，指导各地加快信息化管理工具的建设和配备，推进标准化管理。包括：执法装备、作业装备、监控装备、应急装备等。将信息化公共服务向街道、社区延伸，与流动人口、社会治安等互联互通互动。设立城管工作站，进行网格化管理，实现前端防治。

（一）数据采集与数据库建设

由城市综合管理的概念可知，城市综合管理信息化的应用主要是对城市基础支撑系统和公共空间的基础数据库建设和日常信息采集。具体包括以下几点

（表8-1）：

基础数据库建设方式与属性要求　　　　　　表8-1

类型	主要内容	建设方式	属性要求
基础地理数据	基础地形图、正射影像图、行政区划图等基础空间信息及其附加的属性信息	1.1∶500比例尺全要素地形图数据； 2.航测成图； 3.充分利用已有资料，采用各种技术手段	1.符合建设部数字化城市管理地图数据框架标准； 2.符合国家全要素地形图分层分类编码两套标准的入库数据
城市部件数据	物化的城市管理对象，主要包括道路、桥梁、水、电、气、热等市政公用设施和部分非公用设施	部件数据的野外作业按照实际情况被分为两种类型：1.部件属性调查和测绘工作一次性；2.部件属性调查和测绘工作分别进行	1.城市管理部件按建设部标准，划分为大类和小类； 2.部件代码由10位数字组成，6位区级及区级以上行政区划代码、2位大类代码、2位小类代码
地理编码数据	行政区域地名与小区地名、街巷地名、门（楼）牌地址、标志物地址、兴趣点地址	地理编码的调查和航测外业调查是结合进行的	对兴趣点地址，门牌地址和标志物地址的属性要求
单元网格数据	采用网格技术，以一定的范围为基本单位，以社区为专题网格，将行政区域划分成若干个网格单元	1.单元网格的划分是以1∶500基础空间数据库进行； 2.在充分利用基础空间数据的基础上，参照民政部门提供的行政边界	1.单元网格分四类12位进行编码； 2.划分原则，属地管理、地理布局、现状管理、方便管理、管理对象等原则

　　其中实现城市运行管理基础的万米单元网格化、城市部件管理法以及针对城市日常管理的城市事件管理法是城市综合管理信息化的关键。

　　城市事件管理法为了实现对城市运行过程中事件的快速精确描述，而对城市事件按照其性质和特点划分为大类和小类，其中事件的大类包括：市容环境类、宣传广告类、施工管理类、突发事件类、街面秩序类以及扩展事件类。在分类的基础上对城市事件进行编码。事件分类代码由10位数字组成，依次为：

6位区级及区级以上行政区划代码、2位大类代码、2位小类代码。

（二）日常信息的获取

1. 信息获取的方式

信息采集的关键是信息的及时性。目前城管监督员利用城管通等工具获取信息的方式是城市管理中信息获取的主要方式，是实现城市管理主动化、精细化，形成城市管理闭合流程的主要方式。在目前的情况下，其他信息获取方式主要是作为城市管理信息获取方式的补充，但是不可否认的是随着信息网络技术的发展和社会化管理的发展，信息自动采集和社会公众参与的热线、网络等渠道将成为未来信息采集的发展方向。信息自动获取方式有以下优缺点（表8-2）：

信息获取方式优缺点   表8-2

方式	过程	优点	缺点
城管监督员	监督员城管通作为信息采集器，在所划分的区域内巡查，将城市部件和城市事件的相关信息报送到监督中心，同时接受指挥中心的调度	1.主动发现问题； 2.整体覆盖的精细化管理； 3.有助于实现闭合的城市管理流程	1.监督员工作量大、缺乏工作积极性； 2.管理成本相对较高
监控等自动信息采集	视频监控，无线数据自动采集终端等信息采集与传输	1.信息的自动化采集； 2.可随时调取相关信息	信息量大，难以快速识别有效信息
市民公众热线	通过城市管理综合服务热线投诉信息	1.社会化参与，有助于提高问题的发现率； 2.有助于解决市民面临的直接问题，公共服务回应性	信息分析与案卷建立过程相对复杂
网络投诉	社会公众通过政府公开的网络渠道反映问题	1.方便快捷； 2.回应性较高	信息有效性较低
领导指示	领导批示城市管理中的问题	有助于重大问题的快速解决	1.一般是重大问题； 2.受领导的关注度的影响

2. 信息的类型

城市综合管理的实践中需要采集的信息按照城市管理中导致问题发生的事件性质和特点划分为大类和小类（表8-3）。即指人的行为活动或自然因素导致城市市容环境和正常秩序受到影响或破坏，需要城市管理部门处理并使之恢复正常的事情和行为的分类。要做到对城市管理信息的准确描述和精细化管理，还需要做到：对每个大的分类再做细分，分成若干小类；对于每个分类信息进行相应的编码，实现信息的准确描述和快速定位；完善每个事件信息的基本属性信息。如网格位置信息、主管部门信息。

信息类型　　　　　　　　　　　　　表8-3

市容环境类	主要包括私搭乱建、暴露垃圾、积存垃圾渣土、道路不洁、水域不洁、绿地脏乱等
宣传广告类	主要包括非法小广告、违章张贴悬挂广告牌匾、占道广告牌、街头散发广告等
施工管理类	主要包括施工扰民、工地扬尘、道路遗撒、施工废弃料等
突发事件类	主要包括路面塌陷、自来水管破裂、燃气管道破裂、下水道堵塞或破损等
街面秩序类	主要包括无照经营游商、流浪乞讨、占道废品收购、店外经营、机动车乱停放等
扩展事件类	专门用于对未包括在上述大类中而又确需分类管理的事件扩充

3. 信息的处理过程

整个信息的处理过程就是对采集到的信息进行相应处理的过程，包括了除信息采集环节以外的信息化管理流程（表8-4）。

信息处理过程　　　　　　　　　　　表8-4

信息处理的方式	过　　　程
信息分析	1.信息的登记 2.借助软件和数据库对信息进行分析 3.信息相关的部件和事件定位 4.监督员现场核实

信息处理的方式	过　　　程
信息确认（案卷建立）	1.对属实的问题信息进行立案并生成案件记录 2.案件记录在系统中流转 3.重大问题交由会议讨论，并最终确定解决方案
任务处理	1.确定问题责任归属 2.派遣相关行政机构或专业部门到现场进行处理
信息反馈	1.专业部门完成处理问题后进行结果反馈 2.信息中心在收到反馈结果以后，会派出城管监督员到现场进行核查 3.结案或者形成不良记录

　　一是案卷建立。监督中心收到反映的问题信息以后，会立即进行信息分析和问题甄别。如果反映的问题符合立案标准，监督中心即进行立案，并将问题信息批转给城市管理指挥中心。二是任务派遣。城市管理指挥中心根据问题责任归属，派遣相关行政机构或专业部门，到现场进行处理。三是任务处理。主要由相关行政机构和各专业部门承担。数字化城市管理系统本身并不承担任务处理的责任。四是结果反馈。行政机构和专业部门现场处理完毕问题后，需向城市管理指挥中心报告处理结果。指挥中心再将待核查案卷批转给监督中心。五是核实结案。城市管理监督中心在收到反馈结果以后，会派出城管监督员到现场进行核查，并将核查结果传回监督中心。如果现场核实问题已经解决，则予以结案，否则生成不良记录。

（三）信息化的工具与渠道

1. 室外固定工具和流动工具

　　无论是流动的还是固定的信息化采集工具，信息化工具应用的目的在于保证信息采集的时效性和保证信息的共享性（表8-5、表8-6）。因此在配备信息采集的工具时要：注重基本信息资源的源头采集工作，建立快速有效的数据信息更新机制；信息的采集和处理的基层单位要配备专业的人员负责信息采集和更新工作；及时采用先进的信息采集传输工具以保证信息的时效性。

信息采集的室外固定工具及用途　　　　　　表8-5

固定工具	类　　别	作　　用
网络基础设施	网络设备、存储设备	极大地提高了信息传递和反馈速度
自动监控设施	视频监控，水电等基础设施的自动检测系统	实现信息的自动实时获取、传输
自助服务终端	公共服务终端	实现部分公共服务的自助服务

信息采集的室外流动工具　　　　　　表8-6

流动工具	作　　用	优　　点
城管通	收集城市管理运行的信息，上报、核查、核实相关信息	1.主动发现问题； 2.整体覆盖的精细化管理； 3.有助于实现闭合的城市管理流程
车载GPS定位，车载视频监控	跟踪定位城市管理相关工具	1.有利于监督城市管理工作者的工作成效； 2.有利于工作资源的有效分配

2. 室内的信息系统

室内信息系统的主要作用在于对信息的更新和处理也即信息应用（表8-7）。为提高城市管理的绩效，室内信息系统的运作要做到以下几点：首先是信息的安全保障，城市管理的信息及数据库涉及到城市的安全运行，因此必须采取相关措施保障室内信息系统的安全；其次是在数据的更新工作中，在对原始数据进行加工处理时，要保证数据的真实性，在信息的流通时，要保证信息的时效性；最后是促进信息的共享。在统一信息的指标体系基础上，促进各个子系统的有效沟通，建设信息共享的环境，健全数据交换和共享制度，提高信息的利用率。

室内信息系统具体内容与用途　　　　　表8-7

类别	项　目	作　用
硬件设施	服务器等存储设备	接收、存储、分析相关信息，构建城市管理监督指挥中心
	投影仪、大屏幕等显示定位设备	显示信息的相关属性及处理现状
软件系统	数据库系统：地理编码子系统，数据交换子系统，基础资源管理子系统	整合共享相关的数据
	操作系统：监管数据无线采集子系统，监督中心受理子系统，协同工作子系统，监督指挥子系统，综合评价子系统等相关系统	信息收集、存储、分析、应用等平台，管理监督和指挥操作平台
	安全系统：应用维护系统	保障基础数据库的安全，保障操作平台的正常运转

专栏十六

美国事件处理的信息化机制

　　纽约警察局的 CompStat 作为先驱，在信息技术和管理改革的结合中，是一个典型的成功案例。美国很多州和城市甚至很多国家都借鉴其经验，出现了类似的系统。下面主要介绍两个典型案例，虽然他们各自的出发点不同，但是都在各自的领域取得了相当出色的效果。

1. 巴尔的摩市 CitiStat

　　CitiStat 是 2000 年由市长 Martin O'Malley 在巴尔的摩（Baltimore）开始实施的。在 2004 年，巴尔的摩的 CitiStat 获得了哈佛大学组织评选的五个美国政府创新奖之一。

　　CitiStat 是数据驱动城市管理系统，通过软件的方式跟踪政府管理部门的执行情况。CitiStat 系统，是自上而下的，得到市长的支持和参与。市长设置策略和目标，以及对各个部门的要求；各个部门在市长设定的策略下开展工作；CitiStat 跟踪监督、控制各个部门的工作。政府的每个管理部门的负责人每 2 周去市政府参加会议。汇报管理的执行情况，并且回答市长、市长办公室以及其他部门负责人提出的质疑。

CitiStat 的主要功能有：提高对公众服务的质量；提高不同管理层的沟通和协作；提供跨部门合作的机会，更有效、更便利地解决跨部门问题；对每个部门提供更有效的绩效考核方式；节约管理成本。

市政府相关的管理部门每两周参加一次 CitiStat 会议，参会的还有市长，副市长和主要的议会议员。在会议前，各个部门提交给 CitiStat 小组过去两个星期的相关数据。CitiStat 小组包括操作组和技术组。操作组负责保证数据的正确性，在收到上报的数据后，进行数据调查，随机调查案例并与前期数据比较，然后根据数据提出存在的问题。在这一过程中，操作组要根据上报的数据和管理部门进行沟通，若有必要，则针对问题把数据通报给其他相关部门，让其准备在会议上回答问题。CitiStat 技术小组负责准备会议汇报材料，把操作组提供的数据和 GIS 结合，更新数据库材料等。

在会议上，管理部门的负责人应汇报两星期的数据，并且解答会议其他人的质疑，如果出了任何问题，由大家协商处理，并且协作配合解决。会议中还会对以前会议的问题进行反馈了解。会议后，相关部门按照会议要求决定行动。

值得一提的是 CitiStat 与 311 电话平台的联合。311 电话系统和紧急电话 911 以及 411 信息台类似，但主要用于处理市民需要市政府处理的非紧急类的事务，是市民和政府的沟通平台。CitiStat 通过 311 电话获得市民的需求和投诉信息，并且可以很方便地跟踪到管理部门的处理情况和反馈时间。每周 311 大概处理 15000 个电话。

CitiStat 充分利用已有的软硬件资源，因此其投资相对较小。CitiStat 项目仅雇用了几个人用于系统运行，并且在市政大厅设立了 1 个 CitiStat 会议室。CitiStat 的建立花费了 28.5 万美金，年花费近 40 万美金，大部分的花费用于项目人员的工资。目前执行 CitiStat 项目的城市还有雪城（Syracuse）、旧金山（San Francisco）、底特律（Detroit）和迈阿密（Miami），等等。雪城在执行 CitiStat 上，第一年就为政府节省了 1400 万美金。

2. 华盛顿州 GMAP

华盛顿州的 GMAP 也是一个比较成功的案例。2005 年 6 月华盛顿州州长 Christine Gregoire 在了解了 CitiStat 的成功实践后，决定在华盛顿州实施类似系统。这个系统称之为 GMAP（Government Management Accountability and Performance）。

GMAP 和 CitiStat 类似的是系统性的分析和评估，但不同的是，GMAP 不仅仅针对部门进行汇报，而且会针对议题进行管理考核，从而侧重于跨部门的协作和具体实践问题的解决。议题包括控制对儿童的犯罪，降低高峰时间的交通堵塞，等等。

GMAP 会议主要针对 5 类问题：① 经济增长。主要包括的部门有雇用安全部门、劳动和工业部门、财政部门、经济贸易发展部门等。② 政府效率提高。主要包括信息部门、州行政管理部门、经济风险部门和人事部门等。③ 健康。主要包括社会和健康服务部门、授权的医疗中心等。④ 安全。主要包括社会健康服务部门、华盛顿州巡逻部门、安全部门、劳动和工业部门等。⑤ 交通。主要是交通部门和州巡逻部门的协调。

GMAP 运行初始只有 4 个工作人员，后来发展到 13 人。为了发展这个项目，州政府通过人事部门和咨询部门合作，对州雇员进行相关培训，目前提供的培训包括数据收集、数据分析和评估方法等。政府的官员通过网络可以看到实时的数据。

3. 事件处理的信息化机制优点

（1）信息的及时性

信息的及时性体现在：各个部门都能够实时地采集数据并及时地将这些信息传送到项目小组，由项目小组借助软件和数据库对数据进行分析统计，并且将数据分析结果整合到 GIS 系统。这可使数据更加直观，能够看到地理空间特性和时间特性，从而能比较容易地分析数据发展趋势。这些项目基本上都是以两个星期作为时间周期。

（2）策略的合理性

行动策略是相关人员进行分析评估后，在会议上获得及时充分的信息，并对其进行分析，然后通过会议讨论确定的，由此能制定更加合理的、比较有效的行为策略。

（3）人员配置的及时性

在会议中，政府各个管理部门的主要负责人都会参加会议，一旦策略确定后，能够马上确定责任，尽快配置人员，直接由基层管理人员决定派遣人数，实现最佳利用人力资源。

（4）策略和评估的持续性

会议中，一旦问题被确定，相关策略制定后，会后马上就采取行动，在随后的会议中，会追踪执行情况，并且根据执行的情况，对策略进行及时修正。这是一个持续的过程，策略不断修正，直到问题得到解决。并且根据执行过程的情况，一直在进行评估。

（5）跨部门的协作

无论是 CompStat，还是 CitiStat、GMAP，尤其是 GMAP，都不同程度地进行了跨部门的协作。首先各个部门共享数据，其次是各部门的领导者分析和协商处理，并且在随后的会议中持续跟踪处理结果。各个部门之间职责非常清楚，有利于合作处理跨部门的复杂性事件。

（6）信息公开度提高

政府管理部门定期收集信息、上报数据，并且能够通过互联网公开信息，让公众和其他部门了解管理工作的情况。如此提高了信息公开的程度，也增大了公众对于政府工作的信息了解程度，并能加强对政府工作的理解。

来源：1. 杨宏山. 美国城市运行管理及其启示—以巴尔的摩市的 CitiStat 项目为例［J］. 城市管理前沿，2008（6）：40-42.

　　2. 朱琳. 美国城市管理信息化建设对中国的启示——以 CompStat、CitiStat 和 GMAP 为实例［J］. 电子政务，2008（9）：120-125.

五、国内数字化城市管理实践

2005年7月建设部在全国试点推广北京市东城区的数字化城市管理新模式。随着数字化城管的建设运行，提升了城市管理标准化、信息化、精细化水平，提高了城市管理的效率，促进了城管功能的延伸拓展。数字化城管得到了城市政府的高度重视，是未来城市管理的必由之路。

（一）北京市朝阳区

采用数字化手段和独立监督体系是北京市朝阳区城市管理新模式的核心内容。朝阳区在推进城市管理信息化方面，提出打牢"一个基础"、遵循"三个原则"、努力做好"四项工作"。"一个基础"是指以社区信息化为基础。"三个原则"即三层资源共享的原则，实现数据资源在区、街、社区三个层面共享，提高信息的利用效率；数据实时更新的原则；使用简便化原则。"四项工作"是指：逐步建立完善部件库、事件库、人口库、单位库；将各类城市管理的基础数据逐步建立在地理信息系统（GIS）中；建立和完善朝阳社区服务网；建立起超大容量、超高速度、高度稳定、开放性强、使用简便的数字化系统平台。管理的各类部件问题得到及时修补。暴露垃圾、非法广告牌匾、违法建筑、游商摊群等问题也得到了有效解决。朝阳区在数字城管方面的深化与扩展表现为：

1. "六个天天"的数字化城管长效机制

"六个天天"的数字化城市管理长效机制是建立在数字化城市管理平台基础上，以监督员天天发现问题上报问题为切入点，类似于社会化大生产流水线管理模式的城市管理流程。即产权主体和维护保洁责任主体天天维护，监督员天天监督，相关职能部门、街道办事处、社区天天管理，执法部门天天执法，系统平台对五类主体天天评价，区政府内网和外网天天公布。不管有无问题监督员都要进行天天定量上报。没完成规定上报任务的，实行末位淘汰；在监督员天天上报的基础上，系统对维护保洁主体、管理主体、执法主体履职、履责情况进行大排名，建立相应的奖惩机制，逐步实现环境维护管理责任主体公开化。

2. 建立科学的考核评价系统和案件分析系统

考核评价系统和案件分析系统是建立在系统平台中全部有效案件基础上的，是客观的、实时的、由系统自动生成的。考核评价系统主要包括对街道办事处、地区办事处、相关职能部门、社区、行政村以及门前三包单位、物业公司等社会单位的考核评价。案件分析系统主要包括对案件类型、状态、发生区域、维护管理责任主体和案件的时序等方面进行多样化多角度的查询、统计和分析，目的是为各个层面的管理者和维护者提供决策依据。

3. 广泛应用地理信息系统

除了按住房和城乡建设部行业标准规定的98类部件建立GIS图层外，还扩展新建了城区道路保洁、绿地保洁、"门前三包"责任单位及城市规划地区的垃圾楼、积存渣土等17类部、事件图层，同时实现了区、街道、社区和监督分队等各方面的资源共享。另外还开展了对各个层面的GIS培训，为有效地推进数字化的城市管理工作奠定了坚实的基础。

（二）北京市东城区

2004年10月，北京市东城区依据数字城市技术，率先创建了数字化城市管理新模式。2005年7月，建设部组织在北京专门召开了全国数字化城市管理现场会，推广北京市东城区的数字化城市管理新模式。

1. 建立单元网格管理法

北京市东城区将所辖区域25.38平方公里，划分成1652个网格状单元（图8-2）。采用万米单元网格管理法，将每十几个人共同管理2～5平方公里，缩小为每人管理18万平方米。将城市部件分为7大类85小类，将城市事件分为6大类65小类，由城市管理监督员对所分管网格实施全时段监控。同时明确各级地域责任人为辖区城市管理责任人，从而对管理空间实现分层、分级、全区域管理的方法。

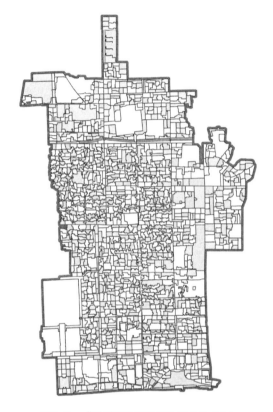

图8-2 北京市东城区万米单元分布图

万米单元网格管理法的作用：一是创建了现代城市管理最基本单元网格划分的标准，为城市管理新模式的实施奠定了坚实基础；二是为城市的管理对象（城市部件）定位到万米单元网格中提供了载体，实现了监督员和城市管理问题的准确定位；三是将原来的管理层面由三级责任人变为四级责任人，使管理责任进一步细化，为实施精细管理提供了可能；四是由于管理范围的相对缩小和固定，大大减少了管理的流动性和盲目性，从根本上改变了游击式、运动式管理，实现了由粗放管理到精细管理的转变；五是为城市管理、规划、建设和应急响应等多领域的拓展应用提供了可延伸的地理空间。

2. 创建两个轴心的管理体制

将监督职能剥离出来，使城市管理由一个"轴心"变成两个"轴心"（图8-3），城市管理系统结构更加科学合理，责任更加明确。

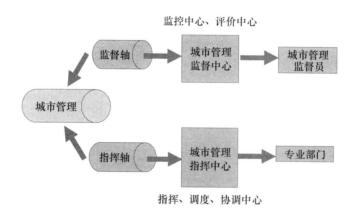

图8-3　北京市东城区两个轴心管理体制

可以整合管理资源，发挥专业部门间的协同效应，提高了整体效能，更加敏捷、有效地指挥调度，实现从多头管理到统一管理、从单兵出击到协同作战的转变。

在城市管理新模式下，监督员是政府派出的、深入到大街小巷的"侦察兵"，通过与群众的零距离接触和征求意见，使政府对城市管理信息的获取由被动听取转变为主动收集。

3. 建立数字化管理综合评价系统

通过建立数字化管理综合评价系统，实现完善的城市管理评价体系，形成良好的城市管理监督机制。评价的内容主要是对工作过程、责任主体、工作绩效和规范标准进行评价。从区域评价、部门评价和岗位评价三个方面，对评价对象即城市管理监督员、专业管理部门、城市管理监督中心、城市管理指挥中心和四级责任主体进行综合考核评价。具体包括：对各个区、街道、社区内城市管理问题情况的区域评价；对各个专业部门处理城市管理问题状况的部门评价；对包括监督员在内的监督和指挥中心各个岗位的岗位评价。

（三）重庆市沙坪坝区

重庆市沙坪坝区2008年启动数字化城管建设，2009年12月投入运行。建成后的数字城管系统包括八大基础子系统：监督中心受理子系统、协同工作子系统、监督指挥子系统、综合评价子系统、地理编码子系统、应用维护子系统、基础数据资源子系统、数据交换子系统。三大扩展子系统：视频监控子系统75路（自建37路，接入公安视频监控38路）、车载GPS子系统119套、危险源监控子系统168套。普查建成区面积75.69平方公里，划分单元网格3744个、责任网格78个，普查部件423353个，实现建成区全覆盖。

1. 数字城管流程

该系统管理模式的流程分为信息收集、案卷建立、任务派遣、任务处理及反馈、案件核查和案件结案6个环节。城市管理监督员在巡查过程中，将发现的城市管理各种信息，通过手持移动终端"城管通"（无线监管数据采集器）实时上报到监督中心，指挥中心指挥责任部门处理，处理结果反馈至指挥中心，由监督员对处理情况进行现场核查，核查无误后上传到监督中心结案（图8-4）。

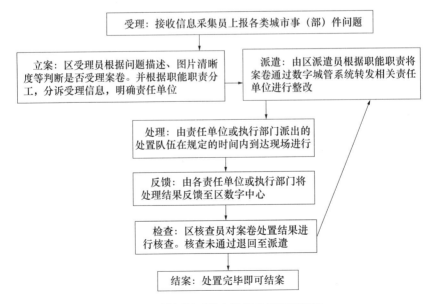

图8-4　沙坪坝区数字城管系统处理程序

2. 数字城管全域覆盖

实施综合普查等基础工作，与各相关部门及街镇（园区）积极沟通协调，健全数字城管终端操作系统，使数字化城市管理基础数据覆盖全域。在2010年完成覆盖30.89平方公里基础上，2011年再增44.80平方公里，安装65套车载GPS定位系统。

3. 全面推行分层管理

根据数字城管覆盖区域的地形条件、社区面积、管理难度、人口数量等情况，分三个等级落实监督管理。在足额配备48名数字化城市管理信息采集员的基础上，又另行聘请26名责任心强、热心公益事业的市民作为市容环境监督员。按照各区域等级合理分配信息采集和监督人员。一是将江岸边坡、内环快速路沿线、核心商圈、主要干道、进出沙区门户等重要节点设置为"严管"等级的一级管理区域，确保每一个责任网格内布置5人。二是将区域内次干道、背街小巷设置为"严控"等级的二级管理区域，确保每一个责任网格内布置3人。三是将城乡接合部和旧城拆迁区域整体设置为"严查"等级的三级管理区域，作为一般管理，确保每一个责任网格内布置1.5人，通过合理调配人力资源，使监督员的工作效能最大化。

4. 信息采集精细化

要求信息采集员在建成区域万米网格内每天采集信息必须做到纵向到底、横向到边，各类部、事件全面涉及，实现数字化城管在建成区域的无缝隙覆盖。将主次干道、重要节点、各区交界区域作为采集重点，规范照片类信息上报，确保信息采集质量。抓好数字城管数据科学分析。坚持每月对数字城管数据进行梳理统计，查找数字城管网格中的问题多发点，为更好地服务相关单位开展城管工作提供有力依据。

5. 强化监督考核机制

加强对城市管理问题案卷处理的监督考核工作力度，按照《数字化城市管理实施办法》和市容环境综合整治考核内容，定期对各职能部门和街道的部、事件问题处理情况进行核查和督查，保证案卷处理质量。同时，每周组织一次对信息采集公司案卷采集质量的抽查，严格按照考核办法对采集公司进行考核，高标准、高质量地完成全年的信息采集任务。

城市管理精细化考评。一方面在市政系统内部为局机关科室、基层单位划分责任路段，每月定期开展考核，提高各单位精细化管理责任心；另一方面定期对各街镇暴露垃圾清运情况、社区绿化管护情况和背街市容秩序进行督查考核，对不合格者下发整改通报。

6. 建立错时工作制度

结合沙区管理实际情况，在进一步增加管理中心内勤人员和信息采集外勤人员的同时，在各级管理区域内采取"错时错峰"上班制度。主动调整信息采集人员及数字化城管中心工作人员的在岗时间，将信息采集时间延伸到早7：00～晚8：00。外勤人员按不同管理等级调整班次和工作时间，在一级管理区域内实行三班制，在二级管理区域和三级管理区域实行两班制，同时有意识调整不同区域的上下班时间，确保不出现各管理区域监督人员同时空缺的情况，保证上下班高峰时段及重点区域的城市管理问题得到及时有效处理，显著提高了城市管理的日常监督力度。

（四）浙江省杭州市

浙江省杭州市依托市级主平台，完成了市辖区、县（市）、管委会和中心镇共计439平方公里的数字城管全覆盖。以政务外网为基础，搭建起覆盖"市、区、街、社"的城市管理协同工作网络，实现与867家市级部门和476个社区的互联互通，有效整合了行业队伍力量，畅通了多级政府和部门间的沟通渠道，初步形成了大城管格局。同时，杭州市引入"市民拍拍"新形式，通过开发手机客户端，实行积分奖励等措施，鼓励市民参与城市自治；市委市政府将问题及时解决率纳入各城区和市级部门年度目标考核，并通过对责任一时难以界定的紧急问题实施"代整治"，提高问题解决效率，单件问题处理时间由原来一周左右缩短为5.42小时，与传统自养监督队伍成本比仅为1：3.47。杭州市不断拓展数字城管的为民服务功能，通过整合数字城管12319热线与执法96310热线，将数字城管热线功能从受理、交办扩展为受理、交办、处理、督查的闭环，提高城市管理服务水平。

第九章

城市管理法律法规体系建设

由于我国过去一直强调"条条"管理，涉及城市管理方面的各项法律、法规、政策本身缺乏配套，甚至有的还相互冲突。针对这些问题，需要进一步抓好对现有政策的梳理、补充、整合、落实和创新，不断完善促进城市管理健康发展的法律、法规与政策体系，确保在文件层次上明晰"中央怎么管、地方怎么干"。

一、城市管理法律法规体系的现状

当前的城市综合管理工作没有一部专门的法律来指导，实际工作中主要是参照一些法规和部门规章。各地方政府根据立法权限制定了一些地方性条例，但差异很大，难以系统化。

在一般法层面，环保工作有《环境保护法》，自然资源有《土地管理法》，城乡规划有《城乡规划法》，建设活动有《建筑法》，而城市管理没有一部专门的法律。

在行政法规层面，只有有限的几个条例。国务院出台的涉及城市综合管理的行政法规有：《城市市容和环境卫生管理条例》（自1992年8月1日起施行）、《城市道路管理条例》（自1996年10月1日起施行）、《城市绿化条例》（自1992年8月1日起施行）、《城市供水条例》（自1994年10月1日起施行）等。这些法规对城市容貌、道路交通、园林绿化、供水等方面作出了规定，但相较于城市综合管理的内容，包括城市基础功能和公共空间管理的要求明显不足。而且现有的这些条例制定时间较早，亟需根据新情况作出修订。

在部委规章和规范性文件层面，主要是建设部制定的几个规章：《城市生活垃圾管理办法》（自2007年7月1日起施行）、《城市建筑垃圾管理规定》（自1996年2月26日起实施）、《城市公厕管理办法》（自1991年1月1日起施行）、《城市道路照明设施管理规定》（2001年修改，自2001年9月4日起施行）、《城建监察规定》（1996年修改，自1996年9月22日起施行）等。

在地方行政法规层面，各地（省、直辖市和城市）出台了许多行政法规和规范性文件，为各地城市综合管理工作提供了有力的法律保障。但由于没有全国性的城市综合管理法律进行总体原则上的指导，各地法规差异很大，法规的制定和修订较为随意和盲目。

二、完善城市管理法律法规体系的重要意义

管理好现代化的城市，必须依法进行，必须得到法律的保障。根据前文的分析，提出符合我国实际的城市综合管理体制和运行机制，是破解当前城市管理方面存在问题的出路。要保障城市综合管理的顺利展开，需要从法律的高度，用法律的形式明确城市综合管理的科学概念、管理范围、权力职责、实施机构、体制设计、运行机制等方面的内容。因此，完善城市综合管理法律法规体系是城市管理的根本。

城市管理工作必须通过立法来规范。根据依法行政、依法管理的原则，城市管理活动所涉及的各项法律、法规和政策，必须能够反映行政机关运作方式的基本特征，并且能够对政府有关职能部门的行为（特别是行政管理综合执法）予以规范、指导，保证城市各项管理工作有法可依、有章可循。因此，在对这些法律、法规和政策进行完善时，不仅要明确管理责任的主体与客体，更要明确管理责任主体与客体在具体行为中的权利与义务。只有将谁来管、管什么、怎么管等问题界定清楚，才能使城市管理部门的职能更明晰、责任更具体、协调更有力，在保证城市各项功能有序、健康、高效运转的同时，真正实现城市管理工作取信于民、服务于民。

三、城市管理法律法规的构想

（一）完善城市管理法律体系的分类初步设想

具体来看主要包括以下五类：第一，对于那些现实城市管理工作需要，但受到管理体制和部门利益等多方面原因的制约而难以出台的法律、法规和政策，应加强立法建设和政策调研，制定或调整相应规章，弥补领域空白，解决管理活动无法可依的问题；第二，对于那些已经不适应现代城市发展需要，甚至严重阻碍城市管理活动正常开展的法律、法规和政策，应按照相关的程序、步骤予以修改、完善或者废止，如果大规模修改法律、法规受到限制，也应采取灵活的方式解决现实中存在的问题；第三，对于那些涉及多个部门、彼此之间相互冲突的法律、法规和政策，应在明确职责归属的基础上，该划转的划转，该调整的调整，该合并的合并，该废止的废止，但鉴于目前城市管理领域的现状，对于此类法律、法规和政策，或提交市长办公会予以讨论，或成立跨部门综合协调小组进行沟通，或由某一部门牵头联合办公加以解决；第四，对于那些虽有相关规定却难以实际操作的法律、法规和政策，应在充分调研、广泛讨论的基础上对目标、标准、内容等尽量细化和具体化，进一步增强实效性与可操作性，以便在城市管理活动中可执行、可检查、可规范；第五，对于那些已经超出城市管理工作范畴、明显属于政府"越位"的法律、法规和政策，应按照政府职能转变的要求予以修改或废止，政府将这些业务转交市场和社会的同时，应加强维持外部秩序，着力提高行业监管效能。

因此，建立完善的城市管理法律体系。建议：提议着手以宪法为指导，开展一般法《城市综合管理法》或《城市安全运行保障法》的起草论证工作；修订与城市基础功能相关，与城市公共空间管理有关的法律法规；制订法律法规还有空白的管理事务相关条例和规章；扩大城市立法权限，推动有地方立法权的政府层级加快城市综合管理立法。最后形成比较完善和系统的城市综合管理的法律法规体系。

（二）加快推进一般法起草制订

《中华人民共和国城市综合管理法》或《中华人民共和国城市安全运行保障法》是一部一般法，明确城市综合管理的法律概念、基本任务、基本原则、目标、对象、管辖范围、权力职责、实施机构、体制、运行机制、法律责任、公民的权利义务等；相关法规作为其特别法，修订以与城市综合管理职权范围匹配为原则，并规定公安机关和司法机关以及政府相关工作部门的公务协助义务；授权地方人大和政府制定有利于当地城市综合管理的地方法规和规章。

 专栏十七

中国香港城市管理法规精细

中国香港的法规具有以下特点：一是表述清楚和威严。例如，香港的道路使用守则，包括所有道路使用者须知、行人须知、乘客须知、骑单车者须知、所有驾驶人须知、职业司机须知、电单车驾驶人须知，有无违例一目了然，不容置疑。二是标准严格。2002年5月27日正式实施的定额罚款制度规定，在公共地方乱抛垃圾、随地吐痰、未经准许而展示招贴或海报，以及让犬只粪便弄污街道的违例事项均会被定额罚款600元。2003年3月SARS爆发后，政府将定额罚款金额由港币600元增至1500元。这些规定提高了违法者的违法成本，提升了法规的威慑力。三是执法必严，违法必究。有明确规定的，就严格落实，不留余地；不因危害小就放弃执行，更不会不了了之。对屡教不改者，从重处罚，决不手软；对难以执行或者拒不执行的，采取相应的强制手段迫使其执行；对打"擦边球"的坚持原则。

来源：李永清. 香港城市精细化管理的精髓［J］. 特区实践与理论，2006（3）：42-45.

 专栏十八

新加坡完善的法制化管理

　　新加坡城市管理最大的特点就是完全法制化的管理，这也是它成功的最重要经验。首先建立一套完备的城市管理法规体系，对城市中建筑物、广告牌、园林绿化等城市管理硬环境的方方面面都作了具体的规定。其次，城市管理的执法力度很大，"严"字当头。另外，还拥有一支素质精良的法纪监督稽查队伍和遍及社会各阶层的群众监控网络。

　　来源：曲华林，翁桂兰，柴彦威. 新加坡城市管理模式及其借鉴意义［J］. 地域研究与开发，2004，23（6）：61-64.

附 录

国家及地方城市管理文件选编

中共中央 国务院关于深入推进城市执法体制改革改进城市管理工作的指导意见

中发〔2015〕37 号

（2015 年 12 月 24 日）

改革开放以来，我国城镇化快速发展，城市规模不断扩大，建设水平逐步提高，保障城市健康运行的任务日益繁重，加强和改善城市管理的需求日益迫切，城市管理工作的地位和作用日益突出。各地区各有关方面适应社会发展形势，积极做好城市管理工作，探索提高城市管理执法和服务水平，对改善城市秩序、促进城市和谐、提升城市品质发挥了重要作用。但也要清醒看到，与新型城镇化发展要求和人民群众生产生活需要相比，我国多数地区在城市市政管理、交通运行、人居环境、应急处置、公共秩序等方面仍有较大差距，城市管理执法工作还存在管理体制不顺、职责边界不清、法律法规不健全、管理方式简单、服务意识不强、执法行为粗放等问题，社会各界反映较为强烈，在一定程度上制约了城市健康发展和新型城镇化的顺利推进。

深入推进城市管理执法体制改革，改进城市管理工作，是落实"四个全面"战略布局的内在要求，是提高政府治理能力的重要举措，是增进民生福祉的现实需要，是促进城市发展转型的必然选择。为理顺城市管理执法体制，解决城市管理面临的突出矛盾和问题，消除城市管理工作中的短板，进一步提高城市管理和公共服务水平，现提出以下意见。

一、总体要求

（一）指导思想。深入贯彻党的十八大和十八届二中、三中、四中、五中全会及中央城镇化工作会议、中央城市工作会议精神，以"四个全面"战略布局为引领，牢固树立创新、协调、绿色、开放、共享的发展理念，以城市管理现代化为指向，以理顺体制机制为途径，将城市管理执法体制改革作为推进城市发展方式转变的重要手段，与简政放权、放管结合、转变政府职能、规范行政权力运行等有机结合，构建权责明晰、服务为先、管理优化、执法规范、安全有序的城市管理体制，推动城市管理走向城市治理，促进城市运行高效有序，实现城市让生活更美好。

（二）基本原则

——坚持以人为本。牢固树立为人民管理城市的理念，强化宗旨意识和服务意识，落实惠民和便民措施，以群众满意为标准，切实解决社会各界最关心、最直接、最现实的问题，努力消除各种"城市病"。

——坚持依法治理。完善执法制度，改进执法方式，提高执法素养，把严格规范公正文明执法的要求落实到城市管理执法全过程。

——坚持源头治理。增强城市规划、建设、管理的科学性、系统性和协调性，综合考虑公共秩序管理和群众生产生活需要，合理安排各类公共设施和空间布局，加强对城市规划、建设实施情况的评估和反馈。变被动管理为主动服务，变末端执法为源头治理，从源头上预防和减少违法违规行为。

——坚持权责一致。明确城市管理和执法职责边界，制定权力清单，落实执法责任，权随事走、人随事调、费随事转，实现事权和支出相适应、权力和责任相统一。合理划分城市管理事权，实行属地管理，明确市、县政府在城市管理和执法中负主体责任，充实一线人员力量，落实执法运行经费，将工作重点放在基层。

——坚持协调创新。加强政策措施的配套衔接，强化部门联动配合，有序推进相关工作。以网格化管理、社会化服务为方向，以智慧城市建设为契机，充分发挥现代信息技术的优势，加快形成与经济社会发展相匹配的城市管理能力。

（三）总体目标。到2017年年底，实现市、县政府城市管理领域的机构综合设置。到2020年，城市管理法律法规和标准体系基本完善，执法体制基本理顺，机构和队伍建设明显加强，保障机制初步完善，服务便民高效，现代城市治理体系初步形成，城市管理效能大幅提高，人民群众满意度显著提升。

二、理顺管理体制

（四）匡定管理职责。城市管理的主要职责是市政管理、环境管理、交通管理、应急管理和城市规划实施管理等。具体实施范围包括：市政公用设施运行管理、市容环境卫生管理、园林绿化管理等方面的全部工作；市、县政府依法确定的，与城市管理密切相关、需要纳入统一管理的公共空间秩序管理、违法建设治理、环境保护管理、交通管理、应急管理等方面的部分工作。城市管理执法即是在上述领域根据国家法律法规规定履行行政执法权力的行为。

（五）明确主管部门。国务院住房和城乡建设主管部门负责对全国城市管理工作的指导，研究拟定有关政策，制定基本规范，做好顶层设计，加强对省、自治区、直辖市城市管理工作的指导监督协调，积极推进地方各级政府城市管理事权法律化、规范化。各省、自治区、直辖市政府应当确立相应的城市管理主管部门，加强对辖区内城市管理工作的业务指导、组织协调、监督检查和考核评价。各地应科学划分城市管理部门与相关行政主管部门的工作职责，有关管理和执法职责划转城市管理部门后，原主管部门不再行使。

（六）综合设置机构。按照精简统一效能的原则，住房和城乡建设部会同中央编办指导地方整合归并省级执法队伍，推进市县两级政府城市管理领域大部门制改革，整合市政公用、市容环卫、园林绿化、城市管理执法等城市管理相关职能，实现管理执法机构综合设置。统筹解决好机构性质问题，具备条件的应当纳入政府机构序列。遵循城市运行规律，建立健全以城市良性运行为核心，地上地下设施建设运行统筹协调的城市管理体制机制。有条件的市和县应当建立规划、建设、管理一体化的行政管理体制，强化城市管理和执法工作。

（七）推进综合执法。重点在与群众生产生活密切相关、执法频率高、多头执法扰民问题突出、专业技术要求适宜、与城市管理密切相关且需要集中行使行政处罚权的领域推行综合执法。具体范围是：住房城乡建设领域法律法规规章规定的全部行政处罚权；环境保护管理方面社会生活噪声污染、建筑施工噪声污染、建筑施工扬尘污染、餐饮服务业油烟污染、露天烧烤污染、城市焚烧沥青塑料垃圾等烟尘和恶臭污染、露天焚烧秸秆落叶等烟尘污染、燃放烟花爆竹污染等的行政处罚权；工商管理方面户外公共场所无照经营、违规设置户外广告的行政处罚权；交通管理方面侵占城市道路、违法停放车辆等的行政处罚权；水务管理方面向城市河道倾倒废弃物和垃圾及违规取土、城市河道违法建筑物拆除等的行政处罚权；食品药品监管方面户外公共场所食品销售和餐饮摊点无证经营，以及违法回收贩卖药品等的行政处罚权。城市管理部门可以实施与上述范围内法律法规规定的行政处罚权有关的行政强制措施。到2017年年底，实现住房城乡建设领域行政处罚权的集中行使。上述范围以外需要集中行使的具体行政处罚权及相应的行政强制权，由市、县政府报所在省、自治区政府审批，直辖市政府可以自行确定。

（八）下移执法重心。按照属地管理、权责一致的原则，合理确定设区的市和市辖区城市管理部门的职责分工。市级城市管理部门主要负责城市管理和执法工作的指导、监督、考核，以及跨区域及重大复杂违法违规案件的查处。按照简政放权、放管结合、优化服务的要求，在设区的市推行市或区一级执法，市辖区能够承担的可以实行区一级执法，区级城市管理部门可以向街道派驻执法机构，推动执法事项属地化管理；市辖区不能承担的，市级城市管理部门可以向市辖区和街道派驻执法机构，开展综合执法工作。派驻机构业务工作接受市或市辖区城市管理部门的领导，日常管理以所在市辖区或街道为主，负责人的调整应当征求派驻地党（工）委的意见。逐步实现城市管理执法工作全覆盖，并向乡镇延伸，推进城乡一体化发展。

三、强化队伍建设

（九）优化执法力量。各地应当根据执法工作特点合理设置岗位，科学确定城市管理执法人员配备比例标准，统筹解决好执法人员身份编制问题，在核定的行政编制数额内，具备条件的应当使用行政编制。执法力量要向基层倾斜，适度提高一线人员的比例，通过调整结构优化执法力量，确保一线执法工作需要。区域面积大、流动人口多、管理执法任务重的地区，可以适度调高执法人员配备比例。

（十）严格队伍管理。建立符合职业特点的城市管理执法人员管理制度，优化干部任用和人才选拔机制，严格按照公务员法有关规定开展执法人员录用等有关工作，加大接收安置军转干部的力度，加强领导班子和干部队伍建设。根据执法工作需要，统一制式服装和标志标识，制定执法执勤用车、装备配备标准，到2017年年底，实现执法制式服装和标志标识统一。严格执法人员素质要求，加强思想道德和素质教育，着力提升执法人员业务能力，打造政治坚定、作风优良、纪律严明、廉洁务实的执法队伍。

（十一）注重人才培养。加强现有在编执法人员业务培训和考试，严格实行执法人员持证上岗和资格管理制度，到2017年年底，完成处级以上干部轮训和持证上岗工作。建立符合职业特点的职务晋升和交流制度，切实解决基层执法队伍基数大、职数少的问题，确保部门之间相对平衡、职业发展机会平等。完善基层执法人员工资政策。研究通过工伤保险、抚恤等政策提高风险保障水平。鼓励高等学校设置城市管理专业或开设城市管理课程，依托党校、行政学院、高等学校等开展岗位培训。

（十二）规范协管队伍。各地可以根据实际工作需要，采取招用或劳务派遣等形式配置城市管理执法协管人员。建立健全协管人员招聘、管理、奖惩、退出等制度。协管人员数量不得超过在编人员，并应当随城市管理执法体制改革逐步减少。协管人员只能配合执法人员从事宣传教育、巡查、信息收集、违法行为劝阻等辅助性事务，不得从事具体行政执法工作。协管人员从事执法辅助事务以及超越辅助事务所形成的后续责任，由本级城市管理部门承担。

四、提高执法水平

（十三）制定权责清单。各地要按照转变政府职能、规范行政权力运行的要求，全面清理调整现有城市管理和综合执法职责，优化权力运行流程。依法建立城市管理和综合执法部门的权力和责任清单，向社会公开职能职责、执法依据、处罚标准、运行流程、监督途径和问责机制。制定责任清单与权力清单工作要统筹推进，并实行动态管理和调整。到2016年年底，市、县两级城市管理部门要基本完成权力清单和责任清单的制定公布工作。

（十四）规范执法制度。各地城市管理部门应当切实履行城市管理执法职责，完善执法程序，规范办案流程，明确办案时限，提高办案效率。积极推行执法办案评议考核制度和执法公示制度。健全行政处罚适用规则和裁量基准制度、执法全过程记录制度。严格执行重大执法决定法制审核制度。杜绝粗暴执法和选择性执法，确保执法公信力，维护公共利益、人民权益和社会秩序。

（十五）改进执法方式。各地城市管理执法人员应当严格履行执法程序，做到着装整齐、用语规范、举止文明，依法规范行使行政检查权和行政强制权，严禁随意采取强制执法措施。坚持处罚与教育相结合的原则，根据违法行为的性质和危害后果，灵活运用不同执法方式，对情节较轻或危害后果能够及时消除的，应当多做说服沟通工作，加强教育、告诫、引导。综合运用行政指导、行政奖励、行政扶助、行政调解等非强制行政手段，引导当事人自觉遵守法律法规，及时化解矛盾纷争，促进社会和谐稳定。

（十六）完善监督机制。强化外部监督机制，畅通群众监督渠道、行政复议渠道，城市管理部门和执法人员要主动接受法律监督、行政监督、社会监督。强化内部监督机制，全面落实行政执法责任制，加强城市管理部门内部流程控制，健全责任追究机制、纠错问责机制。强化执法监督工作，坚决排除对执法活动的违规人为干预，防止和克服各种保护主义。

五、完善城市管理

（十七）加强市政管理。市政公用设施建设完成后，应当及时将管理信息移交城市管理部门，并建立完备的城建档案，实现档案信息共享。加强市政公用设施管护工作，保障安全高效运行。加强城市道路管理，严格控制道路开挖或占用道路行为。加强城市地下综合管廊、给排水和垃圾处理等基础设施管理，服务入廊单位生产运行和市民日常生活。

（十八）维护公共空间。加强城市公共空间规划，提升城市设计水平。加强建筑物立面管理和色调控制，规范报刊亭、公交候车亭等"城市家具"设置，加强户外广告、门店牌匾设置管理。加强城市街头流浪乞讨人员救助管理。严查食品无证摊贩、散发张贴小广告、街头非法回收药品、贩卖非法出版物等行为。及时制止、严肃查处擅自变更建设项目规划设计和用途、违规占用公共空间以及乱贴乱画乱挂等行为，严厉打击违法用地、违法建设行为。

（十九）优化城市交通。坚持公交优先战略，着力提升城市公共交通服务水平。加强不同交通工具之间的协调衔接，倡导步行、自行车等绿色出行方式。打造城市交通微循环系统，加大交通需求调控力度，优化交通出行结构，提高路网运行效率。加强城市交通基础设施和智能化交通指挥设施管理维护。整顿机动车交通秩序。加强城市出租客运市场管理。加强静态交通秩序管理，综合治理非法占道停车及非法挪用、占用停车设施，鼓励社会资本投入停车场建设，鼓励单位停车场错时对外开放，逐步缓解停车难问题。

（二十）改善人居环境。切实增加物质和人力投入，提高城市园林绿化、环卫保洁水平，加强大气、噪声、固体废物、河湖水系等环境管理，改善城市人居环境。规范建筑施工现场管理，严控噪声扰民、施工扬尘和渣土运输抛洒。推进垃圾减量化、资源化、无害化管理。加强废弃电器电子产品回收处理和医疗垃圾集中处理管理。大力开展爱国卫生运动，提高城市卫生水平。

（二十一）提高应急能力。提高城市防灾减灾能力，保持水、电、气、热、交通、通信、网络等城市生命线系统畅通。建立完善城市管理领域安全监管责任制，强化重大危险源监控，消除重大事故隐患。加强城市基础设施安全风险隐患排查，建立分级、分类、动态管理制度。完善城市管理应急响应机制，提高突发事件处置能力。强化应急避难场所、设施设备管理，加强各类应急物资储备。建立应急预案动态调整管理制度，经常性开展疏散转移、自救互救等综合演练。做好应对自然灾害等突发事件的军地协调工作。

（二十二）整合信息平台。积极推进城市管理数字化、精细化、智慧化，到2017年年底，所有市、县都要整合形成数字化城市管理平台。基于城市公共信息平台，综合运用物联网、云计算、大数据等现代信息技术，整合人口、交通、能源、建设等公共设施信息和公共基础服务，拓展数字化城市管理平台功能。加快数字化城市管理向智慧化升级，实现感知、分析、服务、指挥、监察"五位一体"。整合城市管理相关电话服务平台，形成全国统一的12319城市管理服务热线，并实现与110报警电话等的对接。综合利用各类监测监控手段，强化视频监控、环境监测、交通运行、供水供气供电、防洪防涝、生命线保障等城市运行数据的综合采集和管理分析，形成综合性城市管理数据库，重点推进城市建筑物数据库建设。强化行政许可、行政处罚、社会诚信等城市管理全要素数据的采集与整合，提升数据标准化程度，促进多部门公共数据资源互联互通和开放共享，建立用数据说话、用数据决策、用数据管理、用数据创新的新机制。

（二十三）构建智慧城市。加强城市基础设施智慧化管理与监控服务，加快市政公用设施智慧化改造升级，构建城市虚拟仿真系统，强化城镇重点应用工程建设。发展智慧水务，构建覆盖供水全过程、保障供水质量安全的智能供排水和污水处理系统。发展智慧管网，实现城市地下空间、地下综合管廊、地下管网管理信息化和运行智能化。发展智能建筑，实现建筑设施设备节能、安全的智能化管控。加快城市管理和综合执法档案信息化建设。依托信息化技术，综合利用视频一体化技术，探索快速处置、非现场执法等新型执法模式，提升执法效能。

六、创新治理方式

（二十四）引入市场机制。发挥市场作用，吸引社会力量和社会资本参与城市管理。鼓励地方通过政府和社会资本合作等方式，推进城市市政基础设施、市政公用事业、公共交通、便民服务设施等的市场化运营。推行环卫保洁、园林绿化管养作业、公共交通等由政府向社会购买服务，逐步加大购买服务力度。综合运用规划引导、市场运作、商户自治等方式，顺应历史沿革和群众需求，合理设置、有序管理方便生活的自由市场、摊点群、流动商贩疏导点等经营场所和服务网点，促创业、带就业、助发展、促和谐。

（二十五）推进网格管理。建立健全市、区（县）、街道（乡镇）、社区管理网络，科学划分网格单元，将城市管理、社会管理和公共服务事项纳入网格化管理。明确网格管理对象、管理标准和责任人，实施常态化、精细化、制度化管理。依托基层综合服务管理平台，全面加强对人口、房屋、证件、车辆、场所、社会组织等各类基础信息的实时采集、动态录入，准确掌握情况，及时发现和快速处置问题，有效实现政府对社会单元的公共管理和服务。

（二十六）发挥社区作用。加强社区服务型党组织建设，充分发挥党组织在基层社会治理中的领导核心作用，发挥政府在基层社会治理中的主导作用。依法建立社区公共事务准入制度，充分发挥社区居委会作用，增强社区自治功能。充分发挥社会工作者等专业人才的作用，培育社区社会组织，完善社区协商机制。推动制定社区居民公约，促进居民自治管理。建设完善社区公共服务设施，打造方便快捷生活圈。通过建立社区综合信息平台、编制城市管理服务图册、设置流动服务站等方式，提供惠民便民公共服务。

（二十七）动员公众参与。依法规范公众参与城市治理的范围、权利和途径，畅通公众有序参与城市治理的渠道。倡导城市管理志愿服务，建立健全城市管理志愿服务宣传动员、组织管理、激励扶持等制度和组织协调机制，引导志愿者与民间组织、慈善机构和非营利性社会团体之间的交流合作，组织开展多形式、常态化的志愿服务活动。依法支持和规范服务性、公益性、互助性社会组织发展。采取公众开放日、主题体验活动等方式，引导社会组织、市场中介机构和公民法人参与城市治理，形成多元共治、良性互动的城市治理模式。

（二十八）提高文明意识。把培育和践行社会主义核心价值观作为城市文明建设的根本任务，融入国民教育和精神文明创建全过程，广泛开展城市文明教育，大力弘扬社会公德。深化文明城市创建，不断提升市民文明素质和城市文明程度。积极开展新市民教育和培训，让新市民尽快融入城市生活，促进城市和谐稳定。充分发挥各级党组织和工会、共青团、妇联等群团组织的作用，广泛开展城市文明主题宣传教育和实践活动。加强社会诚信建设，坚持将公约引导、信用约束、法律规制相结合，以他律促自律。

七、完善保障机制

（二十九）健全法律法规。加强城市管理和执法方面的立法工作，完善配套法规和规章，实现深化改革与法治保障有机统一，发挥立法对改革的引领和规范作用。有立法权的城市要根据立法法的规定，加快制定城市管理执法方面的地方性法规、规章，明晰城市管理执法范围、程序等内容，规范城市管理执法的权力和责任。全面清理现行法律法规中与推进城市管理执法体制改革不相适应的内容，定期开展规章和规范性文件清理工作，并向社会公布清理结果，加强法律法规之间的衔接。加快制定修订一批城市管理和综合执法方面的标准，形成完备的标准体系。

（三十）保障经费投入。按照事权和支出责任相适应原则，健全责任明确、分类负担、收支脱钩、财政保障的城市管理经费保障机制，实现政府资产与预算管理有机结合，防止政府资产流失。城市政府要将城市管理经费列入同级财政预算，并与城市发展速度和规模相适应。严格执行罚缴分离、收支两条线制度，不得将城市管理经费与罚没收入挂钩。各地要因地制宜加大财政支持力度，统筹使用有关资金，增加对城市管理执法人员、装备、技术等方面的资金投入，保障执法工作需要。

（三十一）加强司法衔接。建立城市管理部门与公安机关、检察机关、审判机关信息共享、案情通报、案件移送等制度，实现行政处罚与刑事处罚无缝对接。公安机关要依法打击妨碍城市管理执法和暴力抗法行为，对涉嫌犯罪的，应当依照法定程序处理。检察机关、审判机关要加强法律指导，及时受理、审理涉及城市管理执法的案件。检察机关有权对城市管理部门在行政执法中发现涉嫌犯罪案件线索的移送情况进行监督，城市管理部门对于发现的涉嫌犯罪案件线索移送不畅的，可以向检察机关反映。加大城市管理执法行政处罚决定的行政和司法强制执行力度。

八、加强组织领导

（三十二）明确工作责任。加强党对城市管理工作的组织领导。各级党委和政府要充分认识推进城市管理执法体制改革、改进城市管理工作的重要性和紧迫性，把这项工作列入重要议事日程，按照有利于服务群众的原则，切实履行领导责任，研究重大问题，把握改革方向，分类分层推进。各省、自治区可以选择一个城市先行试点，直辖市可以全面启动改革工作。各省、自治区、直辖市政府要制定具体方案，明确时间步骤，细化政策措施，及时总结试点经验，稳妥有序推进改革。上级政府要加强对下级政府的指导和督促检查，重要事项及时向党委报告。中央和国家机关有关部门要增强大局意识、责任意识，加强协调配合，支持和指导地方推进改革工作。

（三十三）建立协调机制。建立全国城市管理工作部际联席会议制度，统筹协调解决制约城市管理工作的重大问题，以及相关部门职责衔接问题。各省、自治区政府应当建立相应的协调机制。市、县政府应当建立主要负责同志牵头的城市管理协调机制，加强对城市管理工作的组织协调、监督检查和考核奖惩。建立健全市、县相关部门之间信息互通、资源共享、协调联动的工作机制，形成管理和执法工作合力。

（三十四）健全考核制度。将城市管理执法工作纳入经济社会发展综合评价体系和领导干部政绩考核体系，推动地方党委、政府履职尽责。推广绩效管理和服务承诺制度，加快建立城市管理行政问责制度，健全社会公众满意度评价及第三方考评机制，形成公开、公平、公正的城市管理和综合执法工作考核奖惩制度体系。加强城市管理效能考核，将考核结果作为城市党政领导班子和领导干部综合考核评价的重要参考。

（三十五）严肃工作纪律。各级党委和政府要严格执行有关编制、人事、财经纪律，严禁在推进城市管理执法体制改革工作中超编进人、超职数配备领导干部、突击提拔干部。对违反规定的，要按规定追究有关单位和人员的责任。在职责划转、机构和人员编制整合调整过程中，应当按照有关规定衔接好人财物等要素，做好工作交接，保持工作的连续性和稳定性。涉及国有资产划转的，应做好资产清查工作，严格执行国有资产管理有关规定，确保国有资产安全完整。

（三十六）营造舆论环境。各级党委和政府要高度重视宣传和舆论引导工作，加强中央与地方的宣传联动，将改革实施与宣传工作协同推进，正确引导社会预期。加强对城市管理执法先进典型的正面宣传，营造理性、积极的舆论氛围，及时回应社会关切，凝聚改革共识。推进城市管理执法信息公开，保障市民的知情权、参与权、表达权、监督权。加强城市管理执法舆情监测、研判、预警和应急处置，提高舆情应对能力。

住房城乡建设部、中央编办、国务院法制办要及时总结各地经验，切实强化对推进城市管理执法体制改革、提高城市管理水平相关工作的协调指导和监督检查。重大问题要及时报告党中央、国务院。中央将就贯彻落实情况适时组织开展专项监督检查。

中共中央 国务院关于进一步加强城市规划建设管理工作的若干意见

中发〔2016〕6号

（2016年2月6日）

城市是经济社会发展和人民生产生活的重要载体，是现代文明的标志。新中国成立特别是改革开放以来，我国城市规划建设管理工作成就显著，城市规划法律法规和实施机制基本形成，基础设施明显改善，公共服务和管理水平持续提升，在促进经济社会发展、优化城乡布局、完善城市功能、增进民生福祉等方面发挥了重要作用。同时务必清醒地看到，城市规划建设管理中还存在一些突出问题：城市规划前瞻性、严肃性、强制性和公开性不够，城市建筑贪大、媚洋、求怪等乱象丛生，特色缺失，文化传承堪忧；城市建设盲目追求规模扩张，节约集约程度不高；依法治理城市力度不够，违法建设、大拆大建问题突出，公共产品和服务供给不足，环境污染、交通拥堵等"城市病"蔓延加重。

积极适应和引领经济发展新常态，把城市规划好、建设好、管理好，对促进以人为核心的新型城镇化发展，建设美丽中国，实现"两个一百年"奋斗目标和中华民族伟大复兴的中国梦具有重要现实意义和深远历史意义。为进一步加强和改进城市规划建设管理工作，解决制约城市科学发展的突出矛盾和深层次问题，开创城市现代化建设新局面，现提出以下意见。

一、总体要求

（一）指导思想。全面贯彻党的十八大和十八届三中、四中、五中全会及中央城镇化工作会议、中央城市工作会议精神，深入贯彻习近平总书记系列重要讲话精神，按照"五位一体"总体布局和"四个全面"战略布局，牢固树立和贯彻落实创新、协调、绿色、开放、共享的发展理念，认识、尊重、顺应城市发展规律，更好发挥法治的引领和规范作用，依法规划、建设和管理城市，贯彻"适用、经济、绿色、美观"的建筑方针，着力转变城市发展方式，着力塑造城市特色风貌，着力提升城市环境质量，着力创新城市管理服务，走出一条中国特色城市发展道路。

（二）总体目标。实现城市有序建设、适度开发、高效运行，努力打造和谐宜居、富有活力、各具特色的现代化城市，让人民生活更美好。

（三）基本原则。坚持依法治理与文明共建相结合，坚持规划先行与建管并重相结合，坚持改革创新与传承保护相结合，坚持统筹布局与分类指导相结合，坚持完善功能与宜居宜业相结合，坚持集约高效与安全便利相结合。

二、强化城市规划工作

（四）依法制定城市规划。城市规划在城市发展中起着战略引领和刚性控制的重要作用。依法加强规划编制和审批管理，严格执行城乡规划法规定的原则和程序，认真落实城市总体规划由本级政府编制、社会公众参与、同级人大常委会审议、上级政府审批的有关规定。创新规划理念，改进规划方法，把以人为本、尊重自然、传承历史、绿色低碳等理念融入城市规划全过程，增强规划的前瞻性、严肃性和连续性，实现一张蓝图干到底。坚持协调发展理念，从区域、城乡整体协调的高度确定城市定位、谋划城市发展。加强空间开发管制，划定城市开发边界，根据资源禀赋和环境承载能力，引导调控城市规模，优化城市空间布局和形态功能，确定城市建设约束性指标。按照严控增量、盘活存量、优化结构的思路，逐步调整城市用地结构，把保护基本农田放在优先地位，保证生态用地，合理安排建设用地，推动城市集约发展。改革完善城市规划管理体制，加强城市总体规划和土地利用总体规划的衔接，推进两图合一。在有条件的城市探索城市规划管理和国土资源管理部门合一。

（五）严格依法执行规划。经依法批准的城市规划，是城市建设和管理的依据，必须严格执行。进一步强化规划的强制性，凡是违反规划的行为都要严肃追究责任。城市政府应当定期向同级人大常委会报告城市规划实施情况。城市总体规划的修改，必须经原审批机关同意，并报同级人大常委会审议通过，从制度上防止随意修改规划等现象。控制性详细规划是规划实施的基础，未编制控制性详细规划的区域，不得进行建设。控制性详细规划的编制、实施以及对违规建设的处理结果，都要向社会公开。全面推行城市规划委员会制度。健全国家城乡规划督察员制度，实现规划督察全覆盖。完善社会参与机制，充分发挥专家和公众的力量，加强规划实施的社会监督。建立利用卫星遥感监测等多种手段共同监督规划实施的工作机制。严控各类开发区和城市新区设立，凡不符合城镇体系规划、城市总体规划和土地利用总体规划进行建设的，一律按违法处理。用5年左右时间，全面清查并处理建成区违法建设，坚决遏制新增违法建设。

三、塑造城市特色风貌

（六）提高城市设计水平。城市设计是落实城市规划、指导建筑设计、塑造城市特色风貌的有效手段。鼓励开展城市设计工作，通过城市设计，从整体平面和立体空间上统筹城市建筑布局，协调城市景观风貌，体现城市地域特征、民族特色和时代风貌。单体建筑设计方案必须在形体、色彩、体量、高度等方面符合城市设计要求。抓紧制定城市设计管理法规，完善相关技术导则。支持高等学校开设城市设计相关专业，建立和培育城市设计队伍。

（七）加强建筑设计管理。按照"适用、经济、绿色、美观"的建筑方针，突出建筑使用功能以及节能、节水、节地、节材和环保，防止片面追求建筑外观形象。强化公共建筑和超限高层建筑设计管理，建立大型公共建筑工程后评估制度。坚持开放发展理念，完善建筑设计招投标决策机制，规范决策行为，提高决策透明度和科学性。进一步培育和规范建筑设计市场，依法严格实施市场准入和清出。为建筑设计院和建筑师事务所发展创造更加良好的条件，鼓励国内外建筑设计企业充分竞争，使优秀作品脱颖而出。培养既有国际视野又有民族自信的建筑师队伍，进一步明确建筑师的权利和责任，提高建筑师的地位。倡导开展建筑评论，促进建筑设计理念的交融和升华。

（八）保护历史文化风貌。有序实施城市修补和有机更新，解决老城区环境品质下降、空间秩序混乱、历史文化遗产损毁等问题，促进建筑物、街道立面、天际线、色彩和环境更加协调、优美。通过维护加固老建筑、改造利用旧厂房、完善基础设施等措施，恢复老城区功能和活力。加强文化遗产保护传承和合理利用，保护古遗址、古建筑、近现代历史建筑，更好地延续历史文脉，展现城市风貌。用5年左右时间，完成所有城市历史文化街区划定和历史建筑确定工作。

四、提升城市建筑水平

（九）落实工程质量责任。完善工程质量安全管理制度，落实建设单位、勘察单位、设计单位、施工单位和工程监理单位等五方主体质量安全责任。强化政府对工程建设全过程的质量监管，特别是强化对工程监理的监管，充分发挥质监站的作用。加强职业道德规范和技能培训，提高从业人员素质。深化建设项目组织实施方式改革，推广工程总承包制，加强建筑市场监管，严厉查处转包和违法分包等行为，推进建筑市场诚信体系建设。实行施工企业银行保函和工程质量责任保险制度。建立大型工程技术风险控制机制，鼓励大型公共建筑、地铁等按市场化原则向保险公司投保重大工程保险。

（十）加强建筑安全监管。实施工程全生命周期风险管理，重点抓好房屋建筑、城市桥梁、建筑幕墙、斜坡（高切坡）、隧道（地铁）、地下管线等工程运行使用的安全监管，做好质量安全鉴定和抗震加固管理，建立安全预警及应急控制机制。加强对既有建筑改扩建、装饰装修、工程加固的质量安全监管。全面排查城市老旧建筑安全隐患，采取有力措施限期整改，严防发生垮塌等重大事故，保障人民群众生命财产安全。

（十一）发展新型建造方式。大力推广装配式建筑，减少建筑垃圾和扬尘污染，缩短建造工期，提升工程质量。制定装配式建筑设计、施工和验收规范。完善部品部件标准，实现建筑部品部件工厂化生产。鼓励建筑企业装配式施工，现场装配。建设国家级装配式建筑生产基地。加大政策支持力度，力争用10年左右时间，使装配式建筑占新建建筑的比例达到30%。积极稳妥推广钢结构建筑。在具备条件的地方，倡导发展现代木结构建筑。

五、推进节能城市建设

（十二）推广建筑节能技术。提高建筑节能标准，推广绿色建筑和建材。支持和鼓励各地结合自然气候特点，推广应用地源热泵、水源热泵、太阳能发电等新能源技术，发展被动式房屋等绿色节能建筑。完善绿色节能建筑和建材评价体系，制定分布式能源建筑应用标准。分类制定建筑全生命周期能源消耗标准定额。

（十三）实施城市节能工程。在试点示范的基础上，加大工作力度，全面推进区域热电联产、政府机构节能、绿色照明等节能工程。明确供热采暖系统安全、节能、环保、卫生等技术要求，健全服务质量标准和评估监督办法。进一步加强对城市集中供热系统的技术改造和运行管理，提高热能利用效率。大力推行采暖地区住宅供热分户计量，新建住宅必须全部实现供热分户计量，既有住宅要逐步实施供热分户计量改造。

六、完善城市公共服务

（十四）大力推进棚改安居。深化城镇住房制度改革，以政府为主保障困难群体基本住房需求，以市场为主满足居民多层次住房需求。大力推进城镇棚户区改造，稳步实施城中村改造，有序推进老旧住宅小区综合整治、危房和非成套住房改造，加快配套基础设施建设，切实解决群众住房困难。打好棚户区改造三年攻坚战，到2020年，基本完成现有的城镇棚户区、城中村和危房改造。完善土地、财政和金融政策，落实税收政策。创新棚户区改造体制机制，推动政府购买棚改服务，推广政府与社会资本合作模式，构建多元化棚改实施主体，发挥开发性金融支持作用。积极推行棚户区改造货币化安置。因地制宜确定住房保障标准，健全准入退出机制。

（十五）建设地下综合管廊。认真总结推广试点城市经验，逐步推开城市地下综合管廊建设，统筹各类管线敷设，综合利用地下空间资源，提高城市综合承载能力。城市新区、各类园区、成片开发区域新建道路必须同步建设地下综合管廊，老城区要结合地铁建设、河道治理、道路整治、旧城更新、棚户区改造等，逐步推进地下综合管廊建设。加快制定地下综合管廊建设标准和技术导则。凡建有地下综合管廊的区域，各类管线必须全部入廊，管廊以外区域不得新建管线。管廊实行有偿使用，建立合理的收费机制。鼓励社会资本投资和运营地下综合管廊。各城市要综合考虑城市发展远景，按照先规划、后建设的原则，编制地下综合管廊建设专项规划，在年度建设计划中优先安排，并预留和控制地下空间。完善管理制度，确保管廊正常运行。

（十六）优化街区路网结构。加强街区的规划和建设，分梯级明确新建街区面积，推动发展开放便捷、尺度适宜、配套完善、邻里和谐的生活街区。新建住宅要推广街区制，原则上不再建设封闭住宅小区。已建成的住宅小区和单位大院要逐步打开，实现内部道路公共化，解决交通路网布局问题，促进土地节约利用。树立"窄马路、密路网"的城市道路布局理念，建设快速路、主次干路和支路级配合理的道路网系统。打通各类"断头路"，形成完整路网，提高道路通达性。科学、规范设置道路交通安全设施和交通管理设施，提高道路安全性。到2020年，城市建成区平均路网密度提高到8公里／平方公里，道路面积率达到15％。积极采用单行道路方式组织交通。加强自行车道和步行道系统建设，倡导绿色出行。合理配置停车设施，鼓励社会参与，放宽市场准入，逐步缓解停车难问题。

（十七）优先发展公共交通。以提高公共交通分担率为突破口，缓解城市交通压力。统筹公共汽车、轻轨、地铁等多种类型公共交通协调发展，到2020年，超大、特大城市公共交通分担率达到40％以上，大城市达到30％以上，中小城市达到20％以上。加强城市综合交通枢纽建设，促进不同运输方式和城市内外交通之间的顺畅衔接、便捷换乘。扩大公共交通专用道的覆盖范围。实现中心城区公交站点500米内全覆盖。引入市场竞争机制，改革公交公司管理体制，鼓励社会资本参与公共交通设施建设和运营，增强公共交通运力。

（十八）健全公共服务设施。坚持共享发展理念，使人民群众在共建共享中有更多获得感。合理确定公共服务设施建设标准，加强社区服务场所建设，形成以社区级设施为基础，市、区级设施衔接配套的公共服务设施网络体系。配套建设中小学、幼儿园、超市、菜市场，以及社区养老、医疗卫生、文化服务等设施，大力推进无障碍设施建设，打造方便快捷生活圈。继续推动公共图书馆、美术馆、文化馆（站）、博物馆、科技馆免费向全社会开放。推动社区内公共设施向居民开放。合理规划建设广场、公园、步行道等公共活动空间，方便居民文体活动，促进居民交流。强化绿地服务居民日常活动的功能，使市民在居家附近能够见到绿地、亲近绿地。城市公园原则上要免费向居民开放。限期清理腾退违规占用的公共空间。顺应新型城镇化的要求，稳步推进城镇基本公共服务常住人口全覆盖，稳定就业和生活的农业转移人口在住房、教育、文化、医疗卫生、计划生育和证照办理服务等方面，与城镇居民有同等权利和义务。

（十九）切实保障城市安全。加强市政基础设施建设，实施地下管网改造工程。提高城市排涝系统建设标准，加快实施改造。提高城市综合防灾和安全设施建设配置标准，加大建设投入力度，加强设施运行管理。建立城市备用饮用水水源地，确保饮水安全。健全城市抗震、防洪、排涝、消防、交通、应对地质灾害应急指挥体系，完善城市生命通道系统，加强城市防灾避难场所建设，增强抵御自然灾害、处置突发事件和危机管理能力。加强城市安全监管，建立专业化、职业化的应急救援队伍，提升社会治安综合治理水平，形成全天候、系统性、现代化的城市安全保障体系。

七、营造城市宜居环境

（二十）推进海绵城市建设。充分利用自然山体、河湖湿地、耕地、林地、草地等生态空间，建设海绵城市，提升水源涵养能力，缓解雨洪内涝压力，促进水资源循环利用。鼓励单位、社区和居民家庭安装雨水收集装置。大幅度减少城市硬覆盖地面，推广透水建材铺装，大力建设雨水花园、储水池塘、湿地公园、下沉式绿地等雨水滞留设施，让雨水自然积存、自然渗透、自然净化，不断提高城市雨水就地蓄积、渗透比例。

（二十一）恢复城市自然生态。制定并实施生态修复工作方案，有计划有步骤地修复被破坏的山体、河流、湿地、植被，积极推进采矿废弃地修复和再利用，治理污染土地，恢复城市自然生态。优化城市绿地布局，构建绿道系统，实现城市内外绿地连接贯通，将生态要素引入市区。建设森林城市。推行生态绿化方式，保护古树名木资源，广植当地树种，减少人工干预，让乔灌草合理搭配、自然生长。鼓励发展屋顶绿化、立体绿化。进一步提高城市人均公园绿地面积和城市建成区绿地率，改变城市建设中过分追求高强度开发、高密度建设、大面积硬化的状况，让城市更自然、更生态、更有特色。

（二十二）推进污水大气治理。强化城市污水治理，加快城市污水处理设施建设与改造，全面加强配套管网建设，提高城市污水收集处理能力。整治城市黑臭水体，强化城中村、老旧城区和城乡接合部污水截流、收集，抓紧治理城区污水横流、河湖水系污染严重的现象。到2020年，地级以上城市建成区力争实现污水全收集、全处理，缺水城市再生水利用率达到20%以上。以中水洁厕为突破口，不断提高污水利用率。新建住房和单体建筑面积超过一定规模的新建公共建筑应当安装中水设施，老旧住房也应当逐步实施中水利用改造。培育以经营中水业务为主的水务公司，合理形成中水回用价格，鼓励按市场化方式经营中水。城市工业生产、道路清扫、车辆冲洗、绿化浇灌、生态景观等生产和生态用水要优先使用中水。全面推进大气污染防治工作。加大城市工业源、面源、移动源污染综合治理力度，着力减少多污染物排放。加快调整城市能源结构，增加清洁能源供应。深化京津冀、长三角、珠三角等区域大气污染联防联控，健全重污染天气监测预警体系。提高环境监管能力，加大执法力度，严厉打击各类环境违法行为。倡导文明、节约、绿色的消费方式和生活习惯，动员全社会参与改善环境质量。

（二十三）加强垃圾综合治理。树立垃圾是重要资源和矿产的观念，建立政府、社区、企业和居民协调机制，通过分类投放收集、综合循环利用，促进垃圾减量化、资源化、无害化。到2020年，力争将垃圾回收利用率提高到35%以上。强化城市保洁工作，加强垃圾处理设施建设，统筹城乡垃圾处理处置，大力解决垃圾围城问题。推进垃圾收运处理企业化、市场化，促进垃圾清运体系与再生资源回收体系对接。通过限制过度包装，减少一次性制品使用，推行净菜入城等措施，从源头上减少垃圾产生。利用新技术、新设备，推广厨余垃圾家庭粉碎处理。完善激励机制和政策，力争用5年左右时间，基本建立餐厨废弃物和建筑垃圾回收和再生利用体系。

八、创新城市治理方式

（二十四）推进依法治理城市。适应城市规划建设管理新形势和新要求，加强重点领域法律法规的立改废释，形成覆盖城市规划建设管理全过程的法律法规制度。严格执行城市规划建设管理行政决策法定程序，坚决遏制领导干部随意干预城市规划设计和工程建设的现象。研究推动城乡规划法与刑法衔接，严厉惩处规划建设管理违法行为，强化法律责任追究，提高违法违规成本。

（二十五）改革城市管理体制。明确中央和省级政府城市管理主管部门，确定管理范围、权力清单和责任主体，理顺各部门职责分工。推进市县两级政府规划建设管理机构改革，推行跨部门综合执法。在设区的市推行市或区一级执法，推动执法重心下移和执法事项属地化管理。加强城市管理执法机构和队伍建设，提高管理、执法和服务水平。

（二十六）完善城市治理机制。落实市、区、街道、社区的管理服务责任，健全城市基层治理机制。进一步强化街道、社区党组织的领导核心作用，以社区服务型党组织建设带动社区居民自治组织、社区社会组织建设。增强社区服务功能，实现政府治理和社会调节、居民自治良性互动。加强信息公开，推进城市治理阳光运行，开展世界城市日、世界住房日等主题宣传活动。

（二十七）推进城市智慧管理。加强城市管理和服务体系智能化建设，促进大数据、物联网、云计算等现代信息技术与城市管理服务融合，提升城市治理和服务水平。加强市政设施运行管理、交通管理、环境管理、应急管理等城市管理数字化平台建设和功能整合，建设综合性城市管理数据库。推进城市宽带信息基础设施建设，强化网络安全保障。积极发展民生服务智慧应用。到2020年，建成一批特色鲜明的智慧城市。通过智慧城市建设和其他一系列城市规划建设管理措施，不断提高城市运行效率。

（二十八）提高市民文明素质。以加强和改进城市规划建设管理来满足人民群众日益增长的物质文化需要，以提升市民文明素质推动城市治理水平的不断提高。大力开展社会主义核心价值观学习教育实践，促进市民形成良好的道德素养和社会风尚，提高企业、社会组织和市民参与城市治理的意识和能力。从青少年抓起，完善学校、家庭、社会三结合的教育网络，将良好校风、优良家风和社会新风有机融合。建立完善市民行为规范，增强市民法治意识。

九、切实加强组织领导

（二十九）加强组织协调。中央和国家机关有关部门要加大对城市规划建设管理工作的指导、协调和支持力度，建立城市工作协调机制，定期研究相关工作。定期召开中央城市工作会议，研究解决城市发展中的重大问题。中央组织部、住房城乡建设部要定期组织新任市委书记、市长培训，不断提高城市主要领导规划建设管理的能力和水平。

（三十）落实工作责任。省级党委和政府要围绕中央提出的总目标，确定本地区城市发展的目标和任务，集中力量突破重点难点问题。城市党委和政府要制定具体目标和工作方案，明确实施步骤和保障措施，加强对城市规划建设管理工作的领导，落实工作经费。实施城市规划建设管理工作监督考核制度，确定考核指标体系，定期通报考核结果，并作为城市党政领导班子和领导干部综合考核评价的重要参考。

各地区各部门要认真贯彻落实本意见精神，明确责任分工和时间要求，确保各项政策措施落到实处。各地区各部门贯彻落实情况要及时向党中央、国务院报告。中央将就贯彻落实情况适时组织开展监督检查。

城市管理执法办法

中华人民共和国住房和城乡建设部令第 34 号

（2017 年 1 月 24 日发布，2017 年 5 月 1 日起施行）

第一章　总　　则

第一条　为了规范城市管理执法工作，提高执法和服务水平，维护城市管理秩序，保护公民、法人和其他组织的合法权益，根据行政处罚法、行政强制法等法律法规的规定，制定本办法。

第二条　城市、县人民政府所在地镇建成区内的城市管理执法活动以及执法监督活动，适用本办法。

本办法所称城市管理执法，是指城市管理执法主管部门在城市管理领域根据法律法规规章规定履行行政处罚、行政强制等行政执法职责的行为。

第三条　城市管理执法应当遵循以人为本、依法治理、源头治理、权责一致、协调创新的原则，坚持严格规范公正文明执法。

第四条　国务院住房城乡建设主管部门负责全国城市管理执法的指导监督协调工作。

各省、自治区人民政府住房城乡建设主管部门负责本行政区域内城市管理执法的指导监督考核协调工作。

城市、县人民政府城市管理执法主管部门负责本行政区域内的城市管理执法工作。

第五条　城市管理执法主管部门应当推动建立城市管理协调机制，协调有关部门做好城市管理执法工作。

第六条　城市管理执法主管部门应当加强城市管理法律法规规章的宣传普

及工作，增强全民守法意识，共同维护城市管理秩序。

第七条　城市管理执法主管部门应当积极为公众监督城市管理执法活动提供条件。

第二章　执 法 范 围

第八条　城市管理执法的行政处罚权范围依照法律法规和国务院有关规定确定，包括住房城乡建设领域法律法规规章规定的行政处罚权，以及环境保护管理、工商管理、交通管理、水务管理、食品药品监管方面与城市管理相关部分的行政处罚权。

第九条　需要集中行使的城市管理执法事项，应当同时具备下列条件：

（一）与城市管理密切相关；

（二）与群众生产生活密切相关、多头执法扰民问题突出；

（三）执法频率高、专业技术要求适宜；

（四）确实需要集中行使的。

第十条　城市管理执法主管部门依法相对集中行使行政处罚权的，可以实施法律法规规定的与行政处罚权相关的行政强制措施。

第十一条　城市管理执法事项范围确定后，应当向社会公开。

第十二条　城市管理执法主管部门集中行使原由其他部门行使的行政处罚权的，应当与其他部门明确职责权限和工作机制。

第三章　执 法 主 体

第十三条　城市管理执法主管部门按照权责清晰、事权统一、精简效能的原则设置执法队伍。

第十四条　直辖市、设区的市城市管理执法推行市级执法或者区级执法。

直辖市、设区的市的城市管理执法事项，市辖区人民政府城市管理执法主管部门能够承担的，可以实行区级执法。

直辖市、设区的市人民政府城市管理执法主管部门可以承担跨区域和重大复杂违法案件的查处。

第十五条   市辖区人民政府城市管理执法主管部门可以向街道派出执法机构。直辖市、设区的市人民政府城市管理执法主管部门可以向市辖区或者街道派出执法机构。

派出机构以设立该派出机构的城市管理执法主管部门的名义，在所辖区域范围内履行城市管理执法职责。

第十六条   城市管理执法主管部门应当依据国家相关标准，提出确定城市管理执法人员数量的合理意见，并按程序报同级编制主管部门审批。

第十七条   城市管理执法人员应当持证上岗。

城市管理执法主管部门应当定期开展执法人员的培训和考核。

第十八条   城市管理执法主管部门可以配置城市管理执法协管人员，配合执法人员从事执法辅助事务。

协管人员从事执法辅助事务产生的法律后果，由本级城市管理执法主管部门承担。

城市管理执法主管部门应当严格协管人员的招录程序、资格条件，规范执法辅助行为，建立退出机制。

第十九条   城市管理执法人员依法开展执法活动和协管人员依法开展执法辅助事务，受法律保护。

第四章   执 法 保 障

第二十条   城市管理执法主管部门应当按照规定配置执法执勤用车以及调查取证设施、通信设施等装备配备，并规范管理。

第二十一条   城市管理执法制式服装、标志标识应当全国统一，由国务院住房城乡建设主管部门制定式样和标准。

第二十二条   城市管理执法应当保障必要的工作经费。

工作经费按规定已列入同级财政预算，城市管理执法主管部门不得以罚没收入作为经费来源。

第二十三条　城市管理领域应当建立数字化城市管理平台，实现城市管理的信息采集、指挥调度、督察督办、公众参与等功能，并逐步实现与有关部门信息平台的共享。

城市管理领域应当整合城市管理相关电话服务平台，建立统一的城市管理服务热线。

第二十四条　城市管理执法需要实施鉴定、检验、检测的，城市管理执法主管部门可以开展鉴定、检验、检测，或者按照有关规定委托第三方实施。

第五章　执 法 规 范

第二十五条　城市管理执法主管部门依照法定程序开展执法活动，应当保障当事人依法享有的陈述、申辩、听证等权利。

第二十六条　城市管理执法主管部门开展执法活动，应当根据违法行为的性质和危害后果依法给予相应的行政处罚。

对违法行为轻微的，可以采取教育、劝诫、疏导等方式予以纠正。

第二十七条　城市管理执法人员开展执法活动，可以依法采取以下措施：

（一）以勘验、拍照、录音、摄像等方式进行现场取证；

（二）在现场设置警示标志；

（三）询问案件当事人、证人等；

（四）查阅、调取、复制有关文件资料等；

（五）法律、法规规定的其他措施。

第二十八条　城市管理执法主管部门应当依法、全面、客观收集相关证据，规范建立城市管理执法档案并完整保存。

城市管理执法主管部门应当运用执法记录仪、视频监控等技术，实现执法活动全过程记录。

第二十九条　城市管理执法主管部门对查封、扣押的物品，应当妥善保管，不得使用、截留、损毁或者擅自处置。查封、扣押的物品属非法物品的，移送有关部门处理。

第三十条　城市管理执法主管部门不得对罚款、没收违法所得设定任务和目标。

罚款、没收违法所得的款项，应当按照规定全额上缴。

第三十一条　城市管理执法主管部门应当确定法制审核机构，配备一定比例符合条件的法制审核人员，对重大执法决定在执法主体、管辖权限、执法程序、事实认定、法律适用等方面进行法制审核。

第三十二条　城市管理执法主管部门开展执法活动，应当使用统一格式的行政执法文书。

第三十三条　行政执法文书的送达，依照民事诉讼法等法律规定执行。

当事人提供送达地址或者同意电子送达的，可以按照其提供的地址或者传真、电子邮件送达。

采取直接、留置、邮寄、委托、转交等方式无法送达的，可以通过报纸、门户网站等方式公告送达。

第三十四条　城市管理执法主管部门应当通过门户网站、办事窗口等渠道或者场所，公开行政执法职责、权限、依据、监督方式等行政执法信息。

第六章　协作与配合

第三十五条　城市管理执法主管部门应当与有关部门建立行政执法信息互通共享机制，及时通报行政执法信息和相关行政管理信息。

第三十六条　城市管理执法主管部门可以对城市管理执法事项实行网格化管理。

第三十七条　城市管理执法主管部门在执法活动中发现依法应当由其他部门查处的违法行为，应当及时告知或者移送有关部门。

第七章　执法监督

第三十八条　城市管理执法主管部门应当向社会公布投诉、举报电话及其他监督方式。

城市管理执法主管部门应当为投诉人、举报人保密。

第三十九条　城市管理执法主管部门违反本办法规定，有下列行为之一的，由上级城市管理执法主管部门或者有关部门责令改正，通报批评；情节严重的，对直接负责的主管人员和其他直接责任人员依法给予处分。

（一）没有法定依据实施行政处罚的；

（二）违反法定程序实施行政处罚的；

（三）以罚款、没收违法所得作为经费来源的；

（四）使用、截留、损毁或者擅自处置查封、扣押物品的；

（五）其他违反法律法规和本办法规定的。

第四十条　非城市管理执法人员着城市管理执法制式服装的，城市管理执法主管部门应当予以纠正，依法追究法律责任。

第八章　附　　则

第四十一条　本办法第二条第一款规定范围以外的城市管理执法工作，参照本办法执行。

第四十二条　本办法自2017年5月1日起施行。1992年6月3日发布的《城建监察规定》（建设部令第20号）同时废止。

湖南省城市综合管理条例

（2017 年 5 月 27 日湖南省第十二届人民代表大会
常务委员会第三十次会议通过）

第一章 总 则

第一条 为了加强城市综合管理，规范综合执法行为，建设文明宜居城市，根据有关法律、行政法规，结合本省实际，制定本条例。

第二条 在本省行政区域内的城市、县城建成区和设区的市、自治州、县（市、区）人民政府确定的其他区域实施城市综合管理，适用本条例。

第三条 城市综合管理的范围包括：市容环境卫生管理，园林绿化建设维护管理，市政公用设施运行管理，设区的市、自治州、县（市、区）人民政府依法确定的其他事项管理，以及综合执法。

第四条 城市综合管理坚持以人为本、依法治理、源头治理、权责一致、协调创新的原则。

第五条 县级以上人民政府应当加强对城市综合管理工作的领导，建立健全协调机制，合理划分相关政府部门在城市综合管理中的工作职责。

城市人民政府应当将城市综合管理经费纳入同级财政预算，并与城市发展速度和规模相适应。

第六条 省人民政府城市管理主管部门负责全省城市综合管理工作的业务指导、组织协调、监督检查。

设区的市、自治州、县（市、区）人民政府应当整合市政公用、市容环卫、园林绿化、城市管理执法等城市管理相关职能，设置城市管理和综合执法部门（以下简称城市管理部门）。

设区的市、自治州城市管理部门负责辖区内城市综合管理工作的指导、协调、监督，以及跨区域的重大复杂违法案件的查处。

设区的市和市辖区城市管理部门的具体管理内容、执法事项和区域由设区的市人民政府确定。

市辖区人民政府城市管理部门可以向街道(乡镇)派驻执法机构或者执法人员。

第七条　市容环境卫生，园林绿化，地下管线、城市照明、给排水、供气、污水处理、城市道路桥梁、加油加气充电设施、公共厕所和公共停车场等市政公用设施专项规划由设区的市、自治州、县（市）人民政府规划部门会同相关部门依法编制，报同级人民政府审批后组织实施。

第八条　设区的市、县（市、区）人民政府应当建立和完善数字化城市综合管理平台，提高城市综合管理信息化水平。

第九条　设区的市、县（市、区）人民政府可以采取购买服务或者特许经营等方式，推进城市市政基础设施、市政公用事业的市场化运营。

第十条　社区居民委员会应当通过完善社区公共服务设施、制定和实施社区居民公约等，增强社区在城市综合管理中的自治功能，引导社区居民参与城市综合管理活动。对违反城市综合管理法律法规规章的行为，社区居民、业主委员会、物业服务单位和社区居民委员会有权进行劝阻；劝阻无效的，物业服务单位和社区居民委员会应当及时向城市管理部门报告，并协助处理。

公民、法人或者其他组织可以通过参与城市综合管理志愿服务活动、履行临街门店前的市容环境卫生责任等方式参与城市综合管理活动，通过多种方式对城市综合管理工作提出批评、建议。

第十一条　设区的市、自治州、县（市、区）人民政府及其有关部门应当进行城市文明教育，开展社会诚信建设宣传，弘扬社会公德，引导公民自觉遵守城市综合管理法律法规规章，提升城市文明程度。

第二章　市容环境卫生管理

第十二条　市容环境卫生管理实行责任区制度。城市管理部门应当合理划定责任区域，明确责任人、责任事项和监管单位等。

第十三条 城市道路应当及时清扫，保持整洁畅通。

禁止违反规定在城市道路非机动车道、人行道上建设建（构）筑物、摆摊设点和从事其他占道行为。

临街门店经营者不得在店外堆物、经营和作业。

第十四条 城市临街建（构）筑物外立面和屋顶应当符合城市容貌标准，定期进行维护和保洁。

第十五条 在户外设置广告应当符合广告规划及城市容貌标准，管理责任人应当加强管理，定期维护和清理。

任何单位和个人不得在道路、广场等户外公共场所悬挂、张贴、涂写、刻画、散发广告品影响市容环境卫生。

第十六条 设区的市、县（市、区）人民政府应当建设完善的垃圾收集处理设施，统筹垃圾处理及循环利用。

公民和物业服务等单位应当按照垃圾分类标准和要求投放生活垃圾。餐饮经营单位和机关、企业事业单位的食堂（餐厅）应当将餐厨垃圾交给有资质的单位运输、处置。

医疗卫生、电子、放射性等需要特殊处理的垃圾，按照有关法律法规规章的规定处理。

第十七条 建设施工场地应当严格遵守相关作业规定，并符合下列要求：

（一）实行围挡作业，按照相关规范设置围挡、防护设施、夜间照明装置；

（二）对施工场地进出路口和出场车辆进行冲洗；

（三）将泥浆和渣土等废弃物运到指定地点处置；

（四）采取措施减少噪声、扬尘污染。

城市管理部门应当对建筑垃圾和渣土的运输进行监管。

第三章　园林绿化管理

第十八条 设区的市、自治州、县（市、区）人民政府应当加强城市内山体、水体、林地、草地、古树名木的保护。

鼓励推行城市立体绿化。

第十九条　任何单位和个人不得擅自占用城市公共绿地，不得损毁城市花草树木和绿化设施。

第二十条　城市道路的绿化隔离带应当布局合理，与周边环境相协调。

城市行道树不得影响交通信号灯、路灯和指示牌的使用，不得妨碍道路交通安全。禁止随意更换城市行道树。

第二十一条　暂时不能开工建设的建设用地，土地使用权人应当对裸露地面进行覆盖；超过三个月不能开工建设的，应当进行绿化、铺装或者遮盖。

第四章　市政公用设施管理

第二十二条　设区的市、县（市、区）人民政府应当加强城市道路管理。严禁擅自占用或者挖掘城市道路。

第二十三条　城市道路桥梁、公共场所和居民小区等应当按照规划配套建设无障碍设施。城市道路人行道应当按照规划和国家标准设置盲道。任何单位和个人不得擅自占用或者破坏盲道等无障碍设施。

第二十四条　设区的市、县（市、区）人民政府应当将经过城区的公路桥梁纳入城市道路桥梁管理范围。

城市桥梁下的空间确需进行公益性开发利用的，应当报经城市管理部门同意，任何单位和个人不得擅自占用。

第二十五条　设区的市、县（市、区）人民政府应当合理规划布局路网体系，统筹停车场所（设施）、非机动车道和人行道建设，发展城市公共交通和公共自行车租赁服务。

鼓励机关、企业事业单位和居民小区的停车场所（设施）向社会开放。

第二十六条　城市道路、广场等公共场所应当合理设置公共厕所。公共厕所管理单位应当合理设置醒目标识，进行日常保洁和维护。公民应当维护公共厕所的清洁卫生，爱护设备设施。

第二十七条　设区的市、县（市）人民政府应当建立健全城市地下管线综合信息系统。城市供水、排水、供气、电力、通信等管线权属单位应当及时报送专项管线信息。

鼓励设区的市、县（市）人民政府统筹规划建设地下综合管廊。

第二十八条　设区的市、县（市、区）人民政府应当综合设置城市交通、照明、通信、治安、广告等立杆设施，并进行规范管理。

第二十九条　城市管理部门应当对市政公用设施进行日常巡查和运行维护管理，发现问题及时处理。

第五章　其他事项管理

第三十条　设区的市、自治州、县（市、区）人民政府应当加强城市公共空间管理，明确公共空间管理范围，统筹城市公共设施规划建设。

第三十一条　设区的市、县（市、区）人民政府应当对违法建设进行有效治理，建立健全违法建设防控和处置机制，依法拆除违法建（构）筑物。

对违法建（构）筑物，城市管理部门应当告知相关部门不得将其登记为生产经营场所；对尚未使用的，供水、供电、供气、通信等相关单位不得办理供应或者接入手续。

第三十二条　在户外使用音响器材，使用时段、区域和产生的音量应当符合法律法规规章的规定，不得造成噪声污染。

第三十三条　餐饮经营单位和机关、企业事业单位的食堂（餐厅）应当安装油烟净化装置，油烟排放应当符合有关标准。

第三十四条　设区的市、县（市、区）人民政府应当采取措施对城市露天烧烤、焚烧秸秆落叶、焚烧沥青橡胶塑料垃圾以及其他产生烟尘和恶臭污染的行为进行监督管理。

第三十五条　设区的市、自治州、县（市、区）人民政府应当采取措施对烟花爆竹的燃放进行监督管理，防止破坏市容环境卫生，产生大气、噪声污染或者造成公共安全事故。

　　第三十六条　设区的市、县（市、区）人民政府应当采取措施对城市静态交通秩序和公共停车设施运行进行监督管理。

　　第三十七条　电动车所有人应当到公安机关交通管理部门办理备案、编号手续，领取编号牌、行车证。电动车是指以电力驱动，不具备脚踏骑行功能的两轮或者三轮道路车辆，不包括残疾人代步机动轮椅车。

　　电动自行车所有人应当到公安机关交通管理部门办理登记、上牌手续，领取行驶证。

　　电动车、电动自行车应当按照交通信号和规定的时速行驶。

　　第三十八条　设区的市、县（市、区）人民政府应当划定城市河流、湖泊、水塘等公共水域范围，明确责任单位和责任人，并向社会公告。

　　禁止在城市河流、湖泊、水塘等公共水域内违规取土，禁止向城市河流、湖泊、水塘等公共水域内倾倒废弃物和垃圾等污染物。

　　第三十九条　设区的市、县（市、区）人民政府应当根据便民原则合理设置自由市场、服务网点等经营场所，并规定流动商贩经营区域和经营时段。流动商贩应当在规定的区域和时段经营。

　　第四十条　设区的市、自治州、县（市、区）人民政府应当建立完善城市管理应急响应机制，提高专业队伍素质，建设应急避难场所，保持水、电、气、交通、通信等系统畅通，提高突发事件处置能力。

第六章　综合执法和监督检查

　　第四十一条　城市管理部门集中行使下列行政处罚权：

　　（一）住房城乡建设领域法律法规规章规定的全部行政处罚权；

　　（二）社会生活噪声污染、建筑施工噪声污染、建筑施工扬尘污染、餐饮服务业油烟污染、露天烧烤污染、城市焚烧沥青塑料垃圾等烟尘和恶臭污染、露天焚烧秸秆落叶等烟尘污染、燃放烟花爆竹污染等环境保护管理方面的行政处罚权；

　　（三）户外公共场所无照经营、违规设置户外广告等工商管理方面的行政处罚权；

（四）侵占城市道路、违法停放车辆等交通管理方面的行政处罚权；

（五）向城市河道和其他水域倾倒废弃物和垃圾以及违规取土、城市河道违法建筑物拆除等水务管理方面的行政处罚权；

（六）户外公共场所食品销售和餐饮摊点无证经营，以及违法回收贩卖药品等食品药品监督管理方面的行政处罚权；

（七）其他由设区的市、自治州、县（市、区）人民政府报经省人民政府批准确定的具体行政处罚权。

城市管理部门可以实施与前款规定范围内法律法规规定的行政处罚权有关的行政强制措施。

第四十二条　设区的市、自治州、县（市、区）人民政府应当加强城市综合执法队伍建设，完善执法机构，确定执法人员数量，配置执法执勤车辆和装备器材。

从事城市综合执法工作的人员应当依法取得行政执法资格。

城市管理部门根据需要聘请的协管人员可以配合执法人员从事宣传教育、巡查、信息收集、劝阻违法行为等辅助性事务，但不得从事执法工作。协管人员从事执法辅助性事务以及超越辅助性事务所造成的法律后果，由城市管理部门承担。

第四十三条　设区的市、自治州、县（市、区）人民政府应当建立城市管理部门权力和责任清单，并向社会公开其职责、执法依据、处罚标准、运行流程和监督途径。

城市管理部门应当建立执法公示、行政处罚适用规则和裁量基准、执法全过程记录和重大执法决定法制审核等制度。

第四十四条　城市管理部门应当按照网格化管理的要求，划定城市综合执法单元区域，明确区域责任单位和责任人，并在政府网站、责任区范围内明显位置公示。

责任单位和责任人应当开展日常巡查，依法及时查处违法行为。

第四十五条　城市管理部门应当执行行政执法责任制度，坚持执法与疏导、管理与服务、处罚与教育相结合，公正文明执法。

城市管理部门可以运用行政指导、行政合同、行政奖励、行政扶助、行政调解等非强制行政手段引导当事人自觉守法。

第四十六条　城市综合执法人员在执法过程中应当着国家统一的制式服装，佩戴标志标识，出示执法证件，依照法定程序执法，并不得有下列行为：

（一）收缴罚款不出具专用收据；

（二）故意损坏、擅自处理或者侵占当事人财物；

（三）辱骂、殴打当事人；

（四）截留、挪用、私分罚没款物；

（五）其他违法行为。

第四十七条　城市管理部门查处下列违法行为时，可以采取以下措施：

（一）在证据可能灭失或者以后难以取得的情况下，经城市管理部门负责人批准，可以将证据先行登记保存；

（二）不按规定在非机动车道、人行道上停放机动车阻碍交通，机动车驾驶人不在现场或者虽在现场但拒绝立即驶离的，可以将机动车拖离现场，但应当及时告知不在现场的机动车所有人；

（三）不按规定使用专用运输车辆运输散装、流体物品，造成环境污染的，可以暂扣违法车辆至指定场所；同时责令当事人立即清除污染，当事人不能清除污染或者拒绝履行的，由城市管理部门代为清除，费用由当事人承担；

（四）对未依法取得规划许可或者未按照规划许可内容建设的建（构）筑物，以及超过规划许可期限未拆除的临时建（构）筑物，应当责令当事人停止建设，并进行公告，限期当事人自行拆除；当事人在法定期限内不申请行政复议或者行政诉讼，又拒不停止建设或者自行拆除的，在报经当地人民政府批准后可以依法采取强制拆除措施。

第四十八条　城市管理部门应当与司法机关、政府相关部门进行信息共享、案情通报、案件移送和执法联动协作。

设区的市、自治州、县（市、区）人民政府相关部门应当依法履行相关城市综合管理职责，发现有违反城市综合管理法律法规章行为的，应当及时将证据材料和行政处罚建议移送同级城市管理部门或者相关单位。

公安机关应当加强对城市综合执法的支持保障，依法打击妨碍城市综合执法过程中的违法犯罪行为。

第四十九条　设区的市、自治州、县（市、区）人民政府应当建立健全城市综合管理的监督检查制度、绩效考核制度和责任追究制度，建立健全社会公众满意度评价及第三方考核评价机制，对城市综合管理工作进行监督检查。

上级城市管理部门应当对下级城市管理部门城市综合管理工作进行指导、协调、监督。

第五十条　公民、法人和其他组织有权对违反城市综合管理规定的行为进行投诉、举报。

设区的市、自治州、县（市、区）人民政府及其城市管理部门应当建立投诉、举报制度，向社会公布投诉、举报电话以及其他监督方式，畅通社会监督渠道。

设区的市、自治州、县（市、区）人民政府及其城市管理部门对公民、法人或者其他组织的投诉、举报应当及时处理，反馈处理结果，并为投诉人、举报人保密。

第七章　法律责任

第五十一条　城市综合执法人员违反本条例第四十六条规定的，责令改正，依法给予行政处分；造成他人损害的，依法承担赔偿责任；构成犯罪的，依法追究刑事责任。

第五十二条　违反本条例第七条规定，对依法应当编制专项规划而未编制或者未按程序编制、审批的，由上级人民政府责令改正，通报批评；对有关人民政府及其部门负责人和其他直接责任人员依法给予处分。

第五十三条　违反本条例第十三条第三款规定在店外堆物、经营、作业的，违反本条例第十六条第二款规定未将餐厨垃圾交给有资质的单位运输、处置的，由城市管理部门责令限期改正；逾期不改正的，处一万元以下的罚款。

第五十四条　有下列情形之一的，由城市管理部门责令改正；拒不改正的，处以罚款：

（一）违反本条例第十五条第二款规定，在道路、广场等户外公共场所悬挂、张贴、涂写、刻画、散发广告品影响市容环境卫生的，处一千元以下的罚款；

（二）违反本条例第三十二条规定，在户外使用音响器材造成噪声污染的，处五百元以下的罚款；

（三）违反本条例第三十九条规定，流动商贩不在规定区域和时段经营的，处五百元以下的罚款。

第五十五条　违反本条例第十七条第一款规定，未设置围挡作业、未对施工场地进出路口和出场车辆冲洗、未将泥浆和渣土等废弃物运到指定地点处置的，由城市管理部门责令改正，处三万元以下的罚款。

第五十六条　违反本条例第十九条规定损毁城市花草树木、绿化设施的，由城市管理部门责令停止侵害，赔偿损失，可以处损毁价值二倍以下的罚款。

第五十七条　有下列情形之一的，由城市管理部门责令改正；拒不改正的，由城市管理部门采取措施恢复原状，费用由违法者承担，可以处二万元以下的罚款：

（一）违反本条例第二十二条规定擅自占用或者挖掘城市道路的；

（二）违反本条例第二十三条规定擅自占用或者破坏盲道等无障碍设施的；

（三）违反本条例第二十四条规定擅自占用城市桥梁下空间的。

第五十八条　违反本条例第三十七条第三款规定的，设区的市、县（市、区）人民政府确定的执法部门对电动车驾驶人可以处一百元以下的罚款，对电动自行车驾驶人可以处五十元以下的罚款。驾驶人拒绝接受处罚的，可以暂扣车辆至指定场所；驾驶人接受处罚后，应当及时退还车辆。

第五十九条　公民、法人或者其他组织违反本条例规定，本条例没有规定行政处罚，其他法律法规规章规定了行政处罚的，从其规定。

第八章　附　　则

第六十条　本条例自2017年8月1日起施行。

南京市城市治理条例

（2012 年 10 月 31 日南京市第十四届人民代表大会常务委员会
第三十三次会议制定，2012 年 11 月 29 日江苏省第十一届人民代表大会
常务委员会第三十一次会议批准）

第一章 总 则

第一条 为了推动公众参与城市治理，提高城市管理和服务水平，建设宜居城市和幸福城市，根据有关法律、法规，结合本市实际，制定本条例。

第二条 本条例所称城市治理，是指为了促进城市和谐和可持续发展，增进公众利益，实行政府主导、公众参与，依法对城市规划建设、市政设施、市容环卫、道路交通、生态环境、物业管理、应急处置等公共事务和秩序进行综合服务和管理的活动。

本条例所称城市管理，是指政府及其有关部门依法行使行政权力，对前款所列城市公共事务和秩序进行组织、监管和服务的活动，是城市治理的基础性内容。

第三条 本条例适用于本市行政区域内实施城市化管理的区域。

区、县人民政府应当将辖区内实施城市化管理的区域向社会公布，并报市人民政府备案。

第四条 城市治理应当遵循依法行政、服务优先、公众参与、共同治理、柔性管理、最小损害的原则，尊重社会公德，执行国家政策和专业标准，维护公共利益。

第五条 市、区、县人民政府应当完善政府负责、分工协作、规划先行、建管并重的城市治理工作机制，将城市治理工作纳入国民经济和社会发展规

划，制定城市治理工作目标和年度计划，建立相适应的资金投入和保障机制，合理配置城市管理执法力量。

第六条 城市管理、规划、住房和城乡建设、国土资源、环境保护、公安、交通运输、园林、工商等行政主管部门（以下称城市管理相关部门）应当按照各自职责，做好城市治理工作，并可以根据城市治理工作实际需要，依法下放涉及城市管理的行政权力，并加强指导和监督。

第七条 街道办事处、镇人民政府负责组织落实辖区内城市治理的具体工作，指导、督促社区（居民委员会、村民委员会）和相关单位开展城市治理相关工作。

第八条 相关开发区管理委员会和风景区、火车站等窗口地区的管理机构，应当按照各自职责负责辖区范围内日常城市管理工作，并可以接受城市管理相关部门委托行使相关职权。

第九条 市人民政府设立城市治理委员会，组织、指导、监督考核城市治理工作，协调城市管理相关部门之间以及和其他政府部门的关系。

城市治理委员会依据市人民政府的授权，依法对城市治理重要事项作出的决议，政府有关部门、有关单位应当遵守和执行。

第十条 城市治理委员会由市人民政府及其城市管理相关部门负责人，专家、市民代表、社会组织等公众委员共同组成，其中公众委员的比例不低于百分之五十。城市治理委员会主任由市长担任。

城市治理委员会会议每季度召开一次，特殊情况可以临时或者延期召开。

公众委员应当通过公开公正的方式产生。具体产生办法以及城市治理委员会的议事规则，由市人民政府另行规定，并报市人民代表大会常务委员会备案。

第十一条 城市治理委员会下设办公室，办公室设在市城市管理行政主管部门，负责城市治理委员会的日常工作，并履行下列职责：

（一）组织开展城市治理的监督考核工作，提出奖惩方案，报城市治理委员会批准后实施；

（二）组织、引导和协调公众参与城市治理相关工作；

（三）召集城市管理相关部门开展联合执法；

（四）完成市人民政府、城市治理委员会交办的其他工作。

第十二条　任何单位和个人有参与城市治理的权利，以及维护市容整洁和公共秩序的义务，有权对损害或者破坏市容环境、公共秩序等行为进行劝导或者举报。

各级人民政府及其有关部门应当广泛宣传与城市治理有关的法律、法规、规章，引导、鼓励和支持公众对城市治理的投资、捐赠和志愿服务行为，对在城市治理中做出显著成绩的单位和个人给予表彰和奖励。

第二章　公众参与治理

第十三条　公众可以通过专家咨询、座谈会、论证会、听证会、网络征询、问卷调查等多种方式参与城市治理活动。

公众委员参与城市治理决策前，应当就会议讨论事项事先深入开展调研，听取和汇集公众意见。

政府、城市治理委员会和城市管理相关部门应当按照规定采用便于公众知悉的方式，公开有关行政决策、行政执法、行政裁决、行政监督等城市治理的信息。召开座谈会、论证会、听证会，应当提前将会议的时间、地点、主要议题等事项书面告知相关公众，为公众参与提供必要条件，并应当认真研究公众提出的意见，采纳合理可行的建议。

鼓励城市管理相关部门创新机制，吸收公众参与城市治理，采取定期召开联席会议等形式与社会组织之间建立经常、有效的沟通和联系。

第十四条　政府及其城市管理相关部门可以通过购买服务等方式，将社区服务、市政养护、环卫作业等转移给企业、事业单位、社会组织，推进政府公共服务社会化和市场化。

第十五条　事业单位应当在其职责范围内参与社会服务，发挥示范作用，满足社会发展需求。

企业可以通过特许经营、政府购买服务等方式参与公用事业经营、基础设施建设等活动。供水、供电、供气、供热、邮政、通讯、公共交通等单位，应当承担社会责任，配合做好城市治理相关工作。

第十六条　行业协会参与城市治理，促进行业成员与政府及其城市管理相关部门的合作，提供公共服务，并对行业成员的活动进行监督。

志愿者组织参与城市治理，在文化卫生、环境保护等领域以及大型赛会活动中，开展志愿服务活动。

中介组织参与城市治理，在市场准入、监督、公证、纠纷解决等方面提供服务。

第十七条　社区（居民委员会、村民委员会）依法协助街道办事处、镇人民政府开展城市治理工作，承担事务性管理工作，承接政府委托的公共服务项目，发现、报告社区内城市治理工作中存在的问题，调处矛盾纠纷，动员、组织社区内单位和居民、村民参与相关城市治理活动。

第十八条　新闻媒体参与城市治理，履行社会责任，宣传城市治理工作，并对城市治理中的违法行为进行舆论监督。

第十九条　各级人民政府应当为公众参与城市治理提供物质和制度保障。

公众依法参与城市治理活动遭受人身伤害或者财产损失的，政府及其有关部门应当给予适当救助或者补偿。

第三章　城市管理事项

第二十条　编制城市建设和管理的各项专项规划，应当根据城市总体规划的要求和城市长效管理的需要，科学论证、民主决策，征求城市管理相关部门意见，听取公众意见。

城市的建设和发展应当符合规划要求，妥善处理新区开发与旧区改建的关系，优先安排城市基础设施以及公共服务配套设施的建设。

各级人民政府及其城市管理相关部门应当建立长效机制，加强对城市基础设施、公共服务配套设施的管理和养护。

城市规划、建设、管理中的重要事项，属于城市治理委员会职权范围内的，应当提请城市治理委员会论证、决策。

第一节 建（构）筑物管理

第二十一条 市、区、县人民政府应当建立由城市管理行政执法、规划、住房和城乡建设、公安、国土资源等行政主管部门参加的查处违法建设指导协调机制，协调解决违法建设查处中的突出问题以及重点违法建设的强制拆除问题。

本市建立违法建设查处信息平台，利用和整合城市网格化管理信息系统、卫星遥感监测、电子政务网络、城市基础地理信息系统等技术手段和信息资源，实现信息互通和数据共享。

第二十二条 首先发现违法建设或者接到举报的城市管理行政执法部门、规划行政主管部门、街道办事处、镇人民政府为首查责任机关。不属于其管辖的，应当在二个工作日内将案件材料移送负有查处职责的机关处理；受移送的行政机关应当依法及时查处，并在处理决定做出后两个工作日内书面通报首查责任机关。

第二十三条 城市管理行政执法部门、规划行政主管部门，区、县人民政府，街道办事处、镇人民政府应当建立查处违法建设地段责任制和日常巡查制度，及时发现和制止违法建设。

第二十四条 发现正在建设的违法建设行为，城市管理行政执法部门或者规划行政主管部门应当立即责令停止建设、限期拆除。当事人不停止建设或者逾期不拆除的，由市、区、县人民政府责成有关部门查封施工现场，实施强制拆除。

第二十五条 违法建设当事人在法定期限内未申请行政复议或者未提起行政诉讼，又不拆除的，可以依法强制拆除。实施强制拆除前，应当制定工作方案和应急预案，并确定公安机关、违法建设所在地的街道办事处、镇人民政府以及有关配合单位的职责。实施强制拆除的行政机关应当事先告知当事人清理财物，当事人拒绝清理的，应当将当事人财物运送到指定场所。

第二节 建筑垃圾管理

第二十六条 市城市管理行政主管部门会同市公安、住房和城乡建设、环境保护等行政主管部门建立建筑垃圾联合整治管理机制，研究分析建筑垃圾运输动态情况，指导协调全市建筑垃圾运输管理执法工作，督查考核各区、县建筑垃圾运输整治情况，指挥全市建筑垃圾运输重大整治行动。

第二十七条　建设单位需要处置建筑垃圾的，应当向城市管理行政主管部门申请办理建筑垃圾处置许可手续，并按照规定缴纳处置费。回填工程基坑、洼地等需要受纳建筑垃圾的，受纳单位应当到城市管理行政主管部门申报登记。

建设单位或者施工单位应当通过招投标等方式将建筑垃圾交由经城市管理行政主管部门核准的运输单位承运。

第二十八条　运输单位从事建筑垃圾运输活动，应当具备下列条件，并取得建筑垃圾处置核准：

（一）符合国家对货物运输企业的相关规定，具有健全的运输车辆运营、安全、质量、保养和监测等管理制度；

（二）具有固定的办公场所、机械设备、车辆停放场所；

（三）具有一定数量的建筑垃圾运输车辆和符合要求的驾驶人员；

（四）承运车辆必须按照规定喷印所属承运企业名称、标志及编号，车身颜色相对统一；安装、使用行驶记录仪或者卫星定位系统；具备完整、良好的全密闭运输机械装置，并经公安机关交通管理部门查验合格。

第二十九条　建筑垃圾运输企业有下列情形之一的，由城市管理行政主管部门吊销其建筑垃圾处置核准：

（一）运输车辆严重违法，交通肇事致人死亡的；

（二）伪造或者涂改建筑垃圾处置核准证件的；

（三）将建筑垃圾承运证件出借他人或者允许他人以自己名义参与招投标，而不实际从事处置活动的；

（四）承接未办理建筑垃圾处置核准手续的项目，擅自运输建筑垃圾的；

（五）将建筑垃圾倾倒在规定场地之外的；

（六）在运输中不配合执法人员的检查和管理，有暴力抗法行为，情节严重的。

第三十条　承运建筑垃圾运输业务，应当使用符合规定的运输车辆，随车携带建筑垃圾处置核准证件，按照规定的运输路线、时间、速度，全密闭运往指定的处置场地。

承运砂石、工程渣土、工程泥浆、预拌商品混凝土等运输业务的工程车辆，应当参照承运建筑垃圾车辆的有关规定进行管理。

第三十一条　禁止下列建筑垃圾处置行为：

（一）未经许可处置建筑垃圾；

（二）未经申报登记回填建筑垃圾或者回填、处置量与申报不符；

（三）未经批准擅自设置建筑垃圾弃置场地；

（四）使用不符合规定的车辆运输建筑垃圾；

（五）未随车携带核准证件运输建筑垃圾。

违反前款规定，由城市管理行政执法部门进行查处。违反第一项规定的，责令补缴建筑垃圾处置费，并可以处三万元以上三十万元以下罚款。违反第二项规定的，处以五千元以上三万元以下罚款。违反第三项规定的，处以十万元以上五十万元以下罚款。违反第四项规定的，每车处以一千元以上五千元以下罚款。违反第五项规定的，对车辆驾驶人员处以二百元罚款。

第三节　物　业　管　理

第三十二条　实行物业管理的区域，物业服务企业应当按照物业服务合同的约定，提供相应的服务。物业服务区域内共用部位和共用设施设备的使用、公共秩序和环境卫生的维护等，应当遵守法律、法规，优先适用物业合同以及业主大会制定的规章制度。

未实行物业管理的区域，由街道办事处、镇人民政府组织逐步实行物业管理，具体办法由市人民政府制定。

第三十三条　物业出现危及安全、影响观瞻或者影响他人正常使用情况时，业主、物业使用人或者物业服务企业应当及时维修、养护或者采取防范措施。

第三十四条　业主或者物业使用人进行住宅装饰装修，应当遵守管理规约或者临时管理规约，维护建筑物安全，降低装修施工噪音，及时清运建筑垃圾。工程开工前，应当就有关事项与物业服务企业签订住宅装饰装修服务协议。

第三十五条　住宅区范围内，任何单位和个人应当维护区域内的设施和环境，不得有下列行为：

（一）乱扔垃圾等影响住宅区环境卫生；

（二）擅自采摘、砍伐、移植花草树木；

（三）占用公用绿地种植蔬菜、果树；

（四）违反规定饲养动物；

（五）擅自在外墙上开门、开窗或者改变原有门窗位置、大小；

（六）擅自占用建筑物内楼道、分割地下停车场和公共车棚等业主共有区域；

（七）损坏或者擅自占用、改建物业共用部分，损坏或者擅自占用、移装共用设施设备；

（八）法律、法规禁止的其他行为。

有前款所列行为之一的，物业服务企业、业主委员会有权依照法律、法规以及管理规约，要求行为人停止侵害、消除危险、排除妨害、赔偿损失；业主、物业使用人有权投诉和举报；对侵害自己合法权益的行为，可以依法向人民法院提起诉讼；业主委员会对侵害业主共同利益的行为，可以依法向人民法院提起诉讼。

第四节　市政设施管理

第三十六条　设置城市环卫设施应当合理布局，并符合城市环卫设施设置标准。

区、县人民政府和市有关部门应当根据城市环卫设施布局规划和年度建设实施计划，建设生活垃圾卫生填埋场、转运站、公共厕所等环卫设施，周边单位和居民应当给予支持和配合。新增上述环卫设施对周边已有单位和住宅区居民造成损失的，政府应当予以适当补偿，具体办法由市人民政府另行制定。

建设单位应当在新建住宅区的销售现场公示周边环卫设施的设置情况，或者以其他适当方式明确告知购房者相关信息。政府和有关部门负责配建的周边环卫设施，应当在住宅区主体工程交付前完成。

第三十七条　城市公共设施移交前或者未完成移交的，由建设单位负责养护管理；已完成移交的，由有关部门负责养护管理。建成或者验收后三个月内不移交的，财政不再拨付养护管理费用。

第三十八条 地下空间开发利用应当优先发展地下交通、垃圾处理、电力设施等城市基础设施和市政服务设施，鼓励竖向分层立体综合开发和横向相关空间连通开发。

第三十九条 禁止下列破坏城市市政设施的行为：

（一）移动、损毁路牌和城市桥涵设施；

（二）在桥涵范围内进行明火作业，利用桥涵设施进行牵拉、吊装；

（三）在路灯照明设施杆塔基础或者地下管线安全地带堆放物品、挖掘取土、倾倒腐蚀性废液（渣）；

（四）违法堵塞、占压、拆卸、移动、挖掘城市排水设施。

违反前款规定，由城市管理行政执法部门进行查处。违反第一项规定的，责令限期改正，并可以处二千元以上二万元以下罚款。违反第二项规定，在桥涵范围内进行明火作业的，责令限期改正，并可以处一千元以上一万元以下罚款；利用桥涵设施进行牵拉、吊装的，处以一万元以上十万元以下罚款。违反第三项规定，在路灯照明设施杆塔基础或者地下管线安全地带堆放物品的，处以五百元以上二千元以下罚款；挖掘取土、倾倒腐蚀性废液（渣）的，处以二千元以上二万元以下罚款。违反第四项规定的，处以二千元以上二万元以下罚款。

第五节 道路交通管理

第四十条 附建于城市道路的各类地下管线设施应当统一规划、统筹建设。城市新区建设应当同步规划和建设地下公共管廊。城市既有道路和旧区改造，有条件的应当同步建设地下公共管廊。

严格限制挖掘城市道路。城市道路、轨道交通、各类管线等工程建设单位，应当将掘路施工计划报城市管理行政主管部门。城市管理行政主管部门应当综合平衡各类掘路施工计划，优先安排综合掘路工程。

除抢险救灾和实施国家、省、市重点工程项目以外，新建、改建、扩建的城市道路交付使用后五年内、大型翻建的城市道路竣工后三年内不得挖掘，城市管理行政主管部门不得颁发挖掘许可证。

第四十一条 交通运输行政主管部门应当科学、合理设计公交运营线路，方便市民出行。公共客运经营者应当在高峰时段和人流量大的地段及时合理调度车辆。

运输管理机构会同公安机关建立联合执法工作制度，采取集中治理、联合执法等措施，打击非法营运活动。公安机关对不听劝阻，妨碍、阻挠、围攻执法人员执行公务的行为进行查处。

第四十二条　禁止下列影响城市道路交通的行为：

（一）未经许可占用、挖掘城市道路；

（二）在店铺门窗垂直投影之外进行经营、作业或者展示商品等活动；

（三）在城市道路、公共场地清洗机动车辆；

（四）机动车辆清洗场（站）清洗后的废水未经过沉淀，排入排水管道。

违反前款规定，由城市管理行政执法部门进行查处。违反第一项规定，未经许可占用城市道路的，处以一千元以上一万元以下罚款；未经许可挖掘城市道路的，责令停止挖掘，恢复原状，并处以五千元以上二万元以下罚款。其中，在长江桥梁隧道安全保护区内挖掘道路，危及长江桥梁隧道安全的，由市交通运输行政主管部门按照《南京市长江桥梁隧道条例》的规定进行查处。违反第二项规定的，责令限期改正，并可以处一百元以上五百元以下罚款。违反第三项规定的，处以二百元以上五百元以下罚款。违反第四项规定的，责令限期改正，并可以处一千元以上五千元以下罚款；情节严重、社会影响恶劣的，城市管理行政执法部门应当书面告知工商行政主管部门记入其社会信用档案，并向社会公示。

第六节　停车设施管理

第四十三条　市人民政府应当合理调控机动车规模，通过行政管理、经济杠杆等方式引导机动车停放。城市停车设施管理应当做到公共停车场的建设符合规划要求；在城市道路范围内施划停车泊位不影响行人、车辆通行；停车指引标志清晰、醒目，收费标准合理、公开。

第四十四条　物业管理区域内规划用于停放汽车的车位、车库，应当优先满足本区域内业主的停车需要。规划建设的停车场不能满足停车需要的，在不影响消防安全、道路通行的前提下，经业主大会或者业主委员会同意，可以在小区内空置场地、道路划定业主共有的临时停车泊位。

在城市道路范围内，在不影响行人、车辆通行的情况下，公安机关交通管理部门会同城市管理行政主管部门依法划定临时停车泊位，并规定停车泊位的使用时间，设置警示标志。

第四十五条　供本单位、本住宅区居民专用的配建停车设施在满足本单位、本住宅区居民停车需求的情况下，可以向社会开放，提供经营性停车服务。鼓励有条件的机关、企业、事业单位的配建停车设施非工作时间向社会公众提供经营性停车服务。

第四十六条　城市管理行政主管部门应当组织建立城市公共停车信息系统，并向社会实时公布停车信息。大中型商场、酒店餐饮、文化娱乐等场所公共停车场的经营管理者，应当将停车信息纳入城市公共停车信息系统。

第四十七条　禁止下列违反停车设施管理规定的行为：

（一）擅自将批准建成或者投入使用的停车场挪作他用；

（二）公共停车场停车信息不纳入城市公共停车信息系统。

违反前款规定，由城市管理行政执法部门进行查处。违反第一项规定的，责令限期改正，并可以处五万元以上二十万元以下罚款。违反第二项规定的，责令限期改正；拒不改正的，处以一万元以上五万元以下罚款。

第七节　户外广告设施和招牌设置管理

第四十八条　城市户外广告设施设置实行重点控制和分区管理，划定禁设区、控制区和展示区。设置户外广告设施应当符合城市总体规划和户外广告设施设置规划，保护城市传统风貌和格局，与区域建设和城市建设相协调。

设置户外广告设施，不得损害建筑物、街景和城市轮廓线的重要特征，不得破坏所依附载体的整体效果，不得影响所依附载体的使用功能，不得影响建筑物安全。

第四十九条　有下列情形之一的，不得设置户外广告设施：

（一）利用纪念性建筑、重要近现代建筑和市以上人民政府确定的标志性建筑，或者在上述建筑的控制地带内的；

（二）利用城市桥梁和立交桥的；

（三）利用行道树、绿化带的；

（四）绕城公路围合范围内利用高立柱方式的；

（五）利用住宅建筑（含商住混合类建筑的住宅部分）的；

（六）利用交通安全设施、交通标志、永久性测量标志的；

（七）法律、法规、户外广告设施设置规划规定的其他禁止情形。

第五十条　设置户外广告设施，应当向城市管理行政主管部门申请行政许可。法律、法规另有规定的，从其规定。

利用政府投资、融资建设的公共建（构）筑物、公共设施、公共场地（所）、公交车辆、公交站场、候车亭等设置商业性户外广告设施的许可，应当通过招投标、拍卖等方式取得。

举办文化、旅游、体育、公益活动或者商品交易、产品展销、节日庆典等需要设置临时户外广告设施的，申请人应当提前向城市管理行政主管部门申请。

第五十一条　设置户外广告设施应当符合设置技术规范、安全技术标准和管理标准，保证设施安全和牢固。涉及公共安全的大中型户外广告设施设置满二年的，设置者应当委托具有相应资质的机构进行安全检测。

第五十二条　单位和个体工商户的名称、字号、标志等标牌和标识应当符合街景容貌和规划要求，并按照一店一招的原则设置。写字楼楼体外侧和高层楼宇楼顶不得擅自设置门头店招、标识标志。

第五十三条　禁止下列设置户外广告设施、招牌的行为：

（一）未经许可设置户外广告设施；

（二）伪造、涂改、出租、出借、倒卖或者以其他形式非法转让户外广告设施设置许可证件；

（三）未采取招投标、拍卖等方式利用公益性户外广告设施发布商业性广告；

（四）未按照规定进行户外广告设施安全检测或者未履行安全防范义务；

（五）未按照规定设置门头店招、标识标志；

（六）在公共场所散发、张贴小广告传单。

违反前款规定，由城市管理行政执法部门进行查处。违反第一项规定的，责令限期改正，其中未经许可设置大型户外广告设施的，处以二万元以上十万元以下罚款；未经许可设置其他户外广告设施的，处以五千元以上二万元以下罚款。违反第二项规定的，处以一万元以上五万元以下罚款。违反第三项规定的，处以一万元以上三万元以下罚款。违反第四项规定的，责令限期改正；逾期未改正的，处以五千元以上二万元以下罚款。违反第五项规定的，责令限期改正；拒不改正的，处以五百元以上五千元以下罚款。违反第六项规定的，责令限期改正，清除广告传单，并可以对广告宣传单位或者散发人处以二百元以上五百元以下罚款。

第八节　应急管理及其他事项

第五十四条　政府及其城市管理相关部门应当根据有关法律、法规、规章、上级人民政府及其有关部门的应急预案以及本地区的实际情况，制定相应的城市管理突发事件应急预案，并组织开展应急知识的宣传普及活动和必要的应急演练。大型社会活动主办者，公共交通工具、公共场所和其他人员密集场所的管理者或者经营者，危险区域、危险源的管理者，应当按照有关规定制定具体的安全保障应急预案。

发生自然灾害、事故灾难、公共卫生事件、社会安全事件等城市管理突发事件后，政府及其城市管理相关部门应当立即启动应急预案响应，采取强制性措施、行政指导等应对突发事件。

突发事件应急处置工作结束后，政府及其城市管理相关部门应当立即组织受影响地区尽快恢复生产、生活和社会秩序，制定恢复重建计划并组织实施。

第五十五条　城市绿化应当因地制宜、科学规划，加强对城市及其周边地区的山坡林地、河湖水系、湿地等自然生态敏感区域和绿化建成区域的保护，提高绿化覆盖率。

城市绿地系统规划确定的各类绿地实行绿线管理制度。城市绿线划定后，任何单位和个人不得擅自调整。

第五十六条　本市实行生活垃圾分类投放、收集、运输和处置制度，具体办法由市人民政府另行制定。

宾馆、饭店、餐馆以及机关、院校等单位应当建立餐厨垃圾收集处理情况台账，按照规定单独收集、存放本单位产生的餐厨垃圾，并由符合条件的生活垃圾收集、运输企业运至规定的处理场所进行处置。

第五十七条 城市管理行政主管部门应当通过招投标等方式，确定生活垃圾经营性清扫、收集、运输服务单位，并签订相关经营协议。

从事生活垃圾经营性清扫、收集、运输、处置的单位不得擅自停业、歇业。确需停业、歇业的，应当提前六个月向城市管理行政主管部门书面报告，经同意后方可停业或者歇业，城市管理行政主管部门应当提前落实生活垃圾的清扫、收集、运输、处置措施。

第五十八条 施工现场应当按照规定硬化进出口道路，设置围挡、车辆冲洗设施和临时厕所、垃圾收集容器等临时环卫设施。

施工期间应当及时清运建筑垃圾，采取措施防止扬尘和污水污染周围环境。不能及时清运的，应当在施工场地内实施覆盖或者采取其他有效措施。驶出施工场地的车辆应当按照规定进行冲洗保洁、洒水喷淋压尘。施工车辆未经冲洗离开工地的，由住房和城乡建设行政主管部门责令限期改正，并处以一千元以上三千元以下罚款。

第五十九条 从事喷漆、车辆修理和清洗等可能污染环境的作业，应当采取防治措施，防止环境污染。

在城区的临街门面、道路、住宅区、公共场地使用发电机、切割机等设备时，应当采取措施降低噪声排放，减少对居民生活的干扰。庆典、集会活动应当避让学校、住宅区等噪声敏感区域。

第四章 城市管理行政执法

第一节 一般规定

第六十条 城市管理相关部门可以在相关开发区派驻执法机构，以市、区、县城市管理相关部门的名义，具体负责本区域内的城市管理相关行政执法工作。

区、县城市管理相关部门可以在街道办事处、镇人民政府派驻执法机构，以区、县城市管理相关部门的名义，具体负责辖区内的城市管理相关行政执法工作。

城市管理相关部门派驻执法机构的，应当建立健全派出部门、区、县人民政府双重管理机制和评议考核制度。

第六十一条　本市加强对城市管理执法队伍的建设和管理，实行统一的行政执法人员录用、考核、培训、交流与回避等制度。相关办法由市人民政府参照《中华人民共和国公务员法》制定并向社会公布。

行政执法人员经培训考核合格并取得行政执法证件后，方可从事行政执法工作。

第六十二条　城市管理相关部门可以根据城市管理工作需要，采取公开考试、择优招聘的方式录用行政执法协管员。协管员不具备行政执法资格，可以在行政执法人员带领下承担宣传教育、信息收集、劝阻违法行为等事务性工作，其协助执行公务的法律效果和责任由所属城市管理相关部门承担。

城市管理相关部门应当与协管员签订劳动合同，并加强管理，规范协管员的工作行为。市、区、县人民政府法制部门应当建立健全协管员证件管理制度。

第六十三条　经国务院或者省人民政府批准，城市管理行政执法部门可以集中行使市容环卫管理、城乡规划管理、城市绿化管理、道路交通管理、工商行政管理等方面法律、法规、规章规定的全部或者部分行政处罚权，并可以实施法律、法规规定的与行政处罚权有关的行政强制措施。

城市管理行政执法部门集中行使的行政权力事项及其调整情况，应当向社会公布。

行政处罚权相对集中后，原机关不得再行使同一行政处罚权；仍然行使的，所作出的行政处罚决定无效。有关部门不得因行政处罚权的相对集中行使而擅自改变或者放弃其他应当依法履行的行政管理和监督职责。

第六十四条　城市管理相关部门可以根据城市管理工作需要，实施联合执法。参加联合执法的部门在各自职权范围内依法履行行政职责、实施行政管理、作出行政决定。

市人民政府应当按照精简、高效、便民的原则，调整与城市管理事项相关的部门职能和执法管理机构。

第六十五条　行政执法实行属地管理，由违法行为发生地的区、县城市管理相关部门管辖。

管辖区域相邻的区、县城市管理相关部门对行政辖区接壤地区流动性违法行为的查处，可以实施共同管辖。共同管辖区域内发生的违法行为，由首先发现的城市管理相关部门查处。管辖权发生争议的，由市城市管理相关部门指定管辖。

市城市管理相关部门对区、县城市管理相关部门未予查处的违法行为，应当责令其查处，也可以直接查处。

市城市管理相关部门可以对社会影响重大的违法行为直接进行查处，必要时也可以组织相关区、县城市管理相关部门共同进行查处。

第六十六条　城市管理相关部门应当建立举报投诉制度，向社会公布统一受理举报投诉的电话、信箱和电子邮箱，对收到的举报、投诉应当登记并在五个工作日内将处理情况告知当事人；案情特别重大或者复杂的，经批准可以延长处理期限，但最长不得超过十五日。对于不属于本部门职责范围的，城市管理相关部门应当向当事人说明情况，并在二个工作日内移送责任部门处理。

举报、投诉事项涉及多个部门管理职责的，接到举报、投诉的部门应当在其职责范围内先予以处理或者制止，并及时通知其他责任部门依法予以处理。

第二节　执法协同

第六十七条　城市管理相关部门在执法活动中发现应当由有关部门处理的违法行为，应当在二个工作日内移送有关部门处理。有关部门在执法活动中发现应当由城市管理相关部门处理的违法行为，应当在二个工作日内移送城市管理相关部门处理。移送案件涉及的非法物品等应当一并移送。

城市管理相关部门和有关部门无正当理由，不得拒绝接受移送的案件和相关物品；作出处理决定后，应当及时通报移送部门。

第六十八条　有下列情形之一的，城市管理相关部门可以商请有关部门协助：

（一）独自行使职权不能实现行政目的的；

（二）自行调查执行公务所需要的事实资料不能取得的；

（三）执行公务所必需的文书、资料、信息为有关部门所掌握的；

（四）法律、法规将有关部门的认定结果作为行政执法前提条件的。

城市管理相关部门提出商请后，有关部门应当及时履行协助义务，不得推诿或者拒绝协助。因法定事由不能提供协助的，应当以书面形式告知请求部门并说明理由。

实施行政协助的，协助机关对协助行为承担责任；根据行政协助作出的行政行为，由商请部门承担责任。

第六十九条　城市管理相关部门应当会同有关部门建立健全信息共享机制，互相通报有关行政管理信息。经由信息共享机制获得的信息与行政主管部门出具的书面文书具有同等法律效力。

前款所指有关行政管理信息包括：

（一）有关部门实施与城市管理行政执法有关的行政许可事项和监督管理信息；

（二）城市管理相关部门实施行政处罚的情况和在执法中发现应当告知有关部门的信息；

（三）与城市管理行政执法有关的专项整治行动信息；

（四）其他需要共享的重要信息。

城市管理相关部门查处违法行为需要查询有关资料的，有关部门应当配合，不得收费。

第七十条　城市管理相关部门在查处违法行为过程中需要有关部门就专业和技术问题作出解释或者提供专业意见的，有关部门应当自收到协助函件之日起五个工作日内出具书面意见；案情复杂需要延期的，应当以书面形式向城市管理相关部门说明理由并明确答复期限。有关部门提供专业意见依法需要检验、检测、检疫或者鉴定的，所需时间不计算在期限内。

有关部门出具书面意见前需要城市管理相关部门补充资料的，应当在收到协助函件之日起二个工作日内一次性告知城市管理相关部门，补充资料所用时间不计入答复期限。

第七十一条　街道办事处、镇人民政府应当在宣传教育、社区服务、执法调查取证、文书送达、行政强制执行等方面支持城市管理相关部门进行城市管理行政执法。

第三节　执法措施

第七十二条　城市管理相关部门依法实施行政执法，当事人应当予以配合。城市管理相关部门应当根据违法行为的不同性质和危害后果，采取与达到行政目的相适应的行政执法方式，优先采用教育、劝诫、疏导等手段。当事人违法情节轻微，经教育后自觉履行法定义务，并且未造成危害后果的，可以不采取行政强制措施、不实施行政处罚。

第七十三条　行政执法中依法实施查封施工现场、扣押财物等行政强制措施的，城市管理相关部门应当妥善保管被扣押的物品。被扣押的物品易腐烂、变质的，城市管理相关部门应当通知当事人在二日内到指定地点接受处理；逾期不接受处理的，可以在登记后拍卖、变卖；无法拍卖、变卖的，可以在留存证据后销毁。

第七十四条　城市管理相关部门实施扣押后，对于经调查核实没有违法行为或者不再需要扣押的，应当解除扣押，返还物品。

当事人逾期不认领或者当事人难以查明的，城市管理相关部门应当及时发布认领公告，自公告发布之日起六十日内无人认领的，城市管理相关部门可以采取拍卖、变卖等方式妥善处置，拍卖、变卖所得款项应当按照规定上缴国库。

城市管理相关部门作出查封施工现场决定后，当事人不予执行、继续实施违法行为或者破坏查封现场的，由公安机关按照《中华人民共和国治安管理处罚法》相关规定进行处罚。

第七十五条　城市管理相关部门应当依照法律规定采用直接送达、留置送达、邮寄送达和公告送达等方式送达法律文书。当事人下落不明，或者利用其他规定的方式无法送达的，城市管理相关部门可以通过其门户网站和公告栏公告送达法律文书。自发出公告之日起，经过六十日，即视为送达。

城市管理相关部门应当向社会公布其门户网站网址和公告栏地址。

第五章　监督和救济

第七十六条　各级人民政府应当每年向本级人民代表大会常务委员会或者镇人民代表大会报告城市治理的实施情况，并接受其监督。

第七十七条　各级人民政府及其监察、法制、城市管理相关部门应当依法实施行政执法监督检查、评议考核、督办督察、责任追究，建立重大行政案件备案制度，监督行政机关及其工作人员依法履行职责。

上级行政机关发现下级行政机关有违法或者不当行政行为的，应当责令其改正、限期履行法定职责或者直接撤销其行政行为。

第七十八条　城市管理相关部门及其工作人员进行城市治理活动应当接受人民检察院的法律监督。人民检察院提出的检察建议，城市管理相关部门应当认真研究、及时处理，并将处理结果抄送人民检察院。

人民法院可以针对生效裁判确认的违法行政行为提出司法建议，由城市管理相关部门研究采纳。

第七十九条　城市管理相关部门应当接受舆论监督，对新闻媒体反映的情况和问题，及时调查核实，依法作出处理，并将调查结果和处理结果向社会公布。

第八十条　城市管理相关部门应当主动公开其职责范围、执法依据、执法程序、执法标准和监督方式等，接受社会监督。

公民、法人或者其他组织对于城市管理相关部门及其工作人员的违法或者不当行为，有权依法采用书信、电子邮件、传真、电话、走访等形式，向城市管理相关部门工作人员所在单位、监察机关或者上级行政机关反映情况，提出建议、意见，进行检举、控告。

接到检举、控告的机关应当按照规定核实处理，在规定时间内将处理结果反馈举报人，并对举报人的个人信息予以保密。

第八十一条　公民、法人或者其他组织认为城市管理相关部门及其工作人员的城市治理行为侵犯其合法权益的，有权依法申请行政复议、提起行政诉讼或者请求国家赔偿。

第八十二条　城市管理相关部门工作人员违反本条例规定，有下列情形之一的，由其所在部门或者监察机关给予行政处分；构成犯罪的，依法追究刑事责任：

（一）未及时将无管辖权的案件移送有权部门处理的；

（二）继续行使已经交由城市管理行政执法部门集中行使的行政处罚权的；

（三）超越权限行使行政权的；

（四）不履行或者不正确履行联合执法或者行政协同职责的；

（五）违法查封、扣押、征收、征用、没收财物或者违法所得的；

（六）不具有行政执法资格或者违反规定使用执法证件的；

（七）故意刁难、辱骂、殴打或者唆使他人殴打当事人的；

（八）故意损毁当事人财物或者索要、收受他人财物的；

（九）截留、私分或者变相私分查封、扣押、征收、征用、没收的违法财物、违法所得或者罚款的；

（十）对应当处理的违法行为不制止、不处罚，致使公共利益或者公民、法人、其他组织的合法权益遭受损害的；

（十一）泄露工作秘密造成严重后果的；

（十二）不履行或者不正确履行本条例规定的其他职责的。

因工作人员的故意或者重大过失致使公民、法人或者其他组织的合法权益受到损害的，城市管理相关部门赔偿相对人损失后，应当向有过错的工作人员进行追偿。

第八十三条　城市管理相关部门及其工作人员的执法行为存在过错，致使公共利益或者公民、法人、其他组织的合法权益受到严重损害，造成恶劣社会影响的，城市管理相关部门及其工作人员应当通过报纸、电视、广播、网络等媒体公开道歉。

第八十四条　参与城市治理的企业、事业单位、社会组织，不履行或者不正确履行与政府、城市管理相关部门合同约定的义务的，应当承担法律责任；损害国家利益或者社会公共利益的，政府及其城市管理相关部门应当依法变更或者解除合同。

第六章　附　　则

第八十五条　本条例施行后，市人民政府可以根据实际情况，制定相应的具体规定。

第八十六条　本条例自2013年3月1日起施行。城市管理事项以及行政执法程序，相关法律法规已作规定的，从其规定；法律法规未作规定，或者本市已有法规有关规定与本条例不一致的，依照本条例执行。

湘西土家族苗族自治州吉首市城市综合管理条例

（2015 年 3 月 20 日湘西土家族苗族自治州第十三届人民代表大会
第四次会议通过，2015 年 5 月 22 日湖南省第十二届人民代表大会
常务委员会第十六次会议批准）

第一章　总　　则

第一条　为加强和规范城市综合管理，提升城市品质，根据有关法律法规，结合吉首市实际，制定本条例。

第二条　吉首市城市规划建成区（以下简称城区）内的城市综合管理活动，适用本条例。

吉首市城区具体范围由吉首市人民政府划定，并向社会公布。

本条例所称城市综合管理，是指对规划建设、市容和环境卫生、市政公用设施、环境保护、园林绿化、交通运输、物业化管理等公共事务和秩序依法实施的规划、建设、维护、服务和行政执法活动。

第三条　城市综合管理应当坚持以人为本、统筹协调、公众参与、社会监督、属地管理的原则。

第四条　湘西土家族苗族自治州人民政府应当加强对吉首市城市综合管理工作的领导和监督，解决城市综合管理工作中的重大问题。

吉首市人民政府全面负责城市综合管理工作。

吉首市城市管理行政执法部门负责城市综合管理的相关工作，行使城市管理相对集中行政处罚权。

吉首市住房和城乡建设、规划、国土、环保、水利、公安、交通、民政、

卫生、工商行政、公用事业等相关行政主管部门应当依照各自职责，做好城市综合管理工作。

街道办事处、乡镇人民政府负责本辖区城市管理的具体工作，指导社区居民委员会和村民委员会协助做好城市综合管理工作。

社区居民委员会和村民委员会协助做好城市综合管理工作。

第五条　吉首市人民政府可以根据城市综合管理实际工作需要，对有关行政主管部门的行政管理职能进行适当调整。

第六条　吉首市人民政府应当明确城市综合管理环境卫生、道路、桥梁隧道、供水、供气、排水防涝、交通设施、绿地、城市照明、地下管线、户外广告、招牌、景观等事务的维护管理责任单位。

维护管理责任单位还可以通过下列方式确定：

（一）通过招、拍、挂等方式取得特许经营管理资格的，由取得特许经营单位负责；

（二）城市新建、改建、扩建城市道路、桥梁、隧道、供水、排水、燃气、景观照明、园林绿化等设施、设备移交前，由建设施工单位负责。

（三）依附或存在于城市道路、园林绿化或公共空间范围的各类设施、设备由其经营管理单位负责。

第七条　任何单位和个人都应当遵守城市管理法律法规，参与城市综合管理活动，对违反城市管理法律法规的行为有权劝阻和举报。

中央、省、州驻吉首市单位，应当配合做好城市综合管理工作。

城市综合管理中涉及社会公众重大利益的事项，吉首市人民政府及有关行政主管部门应当采取听证会或者其他方式征求专家和公众的意见。

第八条　吉首市人民政府应当为社会公众提供文化体育活动场所及设施；图书馆、博物馆、纪念馆、城市公园、全民健身设施、公共人防工程等场所应当免费向社会公众开放。

第九条　吉首市人民政府应当建立数字化和网格化城市管理平台。吉首市城市管理行政执法部门与其他有关行政主管部门应当建立信息共享制度和执法联动机制。

第二章　城市规划建设管理

第十条　在城区内，相关行政主管部门应当及时编制环境卫生、供水、供气、排水防涝、综合交通、绿地系统、城市照明、地下管线、户外广告、景观等城市综合管理专项规划，报吉首市人民政府同意后实施。专项规划涉及城市综合管理的内容应当征求吉首市城市管理行政执法部门的意见。

专项规划应当符合城市总体规划和控制性详细规划，突出城市品牌元素，体现民族特色。

第十一条　任何单位和个人不得擅自建设建（构）筑物，不得擅自改变建（构）筑物或者附属设施的规划设计和使用功能；确需改变的，应当按照法定程序报批。

第十二条　符合规划要求的原址改建项目及已取得土地证的项目除外，城市规划建设用地范围内禁止私宅用地、私房新建审批。

第十三条　吉首市城乡规划行政主管部门对正在建设的违法建筑，应当责令当事人停止建设，当事人拒不停止建设的，吉首市城市管理行政执法部门应当及时拆除继续建设部分。

第十四条　新建、改建及扩建城市道路时，符合技术安全标准和相关条件的，地下管线工程应当采用地下管线综合管廊技术，无法采用的应当为地下管线综合管廊预留规划通道。

新建、改建、扩建的城市道路交付使用后五年内和大修的道路竣工三年内不得开挖铺设管网。因特殊情况确需开挖的，应当报经吉首市人民政府同意。

旧城改造时，符合技术安全标准和相关条件的地下管线工程应当采用地下综合管线管廊技术。尚不具备条件的，地下管线产权管理单位应当将架空线改为地下管线。

纳入地下管线综合管廊和各类管线单位以租赁或购买的方式取得综合管廊的使用权。

第三章　城市市容和环境卫生管理

第十五条　城区内禁止下列行为：

（一）在公共场所随地吐痰、便溺，乱倒污水，乱扔烟蒂、纸屑、果皮、塑料袋、食物残渣等废弃物；

（二）在露天场所或者垃圾容器内焚烧垃圾和其他物品；

（三）在建（构）筑物上乱刻乱画、粘贴、悬挂有碍市容市貌的广告、标语、标识和其他宣传品；

（四）在城市道路、公共场所堆放废弃物、渣土、杂物；

（五）在建设工程施工现场出入口未设置洗车平台或者运输车辆出入未进行清洁，影响周边环境的；

（六）法律法规禁止的其他行为。

第十六条　单位和个人应当按照规定的时间、地点、分类标准等要求，将生活垃圾投放至指定的垃圾容器或者收集场所，不得随意倾倒、抛洒、堆放。

吉首市人民政府应当根据垃圾分类相关规定，定时定点收集、统一运输、集中处置。

第十七条　承运生活垃圾、建筑垃圾、砂石、预拌混凝土等物品的，应当使用规定的专用运输车辆，保持车辆外形完好、整洁，并应当密封、包扎、覆盖，避免泄漏、遗撒。

承运建筑垃圾的车辆，还应当遵守下列规定：

（一）安装车载定位装置并保持正常运行；

（二）随车携带建筑垃圾处置核准证明；

（三）按照核准的运输线路、时间运往指定的建筑垃圾消纳场地。

第十八条　主要街道两侧建（构）筑物应当达到下列要求：

（一）顶部、平台、外走廊、外墙无杂物堆放、无违法搭建附属设施；

（二）临街建（构）筑物应当定期粉刷、油饰和清洗，并及时修缮损坏或者存有安全隐患部分；

（三）国家、省和吉首市对建（构）筑物立面容貌管理的其他要求。

第十九条　城区内，相关建（构）筑物、广场、河道两岸等应当亮化范围按照下列要求进行亮化：

（一）城市主干道两侧、广场及河道两岸应当进行夜景亮化；

（二）夜景亮化图案、灯具造型应当符合城市特色元素要求，使用节能灯具；

（三）历史风貌区夜景亮化应当以暖色调为主，特色建筑应当亮化轮廓线；

（四）禁止在居住区设置影响居民生活的高照度夜景亮化。

第二十条　吉首市人民政府在制定城市规划时，应当按不同行业和项目确定相应的经营场所，规范门店管理：

（一）临街门店经营者应当在规定的经营场所内经营，不得超出经营场所门窗进行店外作业、堆放货物或者展示、销售商品；

（二）从事餐饮、废品收购、车辆维修、车辆清洗等经营门店，应当具备相应的经营作业场地和油烟、污水处理等设施。

第二十一条　禁止擅自在城市道路和公共场地摆摊设点。

吉首市人民政府根据城市管理工作需要，在不影响消防安全、道路通行和居民生活的前提下，可以划定临时设摊经营区域和时段，并组织做好临时设摊经营区域的管理工作。

在临时设摊经营区域内的经营者应当遵守经营时间、地点、市容环境卫生等管理规定，保持场地清洁。

第二十二条　吉首市人民政府及其相关行政主管部门应当制定与城市管理相关的餐饮、户外广告、物流、出租车、车辆维修、车辆清洗等行业管理规定，并向社会公布。

吉首市人民政府根据法律法规和行业管理规定，可以对影响城市管理秩序的餐饮、石材加工、金属加工、殡葬用品、物流、车辆维修、车辆清洗等经营种类，在城区设定区域性禁入管理规定。

第二十三条　城区内，不得有下列噪声污染：

（一）在医院、学校、科研机构、机关、居民住宅等区域内从事加工、维修等活动产生的噪声污染；

（二）酒吧、歌舞厅、棋牌室等文化娱乐经营场所产生的噪声污染；

（三）商业经营活动中使用音响器材、高噪声设备等设施产生的噪声污染；

（四）在公共场所组织娱乐、广场舞、集会等活动，使用音响器材产生的噪声污染，干扰周边居民工作和生活的；

（五）当日二十二时至次日六时期间，未经批准的建筑施工产生的噪声污染；

（六）机动车在禁鸣的路段和时间鸣喇叭的。

高考、中考等重大社会活动期间，吉首市人民政府可以对噪声控制采取临时性管制措施。

第二十四条　城市污水应当集中收集、处理、排放。城市在排放污水管网覆盖区域内，禁止下列行为：

（一）向河道、水库、水塘等水体直接排放城市污水；

（二）在雨水、污水分流地区将雨水管网、污水管网相互混接或者向城市雨水管网排放污水；

（三）未取得污水排入排水管网许可证向城市排水设施排放污水；

（四）向城市排水设施超标排放有毒、有害、易燃、易爆或者含有固体物质的污水；

（五）法律、法规规定的其他行为。

第二十五条　油烟污染和机动车排气污染管理应当达到下列要求：

（一）未设置统一厨房油烟排放通道的临街住宅楼，根据有关管理规定，进行集中烟道排放油烟改造；

（二）餐饮经营者应当使用电、天然气、液化石油气或者其他清洁能源；有固定经营场所的，按照国家标准设置油烟排放通道和油烟净化装置，油烟排放不得污染建（构）筑物；

（三）机动车污染物排放，应当符合相关执行标准，按照规定放置相应的环保标志。

第二十六条　在城区内，任何单位和个人不得燃放烟花爆竹。春节或者重大庆典活动，吉首市人民政府可以规定燃放烟花爆竹的时间、地点。

第二十七条　未实行物业化管理的居民区，其环境卫生、绿化维护、公共设施管理事务由街道办事处、社区组织逐步推行物业化管理，吉首市房产行政主管部门对其活动进行指导监督。

新建规模住宅小区应当实行物业管理，社区内分散住宅楼和单位院落应当联合进行物业管理，小街小巷居民私房建设小区按网格化要求实行集中管理。

第二十八条　吉首市人民政府应当加强对城市犬只以及其他宠物的管理，定期组织公安、畜牧、卫生等部门对无证的犬只进行清理。除因教学、科研等特殊需要且经批准同意饲养外，城区公共区域内禁止饲养家畜家禽和食用鸽。

宠物进入公共场所，饲养人应当采取必要的安全措施，不得影响周边环境卫生，对宠物排泄物应当及时进行清除。

饲养宠物应当遵守宠物管理的其他相关规定。

第四章　市政公用设施和园林绿化管理

第二十九条　吉首市人民政府应当按照城市综合管理的需要，完善城市绿地、公园、停车场、集贸市场、交通信号、消防栓、垃圾压缩站、污水管网、公厕等市政公用设施建设。

第三十条　市政公用设施的维护和管理遵照以下要求：

（一）任何单位和个人不得擅自占用、挖掘、移动、关闭、拆除、损坏市政公用设施及其附属设施；

（二）市政公用设施产权单位应当加强公用设施巡查，发现缺失、损毁的，应当及时维修、更换；

（三）任何单位和个人不得占用消防通道，应当保持消防通道畅通。

第三十一条　任何单位和个人不得擅自将批准建成或者投入使用的停车场停用或者改变用途。

吉首市公安交通管理部门在不影响道路通行的情况下，可以根据交通状况在城市道路范围内施划道路临时停车泊位；吉首市城市管理行政执法部门应当加强对道路临时停车泊位的管理，依法查处违法停车行为。

对于符合改造停车场条件的人行道，吉首市人民政府可以进行标准化改造，并对外开放。

机关企事业单位的院内停车场应当逐步向社会开放。

第三十二条　城市园林绿化及配套设施的规划、设计、建设、管理和保护，应当符合相关标准规范的要求，注重绿地的景观、生态、游憩、文化、防灾等功能。

城市园林绿化推广使用乡土植物，以种植树木为主，实行乔、灌、草结合，保持植物多样性。严格保护古树名木和城市规划区原生树木，控制种植珍贵树种和大树移栽，禁止引进不适合本地生长的外来植物。

鼓励发展垂直绿化，通过屋面、坡面、阳台、桥体、墙体等立体空间绿化方式增加绿量，相关鼓励政策由吉首市人民政府另行制定。

第五章　城市道路和交通管理

第三十三条　在城市道路上不得实施下列行为：

（一）擅自占用、挖掘城市道路；

（二）擅自从事加工石料、装卸货物、堆放建筑材料等各种作业；

（三）擅自设置道路出入口，在人行道和车行道之间搭建上下桥；

（四）擅自在道路及其设施上设置、悬挂、张贴广告或者标语；

（五）在城市道路搭设灵棚、摆设花圈挽幛、抛撒冥纸、焚烧祭品；

（六）占用城市道路维修、清洗车辆；

（七）其他有损道路及其设施的行为。

第三十四条　城市交通优先发展公共交通客运，实行公交优先。

未取得城市客运经营许可的私家车、微型货车、面包车、摩托车、电动车等车辆不得从事客运经营活动。

公路客运车辆应当在指定的客运站点上下乘客，不得沿街揽客。

第三十五条　货运车辆、公路客运车辆、拖拉机、人力三轮车、板车、畜力车等车辆需在城区行驶的，应当按照指定的时间、路线行驶。

吉首市人民政府应当完善学校学生集中出入路口的道路交通标志、标线和减速等设施；统一审定校车停靠点，完善校车站点标线标识；所有校车必须按审定的站点停靠。

第三十六条　不得在机动车道内从事乞讨、兜售物品、散发宣传品及其他影响道路交通安全的行为。

行人应当按照交通信号指示横过道路，禁止行人跨越、翻越道路隔离设施。

第六章　城市管理行政执法

第三十七条　吉首市城市管理行政执法部门相对集中行使行政处罚权，具体职责是：

（一）行使市容环境卫生管理方面法律、法规规定的全部行政处罚权，强制拆除不符合城市容貌标准、环境卫生标准的违法建筑物或者设施；

（二）行使园林绿化管理方面法律、法规规定的全部行政处罚权；

（三）行使城市市政管理方面法律、法规规定的全部行政处罚权；

（四）行使风景名胜区管理方面法律、法规规定的全部行政处罚权；

（五）行使环境保护卫生管理方面法律、法规规定的对商业经营活动中使用音响器材、高噪声设备等设施产生的噪声污染行政处罚权；行使对饮食服务业油烟污染的行政处罚权；行使对在城区内向河道、水面倾倒工业废渣、城市生活垃圾及排放生活污水和其他废弃物的行政处罚权；

（六）行使公安交通管理方面法律、法规规定的对乱停乱放车辆，当路摆摊设点、堆物作业等侵占城市道路行为行政处罚权；

（七）行使工商行政管理方面法律、法规规定的对场外、店外经营的无照商贩，以及虽然有照，但不按执照规定场地而进行店外经营的行为的行政处罚权；

（八）行使城乡规划管理方面法律、法规规定的对未取得建设工程规划许可证或者未按照建设工程规划许可证的规定进行建设的采取查封施工现场、强制拆除行政强制权；

（九）履行省、州、市人民政府依法规定的其他职责。

吉首市城市管理行政执法部门相对集中的行政处罚权内容和执法依据应当向社会公布。

第三十八条 城市管理行政执法人员应当取得行政执法资格后，方可从事行政执法工作。城市管理行政执法人员执行公务时，应当宣传法律法规，恪守职业道德，自觉接受社会监督，不得妨碍经营者的正常生产经营活动，不得索取或者收受财物，不得谋取其他非法利益。

第三十九条 吉首市人民政府可以根据实际需要和相关规定，决定聘用人员协助开展城市综合管理工作。

聘用人应当加强受聘人员管理，相关信息纳入政务公开范围，落实劳动保障。

聘用人员只能从事日常巡查、劝导等辅助性工作，不得实施行政处罚和行政强制等行政执法行为。

受聘人员的着装、标识应当与城市综合管理行政执法机关人员相区别。

受聘人员损害相对人合法权益的，聘用人应当承担法律责任；受聘人员有过错的，其本人一并承担相应法律责任。

第四十条 吉首市城市管理行政执法部门对易腐烂变质、鲜活产品和其他不易保存的食品实施先行登记保存时，应当告知当事人在二十四小时内到指定地点接受调查和处理。当事人逾期不接受调查和处理的，对其中符合产品质量标准、食品卫生标准的物品，依法变卖、拍卖抵缴罚款；无法拍卖、变卖的，可以在登记后销毁，销毁过程应当通过拍照或者录（摄）像等方式予以记录。

第四十一条 吉首市城市管理行政执法部门发现任何单位和个人有涉及城市管理违法行为的，应当责令立即改正或者限期改正；拒不改正的，可以依法查封、扣押与违法行为有关的工具和其他物品。

吉首市城市管理行政执法部门查处下列违法行为时，可以采取以下措施：

（一）对违反市容环境卫生管理有关规定通过悬挂、张贴、涂写、刻画发布经营信息、联系业务号码的，要求当事人在规定期限内接受处理；当事人逾期未按要求接受处理的，可以书面通知通讯企业配合处理；

（二）不按规定在城市道路上停放（含临时停放）的机动车，机动车驾驶人不在现场或者虽在现场但拒绝立即驶离的，可以将机动车拖离现场，并及时告知机动车驾驶人；对不妨碍交通的，可以锁定机动车车轮；

（三）对不按规定使用专用运输车辆运输散装流体物品，造成环境污染的，可以暂扣违法车辆至指定场所；暂扣车辆行为不得影响交通安全、畅通，违法行为处理结束后应当予以放行。

第四十二条　吉首市城市管理行政执法部门调查取证时，需要相关行政管理部门就专业和技术问题作出解释或者提供专业意见的，相关行政管理部门应当自收到协助函件之日起七个工作日内出具书面意见；案情复杂需要延期的，应当以书面形式向吉首市城市管理行政执法部门说明理由并明确答复期限。相关行政管理部门出具书面意见前需要吉首市城市管理行政执法部门补充资料的，应当在收到协助函件之日起二个工作日内告知吉首市城市管理行政执法部门，补充资料所用时间不计入答复期限。

第四十三条　对吉首市城市管理行政执法部门依法作出的责令限期清理、限期拆除、采取补救措施、恢复原状等决定，当事人应当及时履行；逾期不履行或者未按规定履行的，吉首市城市管理行政执法部门可以依法决定代为履行，所需费用由当事人承担。

第四十四条　公民、法人或者其他组织对吉首市城市管理行政执法部门作出的行政处罚决定，享有陈述权、申辩权；对行政处罚决定不服的，有权依法申请行政复议或者提起行政诉讼。

第四十五条　吉首市人民政府应当建立统一的城市管理信息平台，设立统一的城市管理服务电话号码，负责集中协调处理公民、法人或者其他组织的城市综合管理服务、投诉和举报事项。

吉首市人民政府接到服务要求、举报和投诉后，应当及时处理，并在三个工作日内将处理结果反馈服务要求人、举报人和投诉人。

服务要求、举报和投诉涉及公民、法人和其他组织财产和生命安全的，吉首市人民政府应当及时处理，最长不得超过二十四小时。

第七章　法　律　责　任

第四十六条　城市管理相关行政主管部门及其工作人员滥用职权、玩忽职守、徇私舞弊的，对直接负责的主管人员和其他直接责任人员依法给予行政处分；构成犯罪的，依法追究刑事责任：

（一）不履行城市管理职责，对依法应当予以制止或者处罚的违法行为不予制止、处罚，对依法应当处理的投诉不处理的；

（二）滥用职权，损害公民、法人或者其他组织合法权益的；

（三）包庇、纵容违法行为人的；

（四）应当履行协助义务而不履行的；

（五）不具备行政执法资格或者不按法定程序执法的；

（六）法律、法规规定的其他违法行为。

第四十七条　违反本条例第十一条规定，未取得建设工程规划许可证或者未按照建设工程规划许可证的规定进行建设的，由吉首市城乡规划行政主管部门责令停止建设；尚可采取改正措施消除对规划实施的影响的，限期改正，处建设工程造价百分之五以上百分之十以下的罚款；无法采取改正措施消除影响的，限期拆除，逾期未拆除的，由吉首市城市管理行政执法部门依法强制拆除；不能拆除的，由吉首市城乡规划行政主管部门没收实物或者违法收入，可以并处建设工程造价百分之十以下的罚款。

第四十八条　违反本条例第十五条规定的，由吉首市城市管理行政执法部门责令其纠正违法行为、限期清除、采取补救措施，拒不改正的，可以并处罚款。

（一）违反第十五条第一项规定，随地吐痰、便溺、乱扔烟头、纸屑、塑料袋、果皮、食物残渣等废弃物的，处二十元罚款；乱倒污水的，处五十元罚款。

（二）违反第十五条第二项规定，在露天场所或者垃圾容器内焚烧垃圾和其他物品，处五十元罚款。

（三）违反第十五条第三项规定，在建（构）筑物上乱刻乱画、粘贴、悬挂有碍市容市貌的广告、标语、标识和其他宣传品的，处一百元罚款。

（四）违反第十五条第四项规定，在城市道路、公共场所堆放废弃物、渣土的，处三百元以上一千元以下罚款。

（五）违反第十五条第五项规定，施工场地的渣土、沙石等沿途撒落的，处一千元以上三千元以下罚款。

第四十九条　违反本条例第二十条第一项规定，超出经营场所门窗进行店外作业、堆放货物或者展示、销售商品的，由吉首市城市管理行政执法部门责令改正，并处五百元以上二千元以下罚款，拒不改正的，可暂扣当事人经营的物品和与违法行为有关的工具，要求其到指定地点接受处理。

第五十条　违反本条例第二十三条规定的，责令其纠正违法行为、采取补救措施，拒不改正的，可以并处罚款。

（一）违反本条例第二十三条第一、二、五项规定，未采取措施降低噪声排放干扰居民生活的，由吉首市环保行政主管部门责令改正；经营场所的边界噪声超过国家规定的环境噪声排放标准的，可处五百元以上两千元以下罚款；未经批准在二十二时至次日六时期间进行产生环境噪声污染的建筑施工作业的，由吉首市环保行政主管部门责令停止作业，可处二千元以上一万元以下罚款。

（二）违反本条例第二十三条第三项规定，制造噪声干扰他人正常生活的，由吉首市城市管理行政执法部门处警告；警告后不改正的，可暂扣噪音器材、物品，并处二百元以上五百元以下罚款。

（三）违反本条例第二十三条第四项规定，未采取措施降低噪声排放干扰居民生活的，由吉首市公安机关责令改正；构成违反治安管理行为的，依法给予治安管理处罚。

（四）违反本条例第二十三条第六项规定，机动车在禁鸣路段和时间鸣喇叭的，由吉首市公安交通管理部门责令改正，给予警告或者处一百元罚款。

第五十一条　违反本条例第二十六条规定，擅自燃放烟花爆竹的，由吉首市公安机关责令改正，对个人可以并处三百元以上五百元以下罚款；对举办焰火晚会及其他大型焰火燃放活动的单位处以一万元以上三万元以下罚款。

第五十二条　违反本条例第三十四条第二款规定，未取得城市公共客运营运证件经营城市公共客运业务的，由吉首市城市客运行政主管部门责令立即停止违法行为，可扣押专门用于从事经营的车辆，并处五千元以上二万元以下罚款。

第五十三条 违反本条例规定，其他法律法规已经作出处罚规定的，依照其规定执行。

第五十四条 依照本条例规定履行城市综合管理工作职责属于公务行为。对以暴力、威胁实施阻碍执法的，应当依法处理；构成犯罪的，依法追究刑事责任。

第八章 附　　则

第五十五条 吉首市人民政府可以委托湖南湘西经济开发区管理机构在其管理辖区内实施本条例规定的相关城市综合管理活动。

第五十六条 本条例经湖南省人民代表大会常务委员会批准后，由湘西土家族苗族自治州人民代表大会常务委员会公布施行。

天津市城市管理规定

（2010 年 2 月 23 日天津市人民政府令第 26 号公布；
根据 2012 年 5 月 21 日天津市人民政府令第 52 号公布的
《关于修改部分市政府规章的决定》修改）

第一章　总　　则

第一条　为适应经济社会发展和人民群众日益增长的对城市环境的需求，提高城市管理水平，创建生态宜居城市，根据有关法律、法规，结合本市实际，制定本规定。

第二条　本规定所称城市管理，是指为了保障城市基础设施正常运转、维护城市公共空间良好秩序，对市容环境、园林绿化、市政公路、城市排水、河道、公共客运交通、道路交通安全、社区公益性服务设施与社区环境等实施的管理。

本规定适用于中心城区、滨海新区建成区、区县人民政府所在街镇以及市人民政府确定的实施城市管理的其他区域。

第三条　城市管理应当遵循下列原则：

（一）坚持高起点规划、高标准建设、高效能管理，城市规划、建设、管理要充分体现以人为本；

（二）坚持体制创新，建立管理重心下移、区县为主、权责明确、务实高效的管理体制；

（三）坚持科学管理、机制创新，健全社会参与、市场运作、政府监管、运转高效的运行机制；

（四）坚持教育引导与依法严管相结合，形成人人守法、文明自律的社会氛围。

第四条 市人民政府设立城市管理委员会，对与城市管理有关的重大事项进行统筹协调。

第五条 城市管理委员会下设办公室，办公室设在市市容园林管理部门。办公室依法履行下列职责：

（一）组织编制城市环境综合整治专项规划、工作目标、实施方案和城市管理专项管理标准，经市人民政府批准后组织实施；

（二）对城市管理中的职能交叉、管理空白以及执法等方面的问题组织有关部门进行研究协调，提出解决方案，明确管理责任，建立相关工作机制，报城市管理委员会批准后实施；

（三）协调处置城市管理应急突发事件；

（四）组织开展城市管理监督考核工作；

（五）城市管理委员会交办的其他工作。

第六条 市和区县人民政府应当将城市管理所需经费列入同级财政预算并随着管理任务增加、养护标准提高和管理设施更新保持适度稳定增长，实现足额保障。

第七条 城市规划和建设应当满足城市长效管理的要求。进行规划、建设时，有关部门应当听取城市管理相关部门和区县人民政府的意见。

第八条 各级人民政府及其所属部门、新闻媒体及各单位，应当加强对城市管理工作的宣传和对公众的教育，不断增强市民文明意识，鼓励市民志愿参与城市管理活动。

对在城市管理工作中成绩显著的单位和个人，应当给予表彰和奖励。

第二章 管理职责

第九条 市级城市管理相关部门，按照下列职责分工履行城市管理职责：

（一）市市容园林管理部门负责市容市貌、环境卫生、园林绿化和灯光照明方面的监督管理工作，对市级公园、垃圾转运和处理场负有直接管理责任，负责委托市电力公司承担路灯照明的维修和养护责任；

（二）市公安机关负责社会治安、道路交通安全和社会生活噪声污染防治方面的监督管理工作，对城市道路交通信号设施、交通安全设施负有维修和养护责任；

（三）市民政管理部门负责社区公益性服务设施、丧葬祭奠和社区环境方面的监督管理工作；

（四）市交通港口管理部门负责公共客运交通以及机场、铁路客运站和港口客运码头的监督管理工作；

（五）市市政公路管理部门负责城市道路、公路、桥梁及其附属设施的监督管理工作，对市管道路、公路及公路标志、标线附属设施负有维修和养护责任；

（六）市水务行政管理部门负责城市排水设施、河道的监督管理工作，对市管河道和市管城市排水系统负有维修和养护责任；

（七）市建设交通管理部门负责建设工程文明施工方面的监督管理工作；

（八）市国土房管部门负责物业管理活动和房屋安全使用方面的监督管理工作；

（九）城市管理综合行政执法机关按照《天津市城市管理相对集中行政处罚权规定》（2007年市人民政府令第111号）和市人民政府相关决定集中行使城市管理相关行政处罚权。

第十条　城市管理工作是区县人民政府的主要职责。区县人民政府对本辖区城市管理负有全面管理责任，应当履行下列城市管理职责：

（一）组织落实本辖区各部门、街道办事处和镇人民政府的城市管理责任；

（二）落实本辖区市容环境卫生、绿化、社区公益性服务设施、非机动车存车处以及其他与城市管理相关的城市基础设施的养护、维护管理责任，按照维修、养护标准和定额，足额保障相关经费；

（三）组织本辖区城市管理日常监督、检查和考核工作，对不履行职责的，依法追究责任并进行处理。

区县人民政府对其他区县人民政府委托管理的区域承担全面城市管理责任。

第十一条　街道办事处、镇人民政府应当履行城市管理职责，按照分工落实养护、维护责任，组织动员辖区单位参与城市管理活动。

街道办事处、镇人民政府应当明确部门和人员，落实本辖区内物业管理活动的组织、指导和监督工作，协调物业管理与社区管理、社区服务的关系。

街道办事处根据法律、法规、规章规定或者接受委托，对辖区内城市管理违法违章行为实施处罚。

第十二条　居民委员会负责社区公益性服务设施的日常管理，组织动员居民群众参与城市管理活动。

第十三条　天津站地区综合管理办公室依据《天津站地区综合管理规定》（2008年市人民政府令第7号）做好监督管理工作。

天津港（集团）有限公司、天津滨海国际机场负责本辖区内环境卫生、服务设施、公共秩序的管理工作。

天津市旅游（控股）集团有限公司负责海河旅游船舶及码头的环境卫生、服务设施、公共秩序的管理工作。

第十四条　电力、通信、供热、供水、燃气等企业以及排水、有线电视、交通信号等设施权属单位，负责各类地下专业管线井盖、变电箱、控制柜及架空管线、架空管线杆架等设施的维修、养护和安全。

管线的设置应当服从城市规划、建设、市容环境的要求和管理，采取埋地敷设的方式。对不具备条件埋设入地的，依法经批准后可以设置架空管线，但应当采取隐蔽措施。

第十五条　机关、团体、部队、学校、企事业单位和个体经营者负有保持门前责任区域干净整洁、清雪铲冰的责任。

第十六条　与城市管理有关的城市基础设施、公共服务设施在竣工验收合格后应当及时办理移交接管手续。未完成移交的，由建设单位负责养护管理；已完成移交手续的，由养护责任单位负责养护管理。

第三章　城市管理标准

第十七条　市容市貌管理应当达到下列要求：

（一）管理范围内无违法建设，无违法占路，无私开门脸，无乱吊乱挂和乱涂乱画；

（二）户外广告、商业牌匾等设置符合规划和规范要求；

（三）建筑物外檐、外立面符合城市设计要求，城市雕塑、时钟等完好整洁、功能正常；

（四）管线入地埋设，架空管线隐蔽设置；

（五）国家和本市对市容市貌的其他管理标准和要求。

第十八条　环境卫生管理应当达到下列要求：

（一）快速路、主干道路、各类桥梁（含人行天桥）、重点地区、次干道路、支路和居民区内的胡同里巷、楼群、甬路路面净、人行道净、绿地净、树穴净、排水口净，无乱堆乱放、乱泼乱倒，无白色污染，无垃圾堆存，清扫保洁率达到100％；

（二）垃圾收集、清运及时，密闭运输、无撒漏，生活废弃物每日收运2次，重点繁华地区每日收运4次以上，清运土方、建筑垃圾达到100％密闭运输，主要干道无大型货车、清运土方车通行；

（三）集贸市场分行划市、管理有序，市场内外无垃圾堆存，无乱摆乱卖；

（四）公共厕所设施齐全完备，内外干净、整洁、无异味；

（五）国家和本市对环境卫生的其他管理标准和要求。

第十九条　园林绿化管理应当达到下列要求：

（一）公园、绿地布局合理，无枯树死树，无裸露土地，无杂草垃圾，病虫害处理及时；

（二）道路绿化植物品种多样，树形整齐，行道树树穴符合要求，缺株率在1％以下，新栽行道树存活率达到95％以上、保存率达到100％；

（三）国家和本市对园林绿化的其他管理标准和要求。

第二十条　路灯照明及夜景灯光管理应当达到下列要求：

（一）城市主要道路、街巷路灯照明设施完好、路通灯亮，路灯照明和街景照明无损坏、断亮，路灯亮化率达到100％；

（二）夜景灯光设置符合规划要求，与城市景观协调，节能环保，开启率达到95％，完好率达到98％；

（三）同一条道路的路灯灯杆、灯具、光源、安装要统一、整齐、协调；

（四）各类照明设施无乱涂画、乱张贴，整洁美观；

（五）国家和本市对路灯照明及夜景灯光的其他管理标准和要求。

第二十一条　道路交通安全管理应当达到下列要求：

（一）交通信号设施、交通安全设施设置符合标准，保持完好，外观清洁；

（二）车辆、行人各行其道，机动车礼让行人，交通事故处理及时，无违规鸣笛、乱闯红灯、乱跨隔离设施；

（三）机动车停车场、非机动车存车处设置合理，管理有序，车辆停靠整齐，无违规占路，无占压便道、盲道；

（四）国家和本市对道路交通安全的其他管理标准和要求。

第二十二条　社区公益性服务设施、社区环境管理应当达到下列要求：

（一）设施布局合理，功能完善，综合利用，运行正常；

（二）社区路面平整、侧石完整、排水通畅，车辆停放有序，无乱摆乱卖，无违法占路，无违法占压绿地、破坏绿地，无暴露垃圾，无高空抛撒垃圾，无污水外溢，无私搭乱盖、乱圈乱占，无噪声扰民，楼道内无乱堆乱放、乱贴乱画；

（三）丧葬祭奠文明节俭，在道路及社区非指定区域内无焚烧花圈、纸钱及其他丧葬用品等行为；

（四）国家和本市对社区公益性服务设施、社区环境的其他管理标准和要求。

第二十三条　公共客运交通管理应当达到下列要求：

（一）运营线路设计合理，运营时间方便社会公众出行，安全驾驶，文明服务，无违章行驶、拒载倒客、乱停乱靠、超标收费，无由车辆向外吐痰或者倾倒垃圾等违法行为；

（二）客运车辆性能良好，设施齐全清洁，标识统一规范，严禁无证车辆从事客运经营业务；

（三）客运站设施齐全，标识规范，站区整洁，车辆调度合理，无私自揽客、违规收费、无序停靠；

（四）国家和本市对公共客运交通的其他管理标准和要求。

第二十四条　机场、铁路客运站、港口客运码头的管理应当达到下列要求：

（一）设施齐全，功能完好，标识规范，环境整洁，信息发布及时准确，服务流程科学规范，旅客集疏有序；

（二）为其他交通工具有序停靠提供的设施齐全，管理良好，多种交通方式衔接顺畅；

（三）国家和本市对机场、火车站、港口客运码头的其他管理标准和要求。

第二十五条　市政公路管理应当达到下列要求：

（一）机动车道路路面平整，无坑槽现象，路井平顺、无跳车现象，各类地下专业管线井盖齐全，无缺失和损毁；

（二）非机动车道路路面平整，结构完好、无塌陷，侧石、缘石、树穴石顺直，无缺损，人行道花砖无塌陷，无缺损，棱角整齐，道路路名牌齐全、规范、清洁；

（三）桥梁通行安全，设施完好，桥面无坑槽，桥头及伸缩缝无跳车现象，桥栏杆顺直，线形流畅，表面清洁；

（四）桥梁景观照明、附属设施齐全整洁；

（五）国家和本市对市政公路的其他管理标准和要求。

第二十六条　城市排水、河道管理应当达到下列要求：

（一）排水管道通畅、井盖齐全完好、无污水跑冒，排水泵站设备完好，保证污水正常排放和汛期排沥，排水河道通畅，闸门完好，启闭灵活；

（二）河道水面无垃圾，水体清洁，护坡完整，两岸无垃圾堆存、无杂草，河道涵洞定期疏通；

（三）国家和本市对城市排水、河道的其他管理标准和要求。

第二十七条　建设工程施工工地环境管理应当达到下列要求：

（一）施工现场干净整齐，围挡坚固，无污水、污泥外溢，无扬尘，无建筑垃圾凌空抛撒，在规定的时段内无噪声扰民；

（二）运输车辆密闭清洁，无撒漏，驶出场区时进行冲洗；

（三）国家和本市规定对建设工程文明施工的其他管理标准和要求。

第四章　管理机制与监督考核

第二十八条　实行网格化城市管理。按照标准划定网格区域，明确区域内城市管理事件、部件的管理责任单位和责任人，维修、养护责任单位和责任人以及城市管理信息采集责任人。

第二十九条　建立市和区县两级数字化城市管理平台。

市级数字化城市管理部门负责监督、协调区县数字化城市管理平台和市级城市管理相关部门，做好数字化城市管理相关工作，并向城市管理考核部门提供相关的数字化城市管理考核评价信息。

区县数字化城市管理部门按划定网格派遣城市管理信息采集员进行巡查，对需要处置的事件、部件问题向责任单位下达任务派遣，并按照事件、部件问题处置标准进行核查，其结果纳入城市管理考核范围。

第三十条　环境卫生、园林绿化、水务、市政等行业的养护作业应当引入市场竞争机制，建立统一、开放的公共服务市场，按照公平、公开、公正的原则采取公开招标等方式确定维修、养护责任单位和责任人，签订合同明确养护标准、权利、义务和违约责任。

第三十一条　市人民政府对区县人民政府和市级城市管理相关部门的城市管理工作进行考核。具体考核工作由城市管理委员会办公室组织实施。

城市管理委员会办公室按月对区县人民政府和市级城市管理相关部门的城市管理工作实施考核。

市级城市管理相关部门与区县人民政府之间实行双向考核。

第三十二条　城市管理考核结果专报市人民政府有关领导，抄送市委组织部门和市监察部门，并在新闻媒体上予以公布。

第三十三条　城市管理考核结果与城市管理资金挂钩，实行以奖代补。

第三十四条　考核结果一年内连续三次在同档次考核中名列最后一名的，予以通报批评，该单位应当作出书面检查，市人民政府分管副市长约见其主要负责人谈话。

第三十五条　城市管理应当接受社会监督。市级城市管理相关部门和单位负责将市容环境、园林绿化、市政公路、排水、河道、公共客运交通、道路交通安全、社区公益性服务设施与社区环境、建设工程施工工地的维修、养护责任单位和责任人的相关信息予以公开。

维修、养护责任信息公开应当采取网上公开或者设置公示薄、标志牌等便于公众获知的方式。

公开的信息应当包括维修、养护责任单位或者责任人的名称或者姓名、责任范围、养护标准、联系电话和上级监督电话等。对建设工程施工工地的责任信息公开还应当包括施工期限、项目经理和相关责任人员姓名等内容。

第三十六条　城市管理相关部门和数字化城市管理平台应当公布监督电话和其他联系方式，便于市民进行监督。

数字化城市管理平台接到投诉、举报信息后，应当通知有关部门处理，并将处理结果自接到投诉、举报信息之日起7个工作日内反馈投诉、举报人。

第三十七条　城市管理应当接受新闻媒体的监督。

对新闻媒体反映的城市管理问题应当及时予以处理并反馈处理结果。

第五章　法律责任

第三十八条　市民应当遵守城市管理法律规定和行为准则，爱护公共设施，保护公共环境，维护公共秩序。

法人及其他各类组织应当遵守城市管理法律规定，履行城市管理相关义务，遵守城市规划和设计要求。

第三十九条　市级城市管理相关部门及区县人民政府、执法机构不履行或者怠于履行其监督管理责任的，一经发现，由城市管理委员会对责任单位、主要负责人和直接责任人在媒体上予以曝光，并约见谈话，需要给予处分的向有关部门提出处分建议。造成严重后果、构成犯罪的，移交司法机关依法追究刑事责任。

第四十条　城市管理信息采集员不履行或者怠于履行其巡查监督责任的，予以警告直至解除聘用关系。

第四十一条　负有维修、养护责任的管理部门及其工作人员不履行或者怠于履行其维修、养护责任的，依法予以警告直至开除处分。

第四十二条　在公共场所严禁随地吐痰、吐口香糖，严禁随处便溺或者乱倒粪便，严禁乱扔烟蒂、纸屑、瓜果皮核以及其他各类废弃物。

违反前款规定的，由城市管理综合行政执法机关责令即时清除；拒不清除的，处50元罚款。

第四十三条　严禁由建筑物或者车辆向外抛掷各类物品。

违反前款规定的，由城市管理综合行政执法机关责令清除；拒不清除的，处500元罚款，单位违反该规定的，处5000元罚款。

第四十四条　严禁在建筑物、构筑物和其他设施或者树木、居民楼道等处摆放、张贴、悬挂、刻划、涂写各种有碍市容市貌的标语、宣传品和其他物品。

临街建筑物新装空调室外机应当符合市容市貌管理要求，严禁在非指定位置安装空调室外机。

违反前两款规定的，由城市管理综合行政执法机关责令改正；拒不改正的，处2000元罚款。

第四十五条　严禁任何单位和个人私搭乱盖。

违反前款规定的，由城市管理综合行政执法机关责令停止建设，限期拆除；拒不拆除的，由城市管理综合行政执法机关依法强制拆除，强制拆除费用由违法责任人承担，并处5000元以上2万元以下罚款。

第四十六条　严禁制作传播涉及黄赌毒视频。

违反前款规定的，由文化影视管理部门责令限期改正；逾期不改正的，处10万元罚款，并申请人民法院强制执行。

第四十七条　严禁违法占用道路、公共场所从事摆卖、餐饮、机动车清洗和修理等经营活动。

违反前款规定的，由城市管理综合行政执法机关责令改正；拒不改正的，处5000元罚款并没收其违法所得和非法财物。

在居民区内的道路、绿地、空地、楼道、庭院等部位从事摆卖、加工等经营活动的，由城市管理综合行政执法机关责令改正；拒不改正的，处2000元罚款并没收其违法物品和工具。

第四十八条　严禁行人、非机动车驾驶人随意横穿道路、闯红灯或者跨越道路隔离设施。违反本款规定的，由公安交通管理部门处50元罚款；非机动车驾驶人拒绝接受罚款处罚的，可以扣留其驾驶的非机动车。

严禁驾驶机动车擅闯红灯，严禁机动车辆在城市建成区内鸣放喇叭。违反本款规定的，由公安交通管理部门处200元罚款，并予以违法行为累积记分处理。

第四十九条　严禁在道路及社区非指定区域内焚烧花圈、纸钱及其他丧葬用品。

违反前款规定的，由区县民政部门或者市殡葬事业管理机构责令改正；拒不改正的，处1000元罚款。经区县人民政府同意，区县民政部门可以委托街道办事处实施处罚。

第五十条　严禁个人饲养烈性犬、大型犬。违反本款规定的，由公安机关没收其犬，并可处1000元罚款。

养犬人养犬不得干扰、影响他人的正常生活。携犬出户时应当携带养犬登记证，为犬配戴嘴套，由成年人用束犬链牵领，并主动、自觉避让他人。严禁携犬进入公共场所、公交客运车辆和长途客运车辆。携犬乘坐电梯的，应当避开乘坐电梯的高峰时间，并为犬配戴嘴套或者将犬装入犬笼、犬袋。居民委员会、村民委员会、业主委员会可以根据实际情况确定禁止携犬进入电梯的时间。

违反前款规定的，由公安机关予以警告，并可处500元罚款；情节严重的，由公安机关没收其犬，并注销养犬登记证。

携犬出户时应当自行携带清洁用品，及时清理犬排泄物。未及时清除的，由城市管理综合行政执法机关责令其清除，并可处50元罚款。

第五十一条　严禁使用高音广播喇叭或者发出其他高噪声干扰周围居民生活；从事家庭室内娱乐、装修等活动时，应当限制时间或者采取有效措施减轻噪声污染。

违反前款规定的，由公安机关责令改正；拒不改正的，处500元罚款。

第五十二条 严禁违法挖掘城市道路。严禁挖掘施工后迟延恢复。

违反前款规定的，由市政公路管理部门责令停工、恢复原状，并处2万元罚款；造成损失的，依法承担赔偿责任。

第五十三条 严禁违法占用城市道路。严禁未经批准改变占路用途或者移动位置、扩大面积、延长时间。

违反前款规定的，由城市管理综合行政执法机关责令限期清退或者改正；拒不改正的，处2万元罚款；造成损失的，依法承担赔偿责任。

第五十四条 严禁违法占压、破坏园林绿地。严禁占用园林绿地后迟延恢复。

违反前款规定的，由城市管理综合行政执法机关责令改正、恢复原状，并处2000元罚款；造成损失的，依法承担赔偿责任。

第五十五条 机关、团体、部队、学校、企事业单位和个体经营者，不履行门前责任区域保洁、清雪铲冰责任的，机关、团体、部队、学校、事业单位由其上级主管部门责令限期改正，逾期不改正的，由其上级主管部门予以警告直至通报批评；对于企业和个体经营者，由区县市容环境主管部门予以批评教育，责令限期改正，逾期不改正的，处1000元罚款并在媒体上予以曝光。

第五十六条 严禁擅自设置架空管线或者对经批准设置的架空管线未按照要求采取隐蔽措施。

第五十七条 严禁建设工程施工单位向施工工地外排放污水或者污泥、在工地围挡外堆放建筑物料或者垃圾以及其他不文明施工行为。

违反前款规定的，由城市管理综合行政执法机关责令限期改正；逾期不改正的，处1万元罚款。

施工单位装运建筑垃圾应当按照本市有关规定使用密闭运输车辆，安全密封，不得在施工工地外沿途泄漏和散落。

施工单位不使用密闭运输车辆的，由建设交通管理部门责令限期改正，并处2万元罚款；对负有直接责任的工程项目负责人根据前述标准予以罚款，并按照市建设交通管理部门制定的安全违规记分办法进行处理，直至停止施工单位参加施工投标活动。

施工单位运输车辆在施工工地外沿途泄漏和散落的，由城市管理综合行政执法机关责令清除，并按每平方米处50元罚款。

第五十八条　城市管理相关部门履行管理职责、实施管理行为，应当遵守有关法律、法规、规章关于执法程序方面的规定。

第五十九条　对阻碍执法机关及其工作人员依法执行公务的，由公安机关依照《中华人民共和国治安管理处罚法》予以处罚；构成犯罪的，依法追究刑事责任。

第六章　附　　则

第六十条　本规定自2010年4月1日起施行。天津市人民政府2008年4月25日公布的《天津市城市管理规定》（2008年市人民政府令第2号）同时废止。

上海市城市管理行政执法条例

（2012 年 4 月 19 日上海市第十三届人民代表大会常务委员会
第三十三次会议通过根据 2015 年 6 月 18 日上海市第十四届人民代表大会
常务委员会第二十一次会议《关于修改〈上海市城市管理
行政执法条例〉的决定》修正）

第一章 总 则

第一条 为加强城市管理行政执法工作，规范行政执法行为，提高行政执法效率和水平，保护公民、法人和其他组织的合法权益，根据《中华人民共和国行政处罚法》、《中华人民共和国行政强制法》等有关法律、行政法规的规定，结合本市实际，制定本条例。

第二条 本条例适用于本市行政区域内的城市管理行政执法活动。

前款所称的城市管理行政执法是指市和区、县城市管理行政执法部门（以下简称城管执法部门）以及乡、镇人民政府依法相对集中行使有关行政管理部门在城市管理领域的全部或部分行政处罚权及相关的行政检查权和行政强制权的行为。

第三条 市和区、县人民政府应当加强对城市管理行政执法工作的领导。

市和区、县以及乡、镇人民政府应当根据区域面积、人口数量、管理需求等状况，合理配置城市管理行政执法人员（以下简称城管执法人员）和执法装备，并将城市管理行政执法工作所需经费纳入同级财政预算，保障城市管理行政执法部门依法履行职责。

第四条 市城管执法部门是本市城市管理行政执法工作的行政主管部门，负责本条例的组织实施。

区、县城管执法部门负责本辖区内城市管理行政执法工作，并接受市城管执法部门的业务指导和监督。

区、县城管执法部门应当在街道派驻城管执法机构，以区、县城管执法部门的名义，具体负责本区域内的城市管理行政执法工作。街道办事处应当组织协调城管执法机构在辖区内开展城市管理行政执法活动。

乡、镇人民政府负责本辖区内城市管理行政执法工作，其所属城管执法机构以乡、镇人民政府名义，具体承担本辖区内的城市管理行政执法工作，并接受区、县城管执法部门的业务指导和监督。

市和区、县城管执法部门根据需要可以在特定区域派驻城管执法机构，以市或区、县城管执法部门的名义，具体负责本区域内的城市管理行政执法工作。

第五条　建设、交通、绿化市容、水务、环保、工商、房屋管理、规划国土资源、公安、财政等行政管理部门按照各自职责，协同做好城市管理行政执法的相关工作。

第六条　城市管理行政执法工作遵循合法、公正、公开的原则，坚持以人为本，执法与教育、疏导、服务相结合，文明执法、规范执法，注重法律效果与社会效果的统一。

第七条　本市应当加强城市管理行政执法队伍建设，完善执法制度和监督机制，促进执法水平的提高。

第八条　各级人民政府和相关行政管理部门以及广播电台、电视台、报刊和互联网站等新闻媒体应当加强城市管理法律法规的宣传，增强市民自觉遵守城市管理规定的意识，营造社会共同维护城市管理秩序的氛围。

第九条　城管执法人员依法执行职务，受法律保护。

公民、法人或者其他组织应当支持城管执法部门以及乡、镇人民政府的工作，协助城管执法人员依法行使职权。

城管执法部门以及乡、镇人民政府应当听取公民、法人或者其他组织的意见，不断改进和完善执法方式和方法。

第十条　对在实施城市管理行政执法活动中作出突出贡献或者取得显著成

绩的单位和个人，市和区、县人民政府及有关部门可以予以表彰奖励。

第二章 执法权限

第十一条 市和区、县城管执法部门以及乡、镇人民政府实施城市管理行政执法的范围包括：

（一）依据市容环境卫生管理方面法律、法规和规章的规定，对违反市容环境卫生管理的违法行为实施行政处罚。

（二）依据市政工程管理方面法律、法规和规章的规定，对违反非市管城市道路（含城镇范围内的公路）、桥梁及其附属设施管理的违法行为实施行政处罚。

（三）依据绿化管理方面法律、法规和规章的规定，对除绿化建设外的违反绿化管理的违法行为实施行政处罚。

（四）依据水务管理方面法律、法规和规章的规定，对倾倒工业、农业、建筑等废弃物及生活垃圾、粪便；清洗装贮过油类或者有毒有害污染物的车辆、容器；以及擅自搭建房屋、棚舍等建筑物或者构筑物等违反河道管理的违法行为实施行政处罚。

（五）依据环境保护管理方面法律、法规和规章的规定，对道路运输、堆场作业、露天仓库等产生扬尘，污染环境；单位未按照规定对裸露土地进行绿化或者铺装；任意倾倒或者在装载、运输过程中散落工业废渣或者其他固体废物；违反安装空调器、冷却设施的有关规定，影响环境和他人生活；未经批准或者未按批准要求从事夜间建筑施工，造成噪声污染；露天焚烧秸秆、枯枝落叶等产生烟尘的物质，以及露天焚烧沥青、油毡、橡胶、塑料、垃圾、皮革等产生有毒有害、恶臭或强烈异味气体的物质等不需要经过仪器测试即可判定的违法行为实施行政处罚。

（六）依据工商管理方面法律、法规和规章的规定，对占用道路无照经营或者非法散发、张贴印刷品广告的违法行为实施行政处罚。

（七）依据建设管理方面法律、法规和规章的规定，对损坏、擅自占用无障碍设施或者改变无障碍设施用途的违法行为实施行政处罚。

（八）依据城乡规划和物业管理方面的法律、法规和规章的规定，按照市人民政府确定的职责分工，对擅自搭建建筑物、构筑物的违法行为和物业管理区域内破坏房屋外貌的违法行为实施行政处罚。

（九）本市地方性法规和市政府规章规定由城管执法部门实施的其他行政处罚。

城管执法部门以及乡、镇人民政府按照前款规定实施行政执法的具体事项由市人民政府确定，并向社会公布。

第十二条　本市地方性法规或者政府规章可以对城市管理行政执法的范围进行调整。

除前款规定外，其他任何单位和个人不得擅自变更城市管理行政执法的范围。

第十三条　已由市和区、县城管执法部门以及乡、镇人民政府依法行使的城市管理相对集中行政处罚权及相关的行政检查权和行政强制权，有关行政管理部门不得再行使；有关行政管理部门履行的其他行政管理和监督职责，应当依法继续履行。

第十四条　区、县城管执法部门以及乡、镇人民政府负责本辖区内违法行为的查处。

管辖区域相邻的区、县城管执法部门对行政辖区接壤地区流动性违法行为的查处，可以约定共同管辖。共同管辖区域内发生的违法行为，由首先发现的城管执法部门查处。管辖权发生争议的，由市城管执法部门指定管辖。

第十五条　市城管执法部门对区、县城管执法部门未予查处的违法行为，应当责令其查处，也可以直接查处。

区、县城管执法部门对乡、镇城管执法机构未予查处的违法行为，应当责令其查处，也可以直接查处。

市城管执法部门可以对社会影响重大的违法行为直接进行查处；必要时，也可以组织相关区、县城管执法部门共同进行查处。

区、县城管执法部门在开展重大执法行动时，可以对街道、乡、镇城管执法机构进行调动指挥。

第三章　执 法 规 范

第十六条　城管执法人员实行全市统一招录制度，公开考试、严格考察、择优录取。城管执法人员经法律知识和业务知识的统一培训并考试合格具备行政执法资格的，方可取得行政执法证件。未取得行政执法证件的人员，不得从事行政执法活动。

城管执法人员从事行政执法活动，应当着统一识别服装，配带统一标志标识，做到仪容严整、举止端庄、语言文明、行为规范。

城管执法人员从事行政执法活动时，应当向当事人出示行政执法证件；除法律另有规定外，必须两人以上共同进行。

第十七条　城管执法部门以及乡、镇人民政府应当建立和完善城管执法巡查机制，并可以利用城市网格化管理系统，及时发现、制止和查处违反城市管理法律、法规和规章规定的行为。

本市举办重大活动时，市城管执法部门可以组织区、县城管执法部门进行集中巡查。

第十八条　城管执法部门以及乡、镇人民政府可以根据违法行为的性质和危害后果，采取不同的行政执法方式。

城管执法部门以及乡、镇人民政府查处违法行为时，对情节较轻或者危害后果能够及时消除的，除法律、法规、规章规定直接给予行政处罚外，城管执法部门以及乡、镇人民政府应当先对当事人进行教育、告诫、引导，并责令其改正；对拒不改正的，依法给予行政处罚。违法行为轻微并及时纠正，没有造成危害后果的，不予行政处罚。

第十九条　城管执法人员在查处违法行为时，可以采取以下措施：

（一）依法进入发生违法行为的场所实施现场检查，并制作检查笔录；

（二）以勘验、拍照、录音、摄像等方式进行现场取证；

（三）询问案件当事人、证人，并制作询问笔录；

（四）查阅、调取、复印与违法行为有关的文件资料；

（五）法律、法规规定的其他措施。

城管执法人员、当事人、证人应当在笔录上签名或者盖章。当事人拒绝签名、盖章或者不在现场的，应当由无利害关系的见证人签名或者盖章；无见证人的，城管执法人员应当注明情况。

第二十条　城管执法人员调查取证时，应当全面、客观、公正，符合法定程序，不得以利诱、欺诈、胁迫、暴力等非法手段收集证据，不得伪造、隐匿证据。

通过非法手段获取的证据不能作为认定违法事实的依据。

第二十一条　城管执法部门以及乡、镇人民政府查处违法行为时，可以依法扣押与违法行为有关的物品。

城管执法部门以及乡、镇人民政府实施扣押措施，应当遵守法律、法规规定的条件、程序和期限。

城管执法部门以及乡、镇人民政府实施扣押措施后，应当及时查清事实，在法定期限内作出处理决定。对于经调查核实没有违法行为或者不再需要扣押的，应当解除扣押，返还物品。

城管执法部门以及乡、镇人民政府查处违法行为时，对违法事实清楚的，依法应当没收的非法物品，予以没收。城管执法部门以及乡、镇人民政府对依法没收的非法物品，除依法应当予以销毁的外，应当按照国家规定公开拍卖或者按照国家有关规定处理，所得款项应当依照规定上缴国库。

第二十二条　城管执法部门以及乡、镇人民政府应当妥善保管扣押物品，不得使用或者损毁，属非法物品的，移送有关部门处理。

被扣押的物品易腐烂、变质的，城管执法部门以及乡、镇人民政府应当通知当事人在二日内到指定地点接受处理；逾期不接受处理的，可以在登记后拍卖、变卖；无法拍卖、变卖的，可以在留存证据后销毁。

解除扣押后，城管执法部门以及乡、镇人民政府应当通知当事人及时认领。当事人逾期不认领或者当事人难以查明的，城管执法部门以及乡、镇人民政府应当及时发布认领公告，自公告发布之日起六十日内无人认领的，城管执法部门以及乡、镇人民政府可以采取拍卖、变卖等方式妥善处置，拍卖、变卖所得款项应当依照规定上缴国库。

第二十三条　城管执法部门以及乡、镇人民政府在行政执法活动中，对当事人弃留现场的物品，应当按照本条例第二十二条的规定处理。

第二十四条　城管执法部门以及乡、镇人民政府作出具体行政行为，应当告知当事人作出具体行政行为的事实、理由、依据，并告知当事人依法享有陈述、申辩、要求听证以及申请行政复议或者提起行政诉讼的权利。

当事人进行陈述和申辩时提出的事实、理由或者证据成立的，城管执法部门以及乡、镇人民政府应当采纳，不得因当事人申辩而加重处罚。对符合听证条件的，城管执法部门以及乡、镇人民政府应当组织听证。

第二十五条　城管执法部门以及乡、镇人民政府应当依照法律规定采用直接送达、留置送达、邮寄送达和公告送达等方式送达法律文书。采用公告送达的，城管执法部门以及乡、镇人民政府可以通过其政府网站和公告栏进行。自发出公告之日起，经过六十日，即视为送达。

城管执法部门以及乡、镇人民政府应当向社会公布其网址和公告栏地址。

第二十六条　城管执法部门以及乡、镇人民政府应当建立违法行为举报制度，并向社会公布全市统一的举报电话及其他联系方式。

城管执法部门以及乡、镇人民政府收到举报后，应当及时核查，并在五个工作日内将核查情况告知举报人；对不属于本单位职责范围的，应当向举报人说明情况，并在三个工作日内移送有关部门处理。

城管执法部门以及乡、镇人民政府应当为举报人保密。

第四章　执法协作

第二十七条　有关行政管理部门应当履行管理职责，与城管执法部门以及乡、镇人民政府加强协作，采取疏导措施，从源头上预防和减少违法行为的发生。

第二十八条　城管执法部门以及乡、镇人民政府在执法活动中发现应当由有关行政管理部门处理的违法行为的，应当及时移送有关行政管理部门处理。有关行政管理部门在执法活动中发现应当由城管执法部门以及乡、镇人民政府处理的违法行为的，应当及时移送城管执法部门以及乡、镇人民政府处理。移送案件涉及的非法物品等相关物品应当一并移送。

城管执法部门以及乡、镇人民政府和有关行政管理部门无正当理由，不得拒绝接受移送的案件和相关物品，并应当在作出处理决定后，及时通报移送部门。

第二十九条　城管执法部门以及乡、镇人民政府查处违法行为需要向有关行政管理部门查询有关资料的，有关行政管理部门应当依照相关法律、法规规定予以配合。

城管执法部门以及乡、镇人民政府查处违法行为时，需要有关行政管理部门认定违法行为和非法物品的，应当出具协助通知书。有关行政管理部门应当自收到协助通知书之日起十日内出具书面意见；如情况复杂需要延期的，应当以书面形式向城管执法部门以及乡、镇人民政府说明理由并明确答复期限。

第三十条　在城市管理中开展重大专项执法行动时，城管执法部门以及乡、镇人民政府需要有关行政管理部门协助的，有关行政管理部门应当在职责范围内依法协助；有关行政管理部门需要城管执法部门以及乡、镇人民政府协助的，城管执法部门以及乡、镇人民政府应当在职责范围内依法协助。

第三十一条　公安机关与城管执法部门以及乡、镇人民政府应当建立协调配合机制。

公安机关应当依法保障城管执法部门以及乡、镇人民政府的行政执法活动，对阻碍城管执法人员依法执行职务的行为，应当及时制止；对违反《中华人民共和国治安管理处罚法》的行为，依法予以处罚；使用暴力、威胁等方法构成犯罪的，依法追究刑事责任。

区、县公安机关应当确定专门力量、明确工作职责、完善联勤联动机制，在信息共享、联合执法和案件移送等方面配合本区域内城管执法机构开展行政执法工作。

第三十二条　市和区、县人民政府应当采取措施推动城管执法部门以及乡、镇人民政府和有关行政管理部门建立健全城市管理与执法信息共享机制，促进信息交流和资源共享。

城管执法部门以及乡、镇人民政府应当将实施行政处罚的情况和发现的问题通报有关行政管理部门，提出管理建议；有关行政管理部门应当将与城市管理行政执法有关的行政许可和监督管理信息及时通报城管执法部门以及乡、镇人民政府，保障城市管理行政执法工作的有效开展。

第三十三条　市和区、县人民政府应当不断加大城市管理行政执法科学技术的研发投入，推广先进科学技术手段在调查取证、检查检测等方面的普及运用。

第五章　执　法　监　督

第三十四条　市和区、县人民政府应当加强对城市管理行政执法工作的监督，对城管执法部门以及乡、镇人民政府不依法履行职责的行为，应当责令其改正并追究行政责任。

第三十五条　市城管执法部门应当建立全市统一的执法培训、岗位交流、督察考核、责任追究和评议考核等制度。

市和区、县城管执法部门以及乡、镇人民政府应当落实行政执法责任制，加强执法队伍规范化、制度化的建设和管理。评议考核不合格的城管执法人员，不得从事行政执法工作。

市城管执法部门对区、县城管执法部门及其执法人员发生的情节严重、社会影响较大的违法违纪行为，可以向区、县人民政府提出查处建议。

区、县城管执法部门对乡、镇城管执法机构及其执法人员发生的情节严重、社会影响较大的违法违纪行为，可以向乡、镇人民政府提出查处建议。

第三十六条　有关行政管理部门发现城管执法部门以及乡、镇人民政府有违法执法行为的，可以向其提出书面建议。城管执法部门以及乡、镇人民政府收到书面建议后，应当及时调查核实；情况属实的，应当予以纠正并告知有关行政管理部门。

第三十七条 城管执法部门以及乡、镇人民政府应当将城管执法职责范围、执法依据、执法程序以及监督电话等事项向社会公开，接受社会监督。

公民、法人和其他组织发现城管执法人员有违法执法行为或者行政不作为的，可以向城管执法人员所在单位、上级主管部门或者监察部门检举、控告。接到检举、控告的部门应当按照法定权限及时核实处理，并及时反馈处理意见。

第三十八条 市和区、县城管执法部门以及乡、镇人民政府应当定期对本单位的行政执法情况组织社会评议；有关部门对城管执法部门以及乡、镇人民政府的行政执法情况组织社会评议的，城管执法部门以及乡、镇人民政府应当予以配合。评议结果应当向社会公开。

区、县城管执法部门应当加强对街道、乡、镇城管执法工作的监督检查，组织评议，并将评议结果报告区、县人民政府，作为街道办事处和乡、镇人民政府绩效考核的依据。

第六章 法 律 责 任

第三十九条 城管执法部门以及乡、镇人民政府及其执法人员有下列情形之一的，对直接负责的主管人员和其他直接责任人员，由其所在单位、上级主管部门或者监察部门依法给予行政处分；构成犯罪的，依法追究刑事责任：

（一）对发现的违法行为不依法查处，情节严重的；

（二）超越职权或者违反法定程序执法，情节严重的；

（三）擅自变更已经作出的行政处罚决定的；

（四）使用暴力、威胁等手段执法的；

（五）故意损坏或者擅自销毁当事人财物的；

（六）截留、私分罚款或者扣押的财物的，以及使用扣押的财物的；

（七）索取或者收受他人财物的；

（八）其他玩忽职守、滥用职权、徇私舞弊的行为。

第四十条 有关行政管理部门违反本条例的规定，拒不履行执法协作职责的，由本级人民政府或者上级主管部门责令改正，通报批评；情节严重的，对直接负责的主管人员和其他直接责任人员依法给予行政处分。

第四十一条   城管执法部门以及乡、镇人民政府及其执法人员违法行使职权，对公民、法人或者其他组织的合法权益造成损害的，应当依法承担赔偿责任。

第七章   附   则

第四十二条   本条例自2012年7月15日起施行。

鞍山市城市管理综合行政执法条例

（2011 年 10 月 28 日鞍山市第十四届人民代表大会常务委员会
第 26 次会议通过，2011 年 11 月 24 日辽宁省第十一届人民代表
大会常务委员会第 26 次会议批准）

第一章 总 则

第一条 为了规范城市管理综合行政执法行为，提高城市管理综合行政执法水平，保护公民、法人和其他组织的合法权益，根据《中华人民共和国行政处罚法》等有关法律、法规，结合我市实际，制定本条例。

第二条 本条例适用于本市市区内城市管理综合行政执法活动。

第三条 市城市管理综合行政执法部门（以下简称市城管执法部门）是市人民政府实施城市管理综合行政执法的部门，负责城市管理综合行政执法工作。

规划、城建、房产、公用事业、民政、工商、环保、公安等相关部门，应当按照各自职责分工，配合做好城市管理综合行政执法工作。

第四条 城市管理综合行政执法应当坚持执法与教育、疏导、服务相结合，遵循合法、合理、公正、公开的原则。

第五条 市城市管理综合行政执法人员（以下简称市城管执法人员）执行公务时，应当主动宣传法律法规，恪守职业道德，规范执法，文明执法，自觉接受社会和有关国家机关的监督。

公民、法人和其他组织应当支持、配合市城管执法部门和人员依法行使职权。

第六条 市人民政府应当建立城市管理综合行政执法保障机制，将城市管理综合行政执法工作经费列入本级人民政府财政预算。

第二章 执 法 职 责

第七条 市城管执法部门集中行使下列具体职权：

（一）城市规划管理方面的法律、法规、规章规定的行政处罚权；

（二）市容环境卫生管理方面的法律、法规、规章规定的行政处罚权，依法强制拆除违法的建筑物、构筑物或者设施；

（三）市政管理方面的法律、法规、规章规定的行政处罚权；

（四）房产管理方面的法律、法规、规章规定的行政处罚权；

（五）城市园林绿化管理方面的法律、法规、规章规定的行政处罚权；

（六）公用事业管理方面的法律、法规、规章规定的行政处罚权；

（七）城市客运（含客运出租汽车）管理方面的法律、法规、规章规定的行政处罚权；

（八）民政殡葬管理方面的法律、法规、规章规定的对户外搭灵棚、设灵堂，高音播放或者吹奏哀乐、抛撒纸钱，销售封建迷信殡葬用品的违法行为的行政处罚权；

（九）工商行政管理方面法律、法规、规章规定的对侵占道路无照商贩的违法行为的行政处罚权；

（十）环境保护方面的法律、法规、规章规定的对在人口集中地区焚烧沥青、油毡、橡胶、皮革、垃圾产生有毒有害烟尘、恶臭气体的违法行为的行政处罚权；对施工噪声、社会生活噪声、加工行业噪声污染的违法行为的行政处罚权；

（十一）公安交通管理方面的法律、法规、规章规定的对机动车乱停乱放侵占人行道的违法行为的行政处罚权；

（十二）法律、法规确定的其他行政处罚权和行政强制。

第八条 经国务院或者省人民政府决定，市城管执法部门新确定和调整的行政处罚职责，由市人民政府向社会公布。

第九条　行政处罚权相对集中后，原行政管理部门不得再行使。再行使的，其作出的行政处罚决定无效。

行政管理部门不因行政处罚权的相对集中行使而改变或者放弃其他应当依法履行的行政管理和监督职责。

第三章　执法规范

第十条　市城管执法部门应当依照相关法律、法规规定的条件、程序实施行政处罚、行政强制等行政执法行为。

第十一条　市城管执法部门应当建立和完善日常巡查制度，及时发现、纠正和查处违反城市管理法律、法规、规章规定的行为。

第十二条　市城管执法部门查处违法案件时，依法适用简易程序进行处罚的，可以当场作出处罚决定；适用一般程序进行处罚的，应当自立案之日起30日内作出处罚决定。因特殊情况需要延长办案期限的，经市城管执法部门负责人批准，可以延长30日。

第十三条　市城管执法部门应当根据违法行为的事实、性质、情节以及社会危害程度，在法定幅度内实施行政处罚；对违法行为轻微并及时纠正，未造成危害后果的，不予行政处罚。

第十四条　市城管执法部门依法实施行政强制措施的，应当正确适用法律法规，选择法定方式，最大限度地减少当事人的损失。

违法行为情节显著轻微或者没有明显社会危害的，可以不采取行政强制措施。

第十五条　市城管执法部门依法作出涉及当事人权利和义务的决定前，应当告知当事人享有陈述权、申辩权和依法要求举行听证的权利；作出决定时，应当告知当事人享有依法申请行政复议或者提起行政诉讼的权利。

第四章　执法协作

第十六条　市人民政府应当建立健全城市管理综合行政执法协调机制，协调解决城市管理综合行政执法工作中的重大事项。

各区人民政府、市政府设立的管委会应当按照各自职责，支持、配合本区域内城市管理综合行政执法工作。

街道办事处、社区居民委员会应当在调查取证、文书送达、宣传教育、社区服务等方面支持和配合市城管执法部门进行城市管理综合行政执法。

第十七条　市人民政府应当将城市管理综合行政执法协作情况纳入绩效考核体系，实行绩效考核。

第十八条　市城管执法部门与相关行政管理部门应当建立健全信息共享机制，互相通报下列行政管理信息：

（一）相关行政管理部门实施与城市管理综合行政执法有关的行政许可事项和监督管理信息；

（二）市城管执法部门实施行政处罚的情况和在执法中发现应当告知相关行政管理部门的信息；

（三）与市城市管理综合行政执法有关的专项整治行动信息；

（四）其他需要共享的重要信息。

前款第（一）项、第（二）项行政管理信息的通报应当在信息获取或者具体行政行为结束后的3日内完成。

第十九条　市城管执法部门查处违法行为需要查询有关资料的，相关行政管理部门应当依法提供，并不得收取费用。

需要相关行政管理部门提供专业意见的，相关行政管理部门应当自收到协助通知之日起5日内出具书面意见；案情复杂，需要延期的，应当以书面形式向市城管执法部门说明理由并明确答复期限。相关行政管理部门出具书面意见前需要市城管执法部门补充资料的，应当一次性告知，补充资料所用时间不计入答复期限。

第二十条　对城市管理综合行政执法中的重要专项行动，市城管执法部门需要相关行政管理部门配合的，相关行政管理部门应当依法配合。

第二十一条　市城管执法部门行使行政处罚权时，当事人拒绝配合调查取证、拒绝履行行政决定，严重影响行政管理秩序的，市城管执法部门可以将有关情况告知相关行政管理部门，相关行政管理部门应当依法采取措施督促当事人履行义务。

第二十二条　市城管执法部门在执法过程中，发现违法行为不属于本部门管辖范围的，应当告知或者移送有管辖权的部门处理。

相关行政管理部门在执法过程中，发现违法行为属于市城管执法部门或者其他有管辖权部门的管辖范围的，应当告知或者移送处理。

第五章　执 法 监 督

第二十三条　市人民政府应当依照行政执法监督的有关规定对城市管理综合行政执法进行监督检查。

第二十四条　相关行政管理部门发现市城管执法部门有违法或者不履行法定职责等行为，应当向其提出书面建议，或者提请市人民政府予以纠正。

市城管执法部门发现相关行政管理部门有不配合执法或者不履行法定职责等行为，应当向其提出书面建议，或者提请市人民政府予以纠正。

第二十五条　市城管执法部门应当将职责范围、执法依据、执法程序、处罚标准以及监督电话等予以公开，接受社会监督。

公民、法人和其他组织发现市城管执法人员不严格执法或者有违法违纪行为的，有权向有关机关检举、控告。受理机关应当依法受理，并将处理结果告知检举、控告人。

第二十六条　市城管执法部门应当建立和完善内部行政执法监督机制，实行行政执法监督检查、评议考核、督办督察、责任追究等监督制度，保障和监督市城管执法部门及其执法人员依法履行职责。

对受理的检举、控告属于市城管执法部门职责范围的，市城管执法部门应当按照规定，及时核实处理，并反馈处理结果。

第六章　法 律 责 任

第二十七条　市城管执法部门及其执法人员有下列行为之一的，由其所在单位或者上级行政机关对相关责任人员依法给予行政处分；给公民、法人和其他组织造成损害的，依法承担赔偿责任；构成犯罪的，依法追究刑事责任：

（一）无法定依据或者不遵守法定程序实施行政处罚的；

（二）无法定事由或者违反法定程序擅自改变已作出的行政处罚决定的；

（三）不履行巡查职责，未能及时发现违法行为，或者发现后不制止，造成后果的；

（四）粗暴执法，给公民人身或者财产造成损害、给法人或者其他组织造成损失的；

（五）未经举报人同意，泄露举报人信息的；

（六）利用职务上的便利，索取或者收受他人财物的；

（七）帮助违法行为人逃避查处的；

（八）将没收、查封、扣押的违法所得或者财物以及罚款截留、私分或者变相私分的；

（九）对应当予以制止或者处罚的违法行为不制止、不处罚，致使公民、法人或者其他组织的合法权益、公共利益遭受损害的；

（十）其他应当依法追究法律责任的行为。

第二十八条　相关行政管理部门违反本条例，仍行使已由市城管执法部门集中行使的行政处罚权的，由上级行政机关或者监察机关对直接负责的主管人员和其他责任人员依法给予行政处分。

第二十九条　阻碍市城管执法人员依法执行公务，违反治安管理规定的，由公安机关依照《中华人民共和国治安管理处罚法》的规定处理；构成犯罪的，依法追究刑事责任。

第三十条　市城管执法部门以及相关行政管理部门违反本条例，拒不履行执法协作职责以及改变或者放弃依法应当履行的行政管理和监督职责的，由上级行政机关或者监察机关对直接负责的主管人员和其他责任人员依法给予行政处分。

第七章　附　　则

第三十一条　本条例自2012年1月1日起施行。

实行城市管理综合行政执法的县（市），可以参照执行本条例。

参考文献

[1] 秦虹. 以建设收费改革为契机 探索城市建设管理机制创新 [J]. 城市开发, 2000（9）: 24-26.

[2] 秦虹. 中国市政公用设施投融资现状与改革方向 [J]. 城乡建设, 2003（7）: 16-17.

[3] 秦虹. 关于"十二五"市政公用设施投资的若干建议 [J]. 中华建设, 2010（1）: 64-66.

[4] 秦虹, 盛洪. 市政公用事业监管的国际经验及对中国的借鉴 [J]. 城市发展研究, 2006（1）: 57-62.

[5] 陈淮. 实现标准化管理 提升城市竞争力 [N]. 陕西日报, 2011.

[6] 翟宝辉. 提高城市公共危机的防范能力 [J]. 内部参阅（人民日报, 秘密半年, 已解密）, 2006（27）: 30-36.

[7] 翟宝辉, 王如松, 王珏林. 开发区建设应考虑多方面平衡发展的需要 [J]. 内部参阅（人民日报, 秘密半年, 已解密）, 2004（14）: 13-19.

[8] 翟宝辉. 厘清城市管理的概念 构建城市综合管理体制 [J]. 城市管理与科技, 2009, 11（6）: 16-20.

[9] 翟宝辉. 城市综合管理的概念与内涵 [J]. 经济, 2011（7）: 74.

[10] 翟宝辉. 城市综合管理模式的探索与实践 [J]. 经济, 2011（4）: 84.

[11] 翟宝辉, 李婵, 杨芳. 现代城市综合管理的本质、功能与体系再认识 [J]. 上海城市管理, 2011, 20（6）: 17-21.

[12] 翟宝辉. 加强城市综合管理 推进社会管理创新 [J]. 城乡建设, 2012（1）: 40.

[13] 翟宝辉. 社会化城市管理是未来发展方向 [J]. 城市管理与科技, 2012, 14（3）: 14.

［14］翟宝辉. 通过标准化管理提高城市管理科学化水平［J］.
　　　　城乡建设，2013（4）：50-51.

［15］翟宝辉. 注重设计城市管理从城市向乡镇延伸的机制
　　　　［J］. 经济，2010（12）：54.

［16］秦虹. 培育城市发展的新资源［J］. 武汉建设，2011
　　　　（3）：11.

［17］秦虹. 市政公用事业改革为城市发展注入活力［J］. 城
　　　　市发展研究，2003（1）：64-67.

［18］秦虹. 城镇环境基础设施的市场化融资［J］. 环境经
　　　　济，2006（Z1）：43-47.

［19］秦虹. 城市市政设施维护的现状与政策建议［J］. 长江
　　　　建设，2003（2）：20-21.

［20］秦虹. 市政服务市场化供给的特征及实践效果［J］. 开
　　　　放潮，2003（9）：11-12.

［21］陈淮. 中国城市化战略回顾与反思［J］. 中国发展观
　　　　察，2006（1）：22-24.

［22］陈淮. 城市化战略与城市经济再认识［J］. 北京社会科
　　　　学，2004（1）：3-9＋34.

［23］陈淮. 城市化战略：挑战与思考［J］. 城市发展研究，
　　　　2000（5）：22-26＋38.

［24］陈淮. 管理理论：传统与现代的比较［J］. 经济界，
　　　　2004（5）：12-16.

［25］陈淮. 管理职能的独立化与管理报酬［J］. 上海经济研
　　　　究，1987（2）：33-34＋13.

［26］翟宝辉. 谈城市综合防灾［J］. 城市发展研究，1999
　　　　（3）：6-9.

［27］梁爽. 城镇化要走有序健康发展之路［J］. 城乡建设，
　　　　2008（8）：62-63.

［28］UNDP. City/urban management training program
　　　［R］, report to Department of Personnel &
　　　Training, India, 2003.

［29］Mcgill R.Urban management in developing countries
　　　[J]. Cities, 1998, 15(6): 463-471.

［30］Bronwen Trice. Urban management challenges in
　　　mega-cities[J]. Urban Action, 2006: 69-79.

［31］戚本超, 赵勇. 首尔人口限制和疏解策略对北京的启示
　　　［J］. 城市发展研究, 2007（4）: 83-87.

［32］刘文俭. 现代城市管理论纲［J］. 现代城市研究, 2008
　　　（3）: 79-87.

［33］黄科宏. 我国现代城市管理基本理念探讨［J］. 广西城
　　　镇建设, 2008（10）: 45-47.

［34］赵锦辉. 西方城市管理理论: 起源、发展及其应用［J］.
　　　渤海大学学报（哲学社会科学版）, 2008（5）: 112-
　　　117.

［35］马溯川. 西方城市管理模式的多维探索［J］. 城市管理
　　　与科技, 2008（4）: 78-80.

［36］王枫云. 从城市管理走向城市治理——我国城市政府行
　　　政模式转型的路径选择［J］. 思想战线, 2008（1）:
　　　99-103.

［37］曾万涛. 城市管理模式创新研究［J］. 硅谷, 2008（2）:
　　　77-79.

［38］余峰, 岳林云. 城市管理体制改革: 从相对集中到综合
　　　执法［J］. 城市管理与科技, 2008（1）: 20-24.

［39］韩丰, 孙丽. 城市管理综合执法之理论分析［J］. 河南
　　　公安高等专科学校学报, 2008（1）: 120-122.

［40］皮坤乾. 城市管理与化解矛盾［J］. 城市管理与科技,

2008（1）：46-49.

［41］贺恺. 城市管理综合执法存在的缺陷与完善［J］. 法制
　　　与经济（中旬刊），2008（12）：27＋29.

［42］周执前. 清末警政与中国城市管理的法治化［J］. 长沙
　　　大学学报，2008，22（6）：57-60.

［43］王萍. 城市管理体制的创新思路［J］. 四川省情，2008
　　　（6）：59-60.

［44］莫岳云. 建国初期中国共产党的城市管理思想［J］. 高
　　　校理论战线，2008（6）：42-46.

［45］郭建. 中国城市管理该往何处去——"城管暴力执法事
　　　件"的制度反思［J］. 政府法制，2008（9）：12-13.

［46］武利亚，李立明，刘琨. 和谐化城市管理系统新模式
　　　［J］. 电子政务，2008（Z1）：153-157.

［47］黄相怀. 空间不匹配理论与我国城市管理［J］. 城市管
　　　理与科技，2008（4）：40-42.

［48］杨书文. 论城管综合执法与城市管理体制创新［J］. 城
　　　市管理与科技，2008（4）：51-54.

［49］黄科宏. 我国现代城市管理基本理念探讨［J］. 广西城
　　　镇建设，2008（10）：45-47.

［50］贾晶. 上海城市管理的近代化［J］. 城乡建设，2008
　　　（8）：72-74.

［51］曹永胜，周佳. 标杆管理在城市管理中的应用探析［J］.
　　　城市发展研究，2008（2）：154-157＋161.

［52］周坤，翟宝辉. "大城管"视野下的政府协调与公务协助
　　　机制［J］. 上海城市管理，2010，19（3）：17-21.

［53］安中，翟宝辉. 基于可靠性理论的城市应急管理评价研
　　　究［J］. 中国安全生产科学技术，2014，10（10）：
　　　166-172.

[54] 翟宝辉. 城镇化不要让公共政策缺位 [J]. 经济，2014
（6）：81.

[55] 翟宝辉. 解决农民问题要靠城镇化与专业化 [J]. 经
济，2014（8）：86.

[56] 翟宝辉. 新型城镇化的五大内生要求 [J]. 经济，2014
（4）：85.

[57] 翟宝辉. 举直错诸枉——如何让城市变得更好 [J]. 经
济，2014（7）：72.

[58] 翟宝辉. 别给城镇化难以承受之重 [J]. 经济，2014
（5）：88.

[59] 张有坤，翟宝辉. 构建城市综合管理的标准化支撑体系
[J]. 上海城市管理，2014，23（4）：16-22.

[60] 张有坤，翟宝辉. 东莞"终结"大城管模式？[J]. 决
策，2014（12）：76-78.

[61] 翟宝辉，余勇. 城市公共安全管理的短板定位与补强研
究 [J]. 上海城市管理，2015，24（5）：21-25.

[62] 李浩，翟宝辉. 中国建筑垃圾资源化产业发展研究 [J].
城市发展研究，2015，22（3）：119-124.

[63] 翟宝辉. 北京建筑垃圾综合管理实践揭示城市管理规律
[J]. 城市管理与科技，2015，17（4）：18.

[64] 吕洪宾，翟宝辉. 基于FAHP的城市管理评价方法研究
[J]. 低温建筑技术，2015，37（12）：161-163.

[65] 翟宝辉. 关于新型城市管理模式的思考 [J]. 城市管理
与科技，2016，18（6）：17-19.

[66] 翟宝辉. 认识城市管理"四性"特征贯彻管理创新"四原
则"[J]. 城市管理与科技，2016，18（1）：20-21.

[67] 翟宝辉. 城市规划建设阶段，行政执法如何有效运行
[J]. 人民论坛，2017（10）：119.

［68］翟宝辉. 城市发展的"四化"方向［J］. 人民论坛，
　　　2017（S1）：50-51.

［69］翟宝辉，朱晓龙，李秋岭. 城市综合管理的法治化新格
　　　局［J］. 城乡建设，2017（24）：27-30.

［70］兰贵兴. 城市公共安全管理的战略思考［J］. 中国公共
　　　安全（学术版），2008（1）：14-17.

［71］张步峰，熊文钊. 城市管理综合行政执法的现状、问题
　　　及对策［J］. 中国行政管理，2014（7）：39-42.

［72］谢芳. 城市管理综合执法的现状及存在的问题与对策
　　　［J］. 法制博览，2016（6）：83-84.

［73］林倩文，沈国琪. 城市管理行政执法现状、问题及对策
　　　研究［J］. 现代经济信息，2014（8）：46+50.

［74］刘茂，赵国敏，王伟娜. 城市公共安全规划编制要点和
　　　规划目标的研究［J］. 中国公共安全（学术版），2005
　　　（Z1）：10-18.

［75］高小平. 中国特色应急管理体系建设的成就和发展［J］.
　　　中国行政管理，2008（11）：18-24.

［76］申小蓉，汪洁. AHP法在城市政府管理评估指标体系中
　　　的应用［J］. 电子科技大学学报，2007（1）：154-
　　　157.

［77］翟国涛，刘苗苗. 城市管理评价指标体系研究——以城
　　　市网格化管理为例［J］. 西北工业大学学报（社会科学
　　　版），2013，33（2）：60-64.

［78］回杨，彭武良，景晓东. 城市应急管理绩效评价方法研
　　　究——基于平衡计分卡和层次分析法［J］. 中国管理信
　　　息化，2014，17（15）：109-111.

［79］李晓峰，李幸. 基于AHP的城市防灾工程设施布局评
　　　价方法研究［J］. 土木工程学报，2012，45（S2）：

284-289.

[80] 王岱凌, 蒋国瑞. 基于模糊层次分析法的城市管理绩效评价研究 [J]. 中国管理信息化, 2009, 12 (22): 66-70.

[81] 邓云峰, 郑双忠. 城市突发公共事件应急能力评估——以南方某市为例 [J]. 中国安全生产科学技术, 2006 (2): 9-13.

[82] 刘新建, 陈晓君. 国内外应急管理能力评价的理论与实践综述 [J]. 燕山大学学报, 2009, 33 (3): 271-275.

[83] 杨保军. 城市公共空间的失落与新生 [J]. 城市规划学刊, 2006 (6): 9-15.

[84] 吴刚. 警务社区化: 城市治安战略的新变化 [J]. 北京行政学院学报, 2004 (1): 58-62.

[85] 杨宏山. 数字化城市管理的制度分析 [J]. 城市发展研究, 2009 (1): 109-113.

[86] 郭璨, 李勇, 房立洲等. 城管上水平 市民得实惠——杭州数字化城市管理模式创建中国人居环境范例奖 [J]. 城乡建设, 2012 (9): 58-59.

[87] 皮定均. 皮定均: 数字化城市管理系统建设 [J]. 中国建设信息, 2014 (21): 22-23.

[88] 本刊编辑部. 以数字化手段实现城市管理社会化与常态化——朝阳特色数字化城市管理新模式 [J]. 城市管理与科技, 2009, 11 (3): 48-51.

[89] 曲华林, 翁桂兰, 柴彦威. 新加坡城市管理模式及其借鉴意义 [J]. 地域研究与开发, 2004 (6): 61-64.

[90] 鄢圣文. 社区参与北京城市管理的保障支撑体系研究 [J]. 中国产业, 2011 (1): 33-34.

［91］李艳. 如何认识和推进社区信息化——面向社区服务和管理开展社区信息化的经验总结［J］. 中国信息界，2007（6）：29-32.

［92］杨锦炎. 论社会管理创新的动力——基于北京市东城区网格化社会管理模式的个案分析［J］. 武陵学刊，2013，38（1）：50-56.

［93］《国家电子政务"十二五"规划》中期评估工作组.《国家电子政务"十二五"规划》中期评估报告［J］. 电子政务，2014（4）：2-16.

［94］李杰义，卢旭佩."互联网＋"背景下城市管理创新的实践模式及路径依赖——基于宁波市城市管理的运行经验［J］. 上海城市管理，2015，24（5）：76-79.

［95］宋刚. 从数字城管到智慧城管：创新2.0视野下的城市管理创新［J］. 城市管理与科技，2012，14（6）：11-14.

［96］刘洪江，曹玉香，张长荣，林峰. 杭州市数字城管城市部件数据采集方案研究与实现［J］. 城市勘测，2008（2）：17-19＋22.

［97］杨博. 近年来"数字城管"国内外现状研究综述［J］. 学理论，2012（17）：73-74.

［98］郝力. 数字城管：革新城市管理模式［J］. 建设科技，2010（23）：20-22.

［99］侯至群."数字城管"系统中城管部件数据采集方法研究［J］. 城市勘测，2006（1）：3-5＋13.

［100］陈晓军，刘春，裴洪雨. 基于移动GIS的数字城管数据采集系统架构与实现［J］. 铁道勘察，2009，35（4）：62-66.

［101］武汉市江岸区城市管理委员会. 提高"五化"水平助推

城市管理工作创新——武汉市江岸城管积极推进"城管革命"[J]. 领导科学论坛, 2014（23）：4-6.

[102] 吴中良. 盐城：推进城市管理长效化、精细化、规范化 [J]. 城市管理与科技, 2010, 12（5）：22-25.

[103] 温婉灵. 行政综合执法面临的困境与对策研究 [J]. 重庆科技学院学报（社会科学版）, 2017（10）：26-29.

[104] 李冰. 城市标准化管理 方兴未艾 任重道远 [J]. 中华建设, 2013（12）：102-103.

[105] 宋刚. 面向智慧城市的城市管理标准化 [J]. 标准科学, 2015（10）：17-21.

[106] 赵悦. 城市管理指标相关研究与未来展望 [J]. 企业改革与管理, 2015（16）：212.

[107] 张中奎, 李原. 河南省许昌市：推行标准化管理 提高城市管理效能 [J]. 城乡建设, 2007（11）：42-43.

[108] 苏海波, 张贞珏. 按动城市"管理快门" 上海市嘉定区质监局运用标准化手段服务城市综合管理 [J]. 中国质量技术监督, 2014（12）：44.

[109] 赵长山. 让标准化深入城市管理 [J]. 前线, 2011（9）：45-46.

[110] 黄伟, 刘学政. 公共管理社会化与公共服务市场化——美国"政府再造"对珠海市城市管理制度创新的启示 [J]. 城市发展研究, 2002（6）：13-16.

[111] 辛向阳. 推进城市管理社会化的三点思考 [J]. 城市管理与科技, 2012, 14（3）：12.

[112] 本刊编辑部. 以数字化手段实现城市管理社会化与常态化——朝阳特色数字化城市管理新模式 [J]. 城市管理与科技, 2009, 11（3）：48-51.

[113] 孟瑞欣. 城市财政同城市管理问题初探 [J]. 现代商

业，2015（7）：55-56.

[114] 郝杰. 财政预算的城市管理和管养问题研究 [J]. 科技经济市场，2016（2）：68.

[115] 高鹏程. 基于财政预算的城市管理和管养问题分析 [J]. 会计师，2011（10）：82-83.

[116] 戴达民. 地方财政与城市管理 [J]. 城市问题，1995（6）：28-29.

[117] 唐立军. 城市管理行政执法队伍编制规模测算办法初探 [J]. 中国机构改革与管理，2014（7）：21-24.

[118] 曲凯钧. 城市管理执法体制和机构编制的调查与思考 [J]. 机构与行政，2014（9）：35-37.

[119] 申剑. 4G时代的数字化城市管理方向 [J]. 城市管理与科技，2014，16（4）：62-64.

[120] 申剑. 城市管理市场化运作长效机制的中外借鉴研究 [J]. 城市管理与科技，2012，14（2）：20-23.

[121] 王震国. 城市管理市场化运作的局部缺失与长效优化 [J]. 上海城市管理，2013，22（2）：42-48.

[122] 王震国. 城市管理市场化长效运作的顶层设计与范式优化 [J]. 上海城市管理，2012，21（3）：53-56.

[123] 阎金明. 论我国城市管理的市场化运行 [J]. 城市，2007（10）：60-63.

[124] 周志强. 对太原城市管理体制改革的思考和建议 [J]. 中共太原市委党校学报，2017（6）：78-80.

[125] 余池明. 浅议城市管理市场化 [J]. 城市开发，2000（3）：18-19.

[126] 陈平. 数字化城市管理模式探析 [J]. 北京大学学报（哲学社会科学版），2006（1）：142-148.

[127] 罗建宾. 谈谈数字化城市管理模式 [J]. 中国城市经

济, 2006 (2): 74-75.

[128] 姜爱林, 任志儒. 网格化城市管理模式研究 [J]. 现代城市研究, 2007 (2): 4-14.

[129] 李鹏, 魏涛. 我国城市网格化管理的研究与展望 [J]. 城市发展研究, 2011, 18 (1): 135-137.

[130] 蒋荣. 数字化城市管理项目现状与趋势 [J]. 中国信息界, 2007 (Z2): 38-47.

[131] 张冲. 数字城市管理信息系统的分析与研究 [J]. 中国科技信息, 2008 (17): 302-303.

[132] 郭喜安. 数字化城市管理相关技术的应用与创新 [J]. 城市发展研究, 2009, 16 (7): 137-138+132.

[133] 陈观林, 李圣权, 周鲁耀. 杭州市"数字城管"现状及发展对策研究 [J]. 情报杂志, 2009, 28 (S2): 43-45.

[134] 沈兰. 杭州数字化城市管理的9条经验 [J]. 中国信息界, 2007 (2): 29-31.

[135] 李颖玥, 刘朝晖. 中国数字化城市管理发展综述 [J]. 智能建筑与智慧城市, 2017 (2): 28-32.

[136] 孙斌. 数字化城市管理信息系统的设计与实现 [J]. 建材与装饰, 2016 (45): 160-161.

[137] 程烨. 善治视角下的数字化城市管理改革——以武汉市数字化城市管理为例 [J]. 绿色科技, 2017 (8): 276-278+281.

[138] 钱娅林. 数字化城市管理系统基础数据的采集和建库分析 [J]. 科技创新导报, 2017, 14 (17): 168-169.

[139] 王春逸. 信息通信技术在数字化城市管理中的应用 [J]. 数字通信世界, 2017 (2): 216-217.

[140] 杜明义, 刘扬. 物联网在城市精细化管理中的应用

［J］．测绘科学，2017，42（7）：94-102.

［141］宜昌市城市管理委员会．"扁平化＋数字化"管理模式开新篇［J］．中国建设信息化，2017（9）：34-37.

［142］刘福元．数字化城管的主体构设：基于两轴机制、统一调度与信息共享的实证考察［J］．电子政务，2017（10）：79-90.

［143］戴天晟，戴秦，章润华．上海城市管理立法问题探索［J］．企业经济，2017，36（9）：58-63.

［144］冯晔琳．实现"美丽城管梦"的思考——以杭州城管为例［J］．城市管理与科技，2017，19（5）：70-71.

［145］盛新．基于XML的异构数据中心与数字化城市管理信息共享平台［J］．轻工科技，2015，31（12）：94-95.

［146］姚国荣．数字化城市管理信息系统建设及应用实践探微［J］．电子技术与软件工程，2016（7）：59.

［147］宁荣华．数字化城市管理项目的现状趋势分析［J］．建材与装饰，2016（22）：228-229.

［148］盛新．基于XML的异构数据中心与数字化城市管理信息共享平台［J］．轻工科技，2015，31（12）：94-95.

［149］梁波．数字化城市管理的设计与实现［J］．黑龙江科技信息，2015（2）：25.

［150］陈海锋．浅谈城市管理数字化系统规划与建设——以梅州数字城管为例［J］．电脑与电信，2015（8）：70-72.

［151］程敏．常州数字化城市建设研究［J］．中国管理信息化，2014，17（1）：134.

［152］余庆．数字化城市管理系统的总体设计［J］．电子世界，2014（8）：125.

［153］陈海松，应敏．城市综合管理的实践："网格化"与"大

联动"——以上海为例［J］．上海城市管理，2014，
23（4）：64-69.

［154］温桂珍．城市管理综合行政执法体制创新的几点建
议——以广西南宁市为例［J］．企业科技与发展，
2014（19）：10-12.

［155］李妙颜．当代中国城市网格化管理：模式、问题及完善
路径［J］．湖北行政学院学报，2014（5）：83-87.

［156］郭滨，王娟，刘宇洋．关于数字城管基本理念和架构
设计的探讨与实践［J］．中国建设信息，2013（3）：
40-45.

［157］戴伟．数字化城市管理发展策略探析［J］．企业导报，
2013（4）：71-72.

［158］于新生．数字化城市管理调研报告［J］．机构与行政，
2013（1）：20-22.

［159］许力琦，邹逸江．数字化城市管理完善发展探讨［J］．
测绘与空间地理信息，2013，36（4）：29-33.

［160］徐蔚．"智慧城市"时代"物联网"技术在城市管理工
作中应用及前景探索［J］．云南科技管理，2013，26
（3）：42-45.

［161］张超．城市管理主体多元化模式探讨［J］．学海，
2006（6）：125-129.

［162］张本效，王秀春．城市管理面临的现实困境及其突破
口［J］．城市问题，2014（5）：79-84.

［163］蔡玉胜．城市管理方法的变革与发展趋势［J］．未来
与发展，2010，31（4）：36-38＋45.

［164］黄天航，于淼，姚金伟．我国城市社会管理创新模式
分析［J］．学术界，2014（5）：48-60＋309＋308.

［165］赵泽虎．城市管理现代化的体制障碍及对策［J］．经

济师，2005（5）：63-64.

[166] 张华民，高信奇，刘玉东，戴芳. 南京城市管理法治化
建设调查与思考 [J]. 中共南京市委党校学报，2013
（3）：87-92.

[167] 朱仁显，黄雀莺. 城市综合管理的法治化规范化——
基于厦门的个案分析 [J]. 东南学术，2015（4）：
63-70.

[168] 李媛. 上海城市管理法治化研究 [J]. 社科纵横，
2009，24（12）：79-82.

[169] 李媛. 上海城市管理法治化的现状及展望 [J]. 法制
与经济（下半月），2008（5）：13-14.

[170] 黄娇. 浅析城市管理法治化与体制改革 [J]. 法制与
社会，2011（7）：221.

[171] 李媛. 城市管理法治化研究——以上海为实例的探索
[J]. 城市管理与科技，2009，11（6）：56-58.

[172] 刘雁鹏. 城市管理法治化的初阶、反思与进阶 [J].
学术交流，2017（11）：79-85.

[173] 刘佳. 现代城市管理法治系统的构建与优化 [J]. 上
海城市管理，2011，20（3）：65-68.

[174] 王晓芸. 提升街镇网格化综合管理法治水平的几点思
考 [J]. 社科纵横，2016，31（6）：41-44.

[175] 张思思. 城市管理法治化和政府信用制度 [J]. 中国
商界（下半月），2010（7）：332.

[176] 蒋晓伟，王江，高耀. 上海城市法治化管理问题刍
议 [J]. 同济大学学报（社会科学版），2000（3）：
59-63.

[177] 马怀德，王柱国. 城管执法的问题与挑战——北京市
城市管理综合行政执法调研报告 [J]. 河南省政法管

理干部学院学报，2007（6）：54-72.

［178］马怀德，车克欣. 北京市城管综合行政执法的发展
　　　　困境及解决思路［J］. 行政法学研究，2008（2）：
　　　　1-5＋95.

［179］江凌，张水海. 相对集中行政处罚权制度：发展历程、
　　　　实施情况与基本经验——城管执法体制改革12年回顾
　　　　［J］. 行政法学研究，2008（4）：13-18.

［180］张步峰，熊文钊. 城市管理综合行政执法的现状、问
　　　　题及对策［J］. 中国行政管理，2014（7）：39-42.

［181］刘华. 城管的历史：扩权与限权［J］. 昆明理工大学
　　　　学报（社会科学版），2009，9（1）：50-56.

［182］贺荣. 北京市综合行政执法有关问题的探索和思考［J］.
　　　　法学杂志，2010，31（10）：94-97.

［183］熊文钊，刘华. 社会秩序局：综合行政执法管理体制
　　　　的完善途径——基于对北京城管的调查［J］. 北京行
　　　　政学院学报，2009（2）：81-85.

［184］杜敏，李昌文. 相对集中行政处罚权的模式比较及适应
　　　　性探析［J］. 经济研究导刊，2008（14）：152-155.

［185］王敬波. 相对集中行政处罚权改革研究［J］. 中国法
　　　　学，2015（4）：142-161.

［186］莫岳云，陈婷. 十八大以来我国行政执法体制的改革
　　　　与创新［J］. 理论导刊，2017（10）：31-36.

［187］崔宾. 我国城市管理综合行政执法现状探析［J］. 管
　　　　理观察，2016（1）：40-41＋44.

［188］张立学，任芳芳. 综合行政执法体制改革路径探究［J］.
　　　　机构与行政，2016（4）：26-30.

［189］胡仙芝. 综合行政执法体制改革的实践探索与对策建
　　　　议——基于成都、嘉兴的调研分析［J］. 中国行政管

理，2016（7）：150-153.

[190] 刘福元. 部门间行政协作的困境与出路——以城市管理综合执法为例［J］. 当代法学，2016，30（5）：78-87.

[191] 李志红. 广东深化行政执法体制改革的探索［J］. 中国机构改革与管理，2016（9）：28-30.

[192] 季华琴. 城市管理综合执法存在问题剖析及改革路径研究［J］. 法制博览，2016（29）：165+164.

[193] 翟峰. 省域城市管理地方性法规职责探究［J］. 城乡建设，2016（11）：33-35.

[194] 陈俊. 我国城市管理综合行政执法问题与对策［J］. 辽宁行政学院学报，2015（2）：5-9.

[195] 王田华. 相对集中行政处罚权制度实施情况调研与思考［J］. 价格与市场，2014（2）：32-35.

[196] 李海峰. 深化城管执法体制改革的困难、经验借鉴与路径思考［J］. 经济与社会发展，2014，12（1）：52-54.

[197] 金国坤，吕廷君，贾小雷，等. 北京市法治政府建设发展报告（2013）［J］. 新视野，2014（2）：106-111.

[198] 张春林. 综合行政执法的行政救济若干问题研究［J］. 学术论坛，2013，36（12）：162-167.

[199] 张春林. 综合行政执法的执法主体制度问题研究——相对集中行政处罚机构设立合法性的法理分析［J］. 广西大学学报（哲学社会科学版），2013，35（1）：68-72.

[200] 刘华. 论综合行政执法的职能扩张［J］. 云南大学学报（法学版），2012，25（1）：44-48.

［201］陈新. 行政执法权研究综述［J］. 中共云南省委党校学报，2012，13（4）：147-150.

［202］刘卓芳. 服务型政府视角下的城市管理综合行政执法［J］. 社会科学家，2009（8）：92-95.

［203］杨解君，张黎. 法治视野下的城管综合执法体制研究［J］. 南京工业大学学报（社会科学版），2009，8（4）：25-35.

［204］黄成峰. 城市管理法律体系建设的研究和建议［J］. 城市管理与科技，2015，17（4）：62-63.

［205］张器先. 建立我国城市管理的法律体系［J］. 城市问题，1984（3）：28-30.

［206］陈平. 网格化城市管理新模式［M］. 北京：北京大学出版社，2006.

［207］张同林，等. 城市综合管理标准体系研究：以上海市黄浦区城市管理情况为例［M］. 上海：上海社会科学院出版社，2017.

［208］尤建新. 现代城市管理［M］. 北京：科学出版社，2003.

［209］陈能成，王伟，等. 智慧城市综合管理［M］. 北京：科学出版社，2015.

［210］翟宝辉. 城市人口综合测算［M］. 北京：中国城市出版社，2016.

［211］戴维·R·摩根，罗伯特·E·英格兰. 城市管理学：美国视角（第六版）［M］. 北京：中国人民大学出版社，2016.

［212］谢文蕙，邓卫编. 城市经济学（第二版）［M］. 北京：清华大学出版社，2008.

［213］吴志强，李德华. 城市规划原理（第四版）［M］. 北京：

中国建筑工业出版社，2011.

[214] 魏海军，于振明，纪凯. 城市建设管理法制概述［M］.
沈阳：东北大学出版社，2012.

[215] 董鉴泓. 中国城市建设史［M］. 北京：中国建筑工业
出版社，2008.